汽车
电气设备构造与检修

主编 ◎ 赵 锦 徐玉芹

图书在版编目（CIP）数据

汽车电气设备构造与检修 / 赵锦，徐玉芹主编. — 北京：知识产权出版社，2025.8.
ISBN 978-7-5245-0046-9
Ⅰ.U472.41
中国国家版本馆CIP数据核字第2025B2T487号

内容简介

本书根据职业院校技能型人才培养方案的教学要求，参考《汽车维修工国家职业技能标准》中汽车电气设备检修的考核细目编写而成。本书共六个项目，包括走近汽车电气设备，电源系统检修，起动系统检修，汽车照明、信号及仪表系统检修，车身电气系统检修，空调系统的维护与检修。本书为理实一体化教材，同时配套了教学设计、教学课件、实训工单、操作视频和微课等教学资源。

本书既可作为汽车运用与维修及相关专业的教学用书，也可作为企业培训部门、职业技能鉴定培训机构、再就业培训机构的教材，还可供相关岗位技术人员参考。

责任编辑：张雪梅　　　　　　责任印制：孙婷婷
封面设计：曹　来

汽车电气设备构造与检修
QICHE DIANQI SHEBEI GOUZAO YU JIANXIU

赵　锦　徐玉芹　主编

出版发行：知识产权出版社有限责任公司		网　　址：http://www.ipph.cn	
电　　话：010-82004826			http://www.laichushu.com
社　　址：北京市海淀区气象路50号院		邮　　编：100081	
责编电话：010-82000860转8380		责编邮箱：laichushu@cnipr.com	
发行电话：010-82000860转8101		发行传真：010-82000893	
印　　刷：北京中献拓方科技发展有限公司		经　　销：新华书店、各大网上书店及相关专业书店	
开　　本：720mm×1000mm　1/16		印　　张：16.5	
版　　次：2025年8月第1版		印　　次：2025年8月第1次印刷	
字　　数：350千字		定　　价：78.00元	

ISBN 978-7-5245-0046-9

出版权专有　　侵权必究
如有印装质量问题，本社负责调换。

前　　言

《国家职业教育改革实施方案》指出，要建设一大批校企"双元"合作开发的国家规划教材；专业教材要随信息技术发展和产业升级及时动态更新。教育部印发的《关于职业院校专业人才培养方案制订与实施工作的指导意见》和《职业院校教材管理办法》提出，要强化课程思政，实现思想政治教育与技术技能培养的有机统一；要加强课程资源建设，引入典型生产案例，普及项目教学、案例教学、情境教学、模块化教学等教学方式，推动课堂教学改革。为全面贯彻落实国家和教育部有关文件精神，特组织行业企业专家、教学科研机构研究人员及中高职骨干教师，校企联合开发了本教材。本书旨在遵循职业教育教学规律，强调综合职业能力培养，推动理实一体化教学，体现课程综合育人目标。

本书由传统的"汽车电气设备""汽车电气设备拆装""汽车电气设备检修"等课程内容整合而成，主要特色如下。

（1）以立德树人为根本任务，有机融入课程思政内容

为贯彻落实党的二十大精神，教材以立德树人为根本任务，提炼课程的思想政治教育和劳动精神教育内容，科学地融入精益求精的工匠精神、爱岗敬业的劳模精神、服务他人的责任意识、锐意创新的价值追求、坚韧不拔的意志品质、无私奉献的职业情怀等，强化学生职业素养养成和专业技术积累，将专业素养、职业精神和工匠精神培育融入人才培养全过程。

（2）以项目任务为引领，构建理实一体化课程

本书立足职业教育基本属性，强化产教融合、校企合作，以项目任务为引领，突破传统学科化教材编写模式，通过对典型专业岗位的职业能力分析，提炼典型工作任务，以典型工作任务驱动学生技能训练和知识学习，推动基于"做中学、学中做"的教学方法改革，激发学生学习兴趣，使学生真正形成与实际工作岗位紧密联系的必备知识、关键能力和职业素养。

（3）以职业标准和教学标准为基础，校企合作重构知识体系

"汽车电气设备构造与检修"是一门实践性很强的课程，要求学生具备一定的基础理论知识。因此，本书将知识分为理论知识和实践知识，即"是什么的知识"和"如何做的知识"。依据职业标准和教学标准，与山东顺骋汽车集团有限公司合作，整合适

应岗位需求的理论和实践知识，并强调知识的必需、够用和实用，以适应中等职业教育的教学要求，并区别于高等职业教育的课程内容，体现中高职有序衔接，符合职业教育教学规律。

（4）以学生能力提升为目标，科学融入职业技能证书标准

教材是落实职业技能证书制度的基础依托，本书对照相关职业技能等级证书标准，把标准所蕴含的学习内容最大化地转化为教材内容，并引入行业新技术、新工艺、新规范、新要求，力求从根本上改变职业教育教学内容与社会需求脱节的现象，实现教学体系与社会需求体系的对接。

本书由赵锦、徐玉芹担任主编，田闯闯、葛建智、陈键、刘方水担任副主编，王守杰、孟繁堂、车振省参与编写，彭德豹教授担任主审。山东顺骋汽车集团有限公司李方超经理、张谦高级技师不仅参与了本书的编写，还参与了本书项目和任务的提炼与设计。全书由赵锦负责统稿、定稿。本书中的任务案例由山东顺骋汽车集团有限公司、润华集团股份有限公司、山东省大友汽车销售有限公司的一线维修技术人员收集提供，在编写过程中还参阅了一些同类书籍，在此特向有关维修技术人员和作者表示衷心的感谢！

本书适用于职业教育汽车运用与维修、新能源汽车运用与维修、汽车服务与营销、汽车制造与检测、新能源汽车制造与检修等专业的教学，参考学时数为 100~120 学时。本书也可作为其他相关专业的教材或参考书，还可供相关岗位技术人员参考。

由于编者水平有限，书中不足之处敬请读者批评指正。

目 录

项目 1　走近汽车电气设备 ·· **1**
　　任务 1.1　汽车电气设备结构认知 ··· 1
　　任务 1.2　汽车电路识图 ·· 13
　　任务 1.3　车载网络系统认识及维护 ··· 26

项目 2　电源系统检修 ·· **39**
　　任务 2.1　蓄电池的检修 ·· 39
　　任务 2.2　交流发电机的检修 ·· 58
　　任务 2.3　电源系统故障诊断 ·· 74

项目 3　起动系统检修 ·· **85**
　　任务 3.1　起动机的检修 ·· 85
　　任务 3.2　起动系统的检修 ··· 99

项目 4　汽车照明、信号及仪表系统检修 ··· **110**
　　任务 4.1　照明系统的拆检 ··· 110
　　任务 4.2　信号系统的拆检 ··· 124
　　任务 4.3　仪表与报警系统检修 ··· 138

项目 5　汽车车身电气系统检修 ·· **155**
　　任务 5.1　汽车电动车窗的检修 ··· 155
　　任务 5.2　中控门锁的检修 ··· 169
　　任务 5.3　电动刮水器的检修 ·· 184
　　任务 5.4　电动后视镜的检修 ·· 197
　　任务 5.5　电动座椅的检修 ··· 204
　　任务 5.6　安全气囊的检修 ··· 212

项目 6　空调系统的维护与检修 ·· **227**
　　任务 6.1　空调系统的维护 ··· 227
　　任务 6.2　空调系统的检修 ··· 240

参考文献 ·· **257**

项目 1　走近汽车电气设备

📝 项目描述

自汽车问世以来，汽车的发展给整个世界和人类的生活带来了巨大的变化，汽车技术也取得了令人瞩目的进步。随着人们生活水平的提高，汽车不再仅限于作为一种代步工具使用，而且越来越注重安全性、舒适性和智能化。汽车电气系统是汽车的重要组成部分之一，其性能好坏直接影响汽车的动力性、经济性、可靠性、安全性、舒适性及排放性等。汽车电气系统是现代汽车发展水平的重要标志，其科技含量已成为衡量现代汽车档次的重要指标之一。本项目主要介绍汽车电气设备的结构、电路基本识图及车载网络系统。

任务 1.1　汽车电气设备结构认知

📂 任务导入

客户王先生开着一辆行驶了 16 000km、车龄为 3 年的长城哈弗 M6 汽车来到 4S 店，汽车需要进行一次全面的保养及检查。假如你是维修技术人员，请你负责该车辆的接待、维修工作，排查汽车电气部分存在的安全隐患，并对相关故障进行维修。

🎯 任务目标

素质目标：

1. 养成自觉遵守技术标准和规范操作的习惯，培养良好的职业道德。
2. 养成发现问题、解决问题的意识，培养精益求精的工匠精神。

知识目标：

1. 能描述汽车电气系统的作用、组成与特点。

2. 能了解常用检测工具的使用方法。

能力目标：
1. 能够正确指出各系统主要部件的位置。
2. 能查阅用户使用资料，正确操作车辆。
3. 能使用万用表检测电压及电阻。
4. 能使用试灯对电路进行测试，判断电路是否存在异常。
5. 能使用汽车电路检测仪判断线路是否接触不良或老化。
6. 能使用跨接线判断电路是否正常。

汽车电气设备结构认知

信息收集

汽车电气系统是汽车的重要组成部分，其工作性能的优劣直接影响汽车的动力性、经济性、安全性、可靠性、舒适性和排放性等。汽车的种类繁多，但电气设备的组成和设计都遵循一定的规律。

一、汽车电气设备发展历程

1. 传统电气设备阶段

20世纪50年代以前，电子技术发展缓慢，汽车的发展以机械设备为主，电气设备在汽车上的应用较少，只有一些必备的电源和传统的灯光、信号、起动等用电设备。

2. 电子电气设备阶段

20世纪60年代以后，随着电子技术的进步，汽车上开始采用电子设备，主要标志是交流发电机的应用，采用二极管整流技术，提高了发电机的可靠性；在点火系统中，出现了电子控制高能点火系统，使点火能量大大提高，点火提前的控制更加精确，提高了汽车的动力性，降低了汽车的排放污染。特别是20世纪80年代以后，汽车中使用的微机控制设备越来越多，在原有的电子控制燃油喷射系统（EFI）、电子控制自动变速器（ECT）、制动防抱死系统（ABS）等系统的基础上又出现了驾驶辅助装置、安全警报装置、通信和娱乐装置等。

3. 网络电气设备阶段

进入21世纪后，随着电子技术、微电脑技术和网络技术的飞速发展，汽车电子控制技术发展到了一个新阶段，向着网络化、智能化的方向快速发展，使得汽车的性能得到了大幅度提高。自2000年以来，汽车进入网络控制时代。汽车车载局域网LAN（local area network）是指分布在汽车上的电子设备在物理上互相连接，并按照网络协议相互通信，以共享硬件、软件和信息等资源为目的的电子控制系统。目前常用的汽车网络主要有控制器局域网络（controller area network，CAN）、局部互联网络（local interconnect network，LIN）、多媒体定向系统传输（media oriented system transport，MOST）网络等。

二、汽车电气系统的基本组成

汽车电气系统的作用是将电能转换成机械能、光能和热能后输出。虽然现代汽车电气设备的数量很多，但是按其功能主要分为电源、起动、点火、照明、信号、仪表、车身电气设备和其他电子控制系统，如图1-1所示。

汽车电气设备组成

图1-1　汽车中的电气设备示意图

1. 电源系统

电源系统又称充电系，主要由蓄电池、发电机、调节器及充电指示装置组成，如图1-2所示。发电机是主要电源，蓄电池是辅助电源。电源系统的作用是向全车用电设备提供低压直流电能。

2. 起动系统

起动系统又称起动系，现在普遍采用电磁控制式起动系统，主要由起动机、起动控制装置等组成，如图1-3所示。其作用是起动发动机。

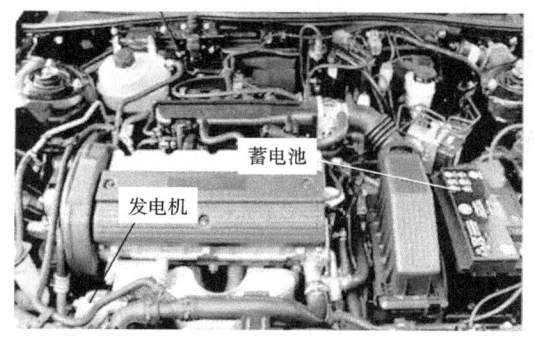

图1-2　汽车电源系统组成

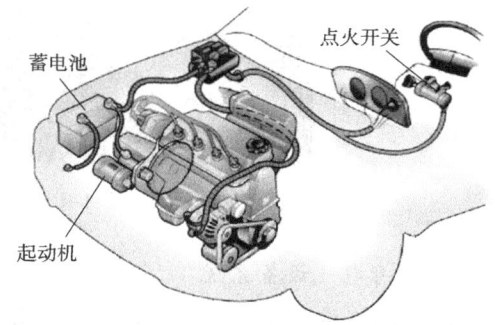

图1-3　汽车起动系统组成

3. 点火系统

点火系统又称点火系，仅用于汽油发动机，主要由点火线圈、火花塞等组成。其作用是在气缸中适时可靠地产生电火花，以便点燃气缸中的可燃混合气。

4. 照明系统

照明系统包括车内外各种照明灯及其控制装置，以便夜间行车等。其中，前照灯和雾灯是最重要的照明装置,如图1-4所示。

5. 信号系统

信号包括声响信号和灯光信号两类。信号系统主要有电喇叭、示宽灯、转向灯、制动灯、倒车灯等,如图1-5所示。其作用是告知行人、车辆,引起注意,指示行驶趋向,指示相关电气设备工作状态,运行性机械故障报警,以提高行驶和停车的安全性、可靠性。

图1-4　汽车照明系统组成

图1-5　汽车信号系统组成

6. 仪表系统

仪表系统常见的仪表有机油压力表、水温表、燃油表、气压表、车速里程表、发动机转速表和各种报警装置等,如图1-6所示。其作用是监测发动机工况,显示汽车运行参数及有关信息。

图1-6　汽车仪表系统组成

7. 车身电气设备系统

辅助电气设备是为驾驶员和乘员提供良好的工作条件和舒适的乘坐环境而设置的。随着汽车技术的发展,辅助电器系统日益增多,常见的有空调器、音响设备、风窗刮水清洁设备、电动车窗、电动座椅等。

8. 其他电子控制系统

汽车电子控制系统主要指利用微机控制的各个系统,包括电控燃油喷射系统、电控点火系统、电控自动变速器、制动防抱死装置、电控悬架系统、自动空调等。采用电控系统可以使汽车上的各个系统均处于最佳工作状态,达到提高汽车动力性、经济性、安全性、舒适性，降低汽车污染排放等目的。

现代汽车采用的电控系统越来越多，电控系统所占的比重越来越大。随着智能运输系统和车载电气网络化的发展，汽车电气设备将向智能化、网络化的方向发展，将广泛使用蜂窝电话、全球定位系统（GPS）及多路总线分布式网络来集成所有部件的电子控制模块，使整个系统具有数据融合、故障诊断和一定的自修复功能，最终实现无人驾驶目的。

主题探究

自主创新是民族工业崛起的必由之路。汽车电子装置的发展映射出我国汽车工业从无到有的艰辛历程，中国品牌汽车日益强大也展现出我国科技力量的雄厚。

三、汽车电气系统的特点

由于汽车电气设备采用蓄电池和发电机共同供电，与普通的电气设备相比，其具有低压、直流、单线、负极搭铁、装有保险和继电器等特点，主要特点可总结为"两个电源、低压直流、并联单线、负极搭铁"。

1. 两个电源

两个电源就是指蓄电池和发电机两个电源，发电机是汽车的主要电源，蓄电池作为辅助电源。在汽车未运转时，由蓄电池向有关的电气设备供电；当发动机正常工作后，发电机开始发电，除了将电能供给用电设备外，还将其中的一部分电能输送给蓄电池存储起来。

2. 低压直流

低压直流是指汽车上的电源为低压直流电源，因此用电设备也为低压直流设备。根据国家相关标准规定，汽车电器产品标称电压为6V、12V、24V三种。目前汽油车普遍采用12V电源系统，重型柴油车多采用24V电源系统。随着汽车电气设备电子化程度的提高和设备的增多，汽车电源电压有提高的趋势，以满足不断增加的用电需求。目前，汽车42V电源系统正在开发中。

3. 并联单线

汽车用电设备较多，采用并联电路能确保各支路的电气设备独立控制，布线清晰、安装方便。汽车电气设备采用一根公共的零线。汽车的底盘及发动机是由金属制造的，有良好的导电性能，因此以汽车的金属机体为一条公共导线，即把车架、发动机等金属机体连通，并作为电气设备公共连接端（常称"搭铁端"）使用，从而达到节约导线，使电气线路简单、安装维修方便的目的，如图1-7所示。单线制接线方式中，对于安装在钣金件上、挂车上或非金属零件上的电气设备则一般采用双线制，以保证可靠搭铁，如图1-8所示。

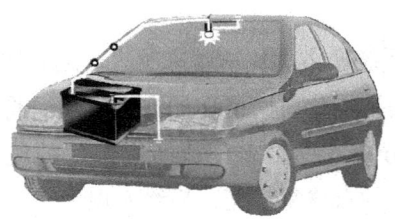
图1-7 汽车电气设备单线制

图1-8 汽车电气设备双线制

4. 负极搭铁

由于汽车采用单线制,所以电气系统的两条线路中的一条必须用汽车的金属机体来代替。《汽车电气设备基本技术条件》(QC/T 413) 规定:采用单线制时,汽车电气系统统一为电源负极搭铁。

5. 安装有保险装置

为了防止因电路或元件短路而烧坏线束和用电设备,各种类型的汽车上均安装有保险装置(电路保护装置)。这些保险装置有些串接在元器件(或零部件)回路中,有些则串接在支路中。

6. 大电流开关通常加装继电器

汽车中的大功率用电设备如起动机、电喇叭等工作时的电流很大(如汽油发动机的起动电流一般为100~200A),如果直接用开关控制它们的工作状态,往往会使控制开关过早损坏。因此,控制大功率用电设备的开关常采用加装继电器的方法,即采用控制继电器线圈的小电流,由继电器触点开关闭合后为用电设备提供大电流。

7. 网络控制

由于汽车智能化的要求,多数用电设备的工作电流控制已不是由单一的开关信号控制,而大多是由具有一定逻辑关系的多个信号来控制的。这些控制构成一个网络,所以称为网络控制,即用电设备是否工作是由网络控制的。能够实现网络控制的原因是引入了电子计算机(芯片)。每个电子计算机(芯片)是一个电控单元(ECU),连接着特定部位的传感器,每个传感器提供一路信号。在各种用电设备的工作电流控制中有些信号是共用的,所以汽车上的各个电子计算机(芯片)也要靠网络技术连接。随着汽车电气技术的发展,拟人思维的功能控制需要的信号越来越多,满足的关系越来越复杂,网络结构也在不断发展。目前汽车车载网络结构在向CAN总线制过渡。

主题探究

没有安全生产就没有经济效益。汽车电路搭铁设计既是节能减排的需要,又是安全生产必须的选择。

知识过关

一、选择题

1. 汽车电气系统的额定电压主要有（　　）和 24V 两种。
   A. 10V　　　　　B. 12V　　　　　C. 14V　　　　　D. 16V
2. 下列选项中，不属于汽车电气系统组成部分的是（　　）。
   A. 电源系统　　B. 起动系统　　C. 变速器　　D. 仪表和报警系统

二、填空题

1. 汽车电气系统的作用是将电能转换成_____、_____或_____能。
2. 汽车电源系统主要由_____、_____和_____等部分组成。

三、简答题

1. 汽车电气系统的组成。
2. 汽车电气系统的特点。

任务实施

一、任务准备

1. 设备准备

1）带有消防设施的汽车维修工位，如图 1-9 所示。
2）长城哈弗 M6 故障汽车 1 辆，如图 1-10 所示。

图 1-9　维修工位

图 1-10　故障车辆

2. 资料准备

长城哈弗汽车维修手册（图 1-11）和工作手册（图 1-12）。

图 1-11　维修手册　　　　图 1-12　工作手册

3．工具、量具准备

万用表（图 1-13）、常规工具（图 1-14）、试灯（图 1-15）、汽车电路检测仪（图 1-16）、跨接线。

 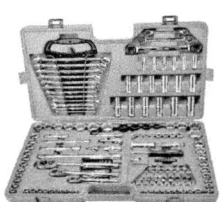 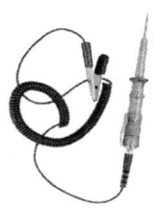 

图 1-13　万用表　　　图 1-14　常规工具　　　图 1-15　试灯　　　图 1-16　汽车电路检测仪

二、汽车电气设备认知（岗课融通内容）

1．汽车主要电气设备的认知与使用

就车找出以下汽车的主要电气系统部件，并能正确操作辅助电器。

1）外观。倒车影像、高位制动灯、后组合灯、车顶护栏、外后视镜、前雨刮、侧转向灯、后雾灯、倒车雷达、前雾灯、前组合灯、门锁、油箱门，如图 1-17 所示。

2）内饰。车窗开关、车门内扣手、中控锁按钮、外后视镜调节按钮、灯光控制组合开关、组合仪表、电动刮水器组合开关、视听系统、空调风量及关闭旋钮、空调开启按钮、前除霜按钮、后除霜按钮、危险警告灯按钮、驾驶模式按钮、全景环视影像按钮、视听开关及音量旋钮、灯光高度调节旋钮、电子稳定控制系统、陡坡缓降系统按钮、机舱盖开启扣手、点火开关、驻车制动开关、副驾驶员侧储物箱、空调出风口，如图 1-18 所示。

3）能正确操作辅助电器。

2．能正确进入车辆

1）智能进入系统锁止和解锁（图 1-19）。

2）钥匙按钮锁止和解锁。

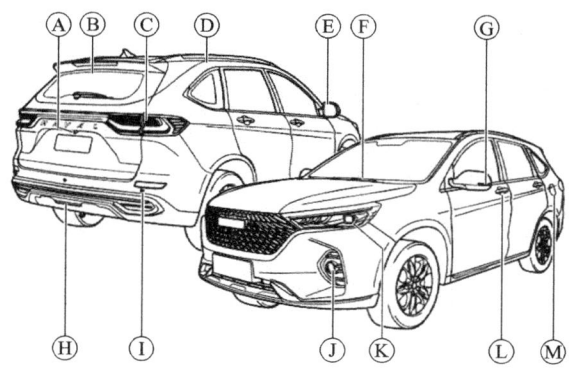

图 1-17 外观

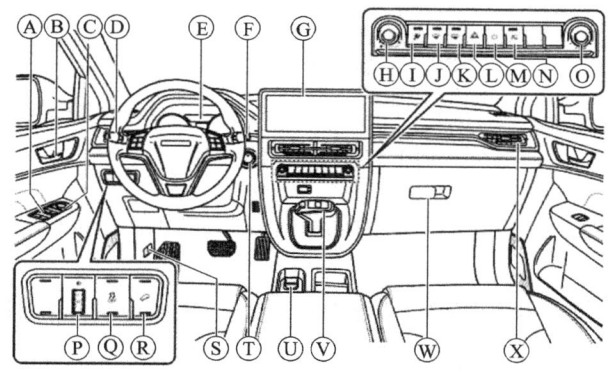

图 1-18 内饰

3）机械钥匙锁止和解锁。

4）紧急情况下锁止（图 1-20）。

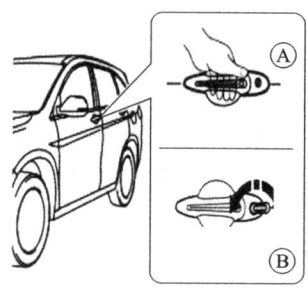

图 1-19 智能进入系统

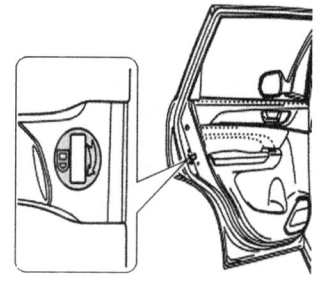

图 1-20 紧急情况下锁止

3. 更换钥匙电池

1）按动释放按钮，取出机械钥匙，如图 1-21 所示。

2）用平口旋具（俗称平口螺丝刀）轻轻撬开钥匙的后盖，并取下，如图 1-22 所示。

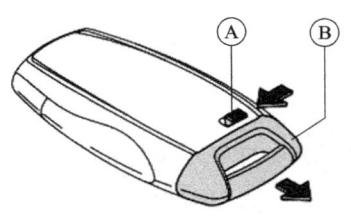
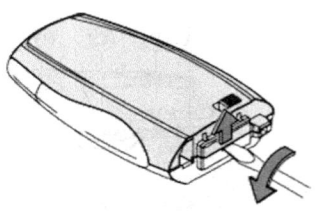

图 1-21　取下机械钥匙　　　　图 1-22　取下后盖

3) 取出旧电池，将新电池装入电池槽内，如图 1-23 所示。安装电池时，注意电池的正极朝下。

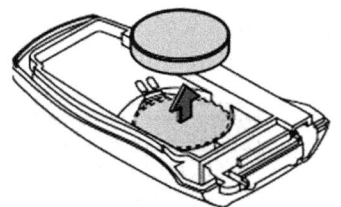

钥匙电池的更换

图 1-23　更换钥匙电池

4) 安装钥匙后盖。安装完毕后，确认钥匙各按钮能否正常工作。

4. 能起动发动机

正常起动：随身携带智能钥匙。调节座椅位置，采取正确的驾驶姿势。确认已施加驻车制动。如果是手动挡车辆，确认换挡杆处于 N 挡；如果是自动挡车辆，确认换挡杆处于 P 挡。同样，手动挡车辆需要踩下离合踏板，自动挡车辆需要踩下制动踏板。按压点火开关，即可起动发动机，如图 1-24 所示。

紧急起动：智能钥匙亏电等情况造成车辆提示"钥匙是否在车内"时，将智能钥匙放入前排杯座内的标识上方，执行车辆正常起动操作，即可起动车辆，如图 1-25 所示。

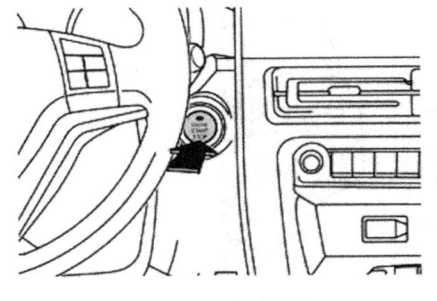
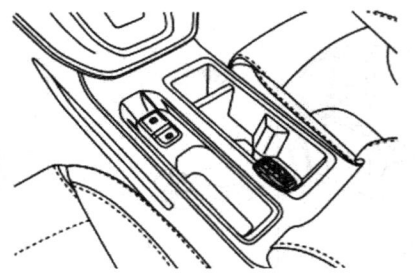

正常和应急起动

图 1-24　点火按钮　　　　图 1-25　紧急起动

三、常用检测工具的使用（课证融通内容）

1. 万用表的使用

1) 电压测量。电压标准值 12V 为正常。万用表校表后，挡位选择到直流电压 20V，红表笔接蓄电池正极，黑表笔接蓄电池负极，测量蓄电池电压，如图1-26所示。

2）电阻测量。测量搭铁线是否良好。电阻值小于2Ω为正常，否则断路，如图1-27所示。

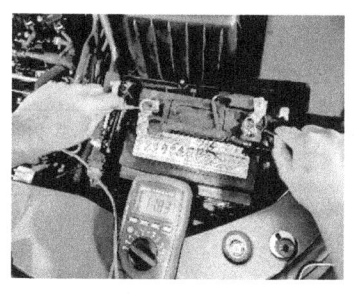

蓄电池电压的测量

图1-26 蓄电池电压测量

搭铁线电阻的测量

图1-27 搭铁线电阻测量

2. 试灯的使用

1）连接试灯。带夹子的一端连接蓄电池负极或搭铁点，笔尖端连接近光灯插接器测试端，如图1-28所示。

2）打开近光灯开关。

3）试灯点亮，说明近光灯电路有电，否则没电，需要检修电路。

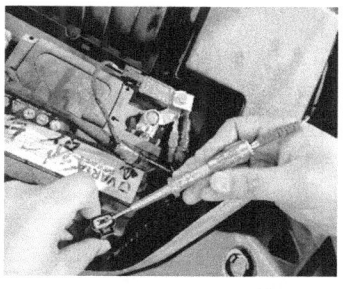

试灯的使用

图1-28 试灯的使用

3. 汽车电路检测仪的使用

线路老化与接触不良检测。如果测量电线前端电压值为12V正常电压，再测量电线后端不足10V，表明线路接触不良或老化，如图1-29所示。

4. 跨接线的使用

将跨接线连接在被测组合开关远光信号端子与公共搭铁端子之间，若仪表显示远光指示灯，说明其开关信号线正常，否则线路短路，如图1-30所示。

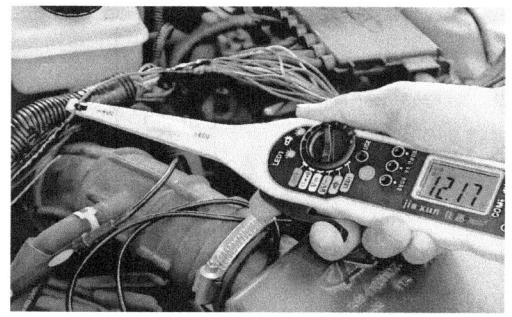

图1-29 汽车电路检测仪的使用

图1-30 跨接线的使用

☆ 任务评价

一、汽车电气设备认知评价标准

学习任务		汽车电气设备认知		学时	2	
标准时间		开始时间		完成时间		
序号	操作步骤		操作标准	操作记录	分值	自评/分
1	检修前的基本检查	检查作业现场环境	检查、清洁彻底，记录清晰、准确		2	
		记录整车基本信息			3	
		作业前工具检查			2	
		作业前实施车辆防护			3	
2	汽车电气系统部件	车外部件认知	能正确指认车辆内、外部主要电气系统部件和开关		15	
		车内部件及开关认知			15	
3	车辆操作	能正确进入车辆	能按要求操作车辆		15	
		能更换钥匙电池			10	
		能正常起动发动机			10	
		能应急起动发动机			5	
		能正确操作辅助电器			15	
4	场地恢复	正确摆放工具、量具，整理工作台、地面及工具、量具	现场 5S 管理		5	

二、常用检测工具的使用评价标准（职业技能证书评价标准）

学习任务		常用检测工具的使用		学时	2	
标准时间		开始时间		完成时间		
序号	操作步骤		扣分要求	操作记录	分值	自评/分
1	安全/7S/态度	□1. 能进行工位 7S 操作。 □2. 能进行设备和工具安全检查。 □3. 能进行车辆安全防护操作。 □4. 能进行工具清洁、校准、存放操作。 □5. 能进行"三不落地"操作。	未完成 1 项扣 3 分，扣分不超过 15 分		15	
2	专业技能	作业 1： □1. 能正确检测电源电压。 □2. 能正确检测搭铁点。 □3. 能用试灯正确检测电路。	未完成 1 项扣 5 分，扣分不超过 50 分		50	

续表

序号	学习任务	常用检测工具的使用		学时	2
	标准时间		开始时间	完成时间	
序号	操作步骤		扣分要求	操作记录	分值	自评/分

序号		操作步骤	扣分要求	操作记录	分值	自评/分
2	专业技能	□4. 能正确检测线路是否接触不良或老化。 □5. 能正确使用跨接线。 作业2： □1. 能正确查询蓄电池电压。 □2. 能正确查询万用表、试灯使用要求。	未完成1项扣5分，扣分不超过50分		50	
3	工具及设备的使用能力	□1. 能正确使用维修工具。 □2. 能正确使用万用表。 □3. 能正确使用试灯。 □4. 能正确使用汽车电路检测仪。	未完成1项扣5分，扣分不超过10分		10	
4	资料信息查询能力	□1. 正确使用维修手册查询资料。 □2. 正确使用用户手册查询资料。 □3. 在规定时间内查询所需资料。 □4. 正确记录所查询资料章节页码。 □5. 正确记录所需维修信息。	未完成1项扣5分，扣分不超过10分		10	
5	数据判断和分析能力	□1. 能判断电源电压是否正常。 □2. 能判断搭铁点是否正常。 □3. 能判断线路是否接触不良或老化。 □4. 能判断电路是否正常。	未完成1项扣5分，扣分不超过10分		10	
6	表单填写与报告的撰写能力	□1. 字迹清晰。 □2. 语句通顺。 □3. 无错别字。 □4. 无涂改。 □5. 无抄袭。	未完成1项扣1分，扣分不超过5分		5	

任务1.2 汽车电路识图

任务导入

客户王先生开着一辆长城哈弗 M6 汽车来到 4S 店，反映他的车有故障，顶灯无法正常点亮。经检测发现该故障由顶灯线路断路引起。如果我们不能熟练地分析电气系统的电路图，就不能很快地解决实际问题。

任务目标

素质目标：

1. 养成自觉遵守技术标准和规范操作的习惯，培养良好的职业道德。
2. 养成发现问题、解决问题的意识，培养精益求精的工匠精神。

知识目标：

1. 能描述汽车电路的组成。
2. 能描述汽车电路图的分类。
3. 能描述汽车电路图符号的含义。
4. 能描述电路信息的查询方法和所需电子元件的信息识别。

能力目标：

1. 能够对所需的电路信息进行查询，并判读所需电子元件的信息，记录电子元件编号、线束颜色、端子编号。
2. 能查阅电路图，并能从电路图中找出电路故障位置。
3. 能够在实车中找出各部件及元件位置，并能找出对应的端子引脚。

信息收集

一、汽车电路图认知

汽车电路识图

随着汽车电子技术的发展，汽车上的电气装置越来越多，电路关系越来越复杂，导线纵横交错。汽车机电维修需要正确识读电路图，理解电路原理、控制关系，理清导线连接关系，才能快速而准确地排查电路故障。

1. 汽车电路

汽车电路是将电源系统、用电设备通过配电装置（导线、电路保护装置、开关、继电器、插接器等）构成若干并联完整的回路。

（1）导线

汽车上所用连接导线，按承受电压的高低分为低压导线和高压导线两种类型。高压导线是汽油机点火系统高压线路导线。现代汽车一般采用直接点火系统，高压导线已逐步取消，因此本书不再讲述。

低压导线为铜质多芯软线，包括电线和绝缘层。低压导线主要根据用电设备的工作电流选择。为了便于识别和检修汽车电气设备，低压导线通常采用单色、双色和三色进行标识。在标有双色标的导线上，第一组字母代表绝缘材料的基本色（主色），第二组字母代表彩色标号线的颜色（辅助色），如图1-31所示。

为使全车线路规整、安装方便及保护导线的绝缘性能，汽车上一般将同区域的不同

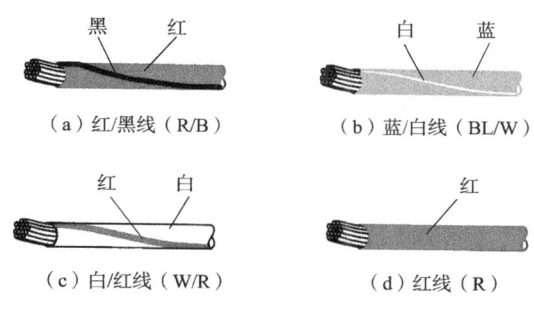

图 1-31　单、双色标导线示意图

规格的导线用棉纱或薄聚氯乙烯带缠绕包扎成束，称为线束。线束在布线过程中不能拉得太紧，线束穿过洞口或锐角处都应有保护件保护。线束保护件用来覆盖或绑扎线缆，或者将它们固定在其他零件上，使线束免受损坏。一辆汽车可以有多条线束。

主题探究

　　汽车导线的双色、多色设计是安全生产的必须选择。细节决定成败，细小的差别，影响巨大。

（2）电路保护装置

每个电路在电源与用电设备之间均配备有一个或多个电路保护装置，以防止过载或短路时损坏导线和用电设备，常见的有熔断器、易熔线和电路断路器等。

熔断器的材料是铅锡合金，当超过规定值的电流流过单个电器的电路时，熔断器就会熔断，自动切断电路。熔断器按结构形式不同可分为管式、片式等多种形式，其中片式熔断器应用最为广泛，如图 1-32 所示。易熔线是截面大小一定、可以长时间通过额定电流的一种铜芯或合金导线，通常安装在电源和有大电流流过的电器之间的线路中，保护较大范围的汽车电路，如图 1-33 所示。

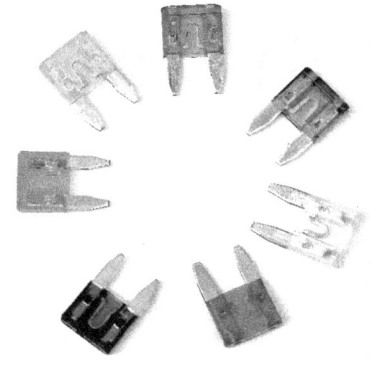

图 1-32　片式熔断器

图 1-33　易熔线

(3) 开关

开关装置的功能是接通和切断电源与用电设备的连接电路。在分析电路的时候，一定要抓住开关所控制的对象。开关是控制电路通断的关键。要特别注意继电器不但是控制开关，也是被控制对象。汽车上常用的开关有灯光组合开关（图1-34）、刮水器组合开关（图1-35）和点火开关（图1-36）等。点火开关的主要功能是：锁住转向盘转轴（LOCK挡）、接通点火仪表指示灯（ON挡）、起动（START挡）、为附件供电（ACC挡）。起动挡因为工作电流很大，开关不能接通时间过长，所以在操作时必须用手克服弹簧力，扳住钥匙，一松手就弹回点火挡，不能自行定位。其他挡位均可自行定位。近年来点火开关正逐步被一键起动替代（图1-37）。一键起动车的正确起动方法是：驾驶员坐到驾驶座后，按下起动键，此时ACC灯亮，再按一下，车辆进入ON挡；踩下制动踏板，按下一键起动按钮进行点火起动即可。

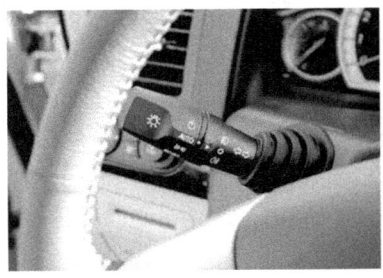
图1-34 灯光组合开关

图1-35 刮水器组合开关

图1-36 点火开关

图1-37 一键起动

(4) 继电器

车用继电器主要起保护开关的作用。继电器通过接通或切断一对或多对触点，利用小电流控制大电流，减小控制开关的电流负荷，保护电路控制开关，如起动继电器、空调继电器、喇叭继电器、中间继电器、刮水器继电器、洗涤器继电器等，如图1-38所示。

2. 汽车电路图的种类

汽车电路图是将汽车电路中的实物用简单的电气图形符号通过导线连接在一起的关

系图，可分为汽车电路原理图、汽车电气线路图、汽车电气部件定位图。

汽车电路原理图用简明的图形符号，按照电路原理，将每个系统由上到下合理地连接起来，再将各个系统排列而成。电路图中有清晰的高电位和低电位之分，电流的方向基本都是由上而下，交叉电路很少，布局合理，图面简洁清晰，图形符号易读，如图1-39所示。

汽车电气线路图按照电器在车上的大致位置进行布线，具有整车电器数量准确、导线走向清楚且有始有终、便于查找故障点位置的优点，但图中导线密集、纵横交错，不易读。

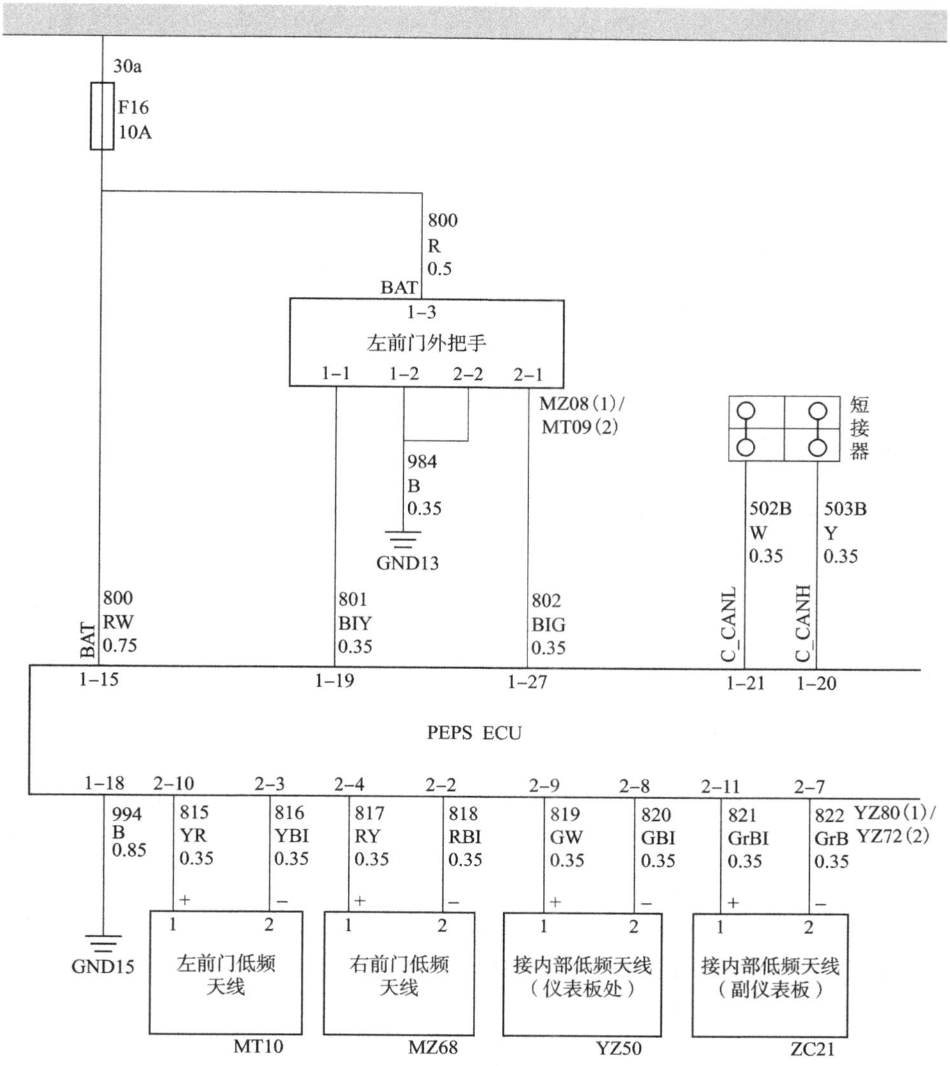

图1-38 汽车继电器

图1-39 汽车电路原理图

汽车电气部件定位图表明了电路线束与各用电器的连接部位、极桩的标记、线头、插接器的形状及位置等，是人们在汽车上能够实际接触到的汽车电路图。从线束图中可以了解线束的走向，并可以通过露在线束外面的线头与插接器详细编号或字母标记得知线束各插接器的位置。线束图常用于汽车制造厂总装线和修理厂的线束连接、检修、配线和更换，如图 1-40 所示。

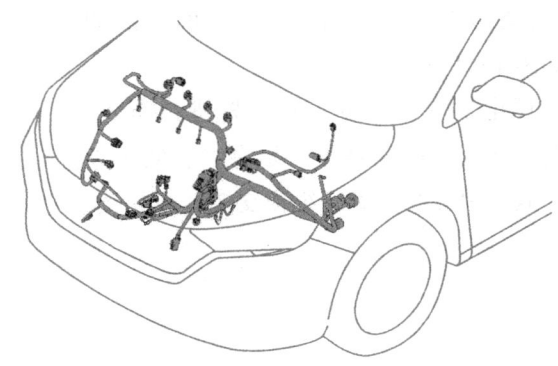

图 1-40　汽车线束图

二、汽车电路图形符号

汽车电路图是利用图形符号和文字符号，表示汽车电路构成、连接关系和工作原理，而不考虑其实际安装位置的一种简图。为了使电路图具有通用性，构成电路图的图形符号和文字符号有统一的国家标准和国际标准。为了读懂汽车电路图，首先要识别电路图中的各种图形符号及其含义。

三、汽车电路常见的线路

现在的汽车电气设备一般采用单线制、并联连接、负极搭铁，连接电路的导线采用不同颜色和编号加以区分，并以点火开关为中心将全车电路分成几条主干线，即蓄电池正极线（30 号线）、附件正极线（ACC 线）、受点火开关控制的正极线（15 号线）、起动控制线（ST 线或 50 号线）、搭铁线（接地线或 31 号线）。

（1）蓄电池正极线（B 线或 30 号线）

从蓄电池正极引出，直通熔断器盒。也有的汽车蓄电池正极线先接到起动机正极线极桩上，再从那里引出较细的正极线。

（2）点火、仪表、指示灯线（IG 线或 15 号线）

点火开关处于 ON（工作）和 ST（起动）挡时供电的电源线，一般用来控制点火、励磁、仪表、指示灯、信号、电子控制系统等发动机工作时的重要电路。

（3）附件正极线（ACC 线或 15 号线）

附件正极线用于发动机不工作时需要接入的电气设备，如电动刮水器、多媒体设备、点烟器等。

(4) 起动控制线（ST 线或 50 号线）

起动控制线用于对起动机的控制电路进行控制并提供电源。由于起动机是大功率用电设备，起动时工作电流大，易烧蚀点火开关的 30 端子与 50 端子之间的触点，为保护点火开关起动挡 30 端子与 50 端子之间的触点，需加装起动机继电器（如东风、解放及三菱重型车）。在装有自动变速器的轿车上，为了保证空挡起动，常在 50 号线上串有空挡开关。

(5) 搭铁线（接地线或 31 号线）

现代汽车局部采用双线制，设有专门公共搭铁接点，编绘专门搭铁线路图。为保证起动时减少线路接触压降，蓄电池极桩夹头、车架彻底除锈、去漆、拧紧。

四、汽车电路图的识读技巧

1. 化整为零，按系统、元件进行电路识读分析

先看全图，把一个个单独的系统框出来。一般来讲，各电气系统的电源和电源总开关是公共的，任何一个系统都应该是一个完整的电路，都应遵循回路原则。

2. 掌握系统功用、技术参数等

分析各系统的工作过程、相互间的联系。在分析某个电气系统之前，要清楚该电气系统所包含各部件的功能、组成和技术参数等。在分析过程中应特别注意开关、继电器触点的工作状态，大多数电气系统都是通过开关、继电器不同的工作状态来改变回路，实现不同的功能。

3. 掌握回路原则

电路中工作电流由电源正极流出，经用电设备后流回电源负极。电路中只有当电流流过用电设备时，用电设备才能工作。一个完整的电气回路包括电源、开关（或熔断器）、用电设备（或电子线路）、导线和连接器等，电流从电源正极经导线、开关（或熔断器）至用电设备后搭铁，回到同一电源的负极。

4. 按操纵开关的功能及不同工作状态分析电路的工作原理

如点火系供电，点火开关应处于点火挡或起动挡。在标准画法的电路图中，开关总是处于零位，即断开状态，电子开关的状态则视具体情形而定。

5. 正确理解继电器的功用

阅读电路图时，把含有线圈和触点的继电器看成线圈工作的控制电路和触点工作的主电路两部分。主电路中的触点只有在线圈电路中有工作电流流过后才能动作。在电路图中画出的继电器线圈处于失电状态。

6. 正确判断接点标记、线型、色码标记等

读接线图时，要正确判断接点标记、线型和色码标记。相关知识已在前文作了介绍。须指出的是，标记颜色的字母因国家不同而有区别，如中国、美国及日本采用英文字母，德国采用德文字母，俄罗斯采用俄文字母。

7. 看懂标题栏及技术说明，熟记常用图形符号

读图时，一要注意各图形的编号，根据编号在本页下部查出图形表示什么元件；二

要注意读懂电路图下面的坐标,以确定该图形元件所处的位置,在读线路指向某一数字坐标时很有用;三要注意各线路在中央接线板、继电器及其他电气元件上的接口编号,通过接口编号能读懂线路走向。

主题探究

精益求精的工匠精神要求从业者对每一道工序都要凝神聚力、追求极致。汽车电路识读过程中应养成良好的识读习惯,点滴差别彰显科技的进步。工作、生活中需要创新进步,更需要遵守操作规范。

知识过关

一、选择题

1. 下列选项中,不是汽车电路组成部分的是( )。
   A. 开关　　　　B. 保险　　　　C. 导线　　　　D. 发动机
2. 下列选项中,不属于汽车电路保护装置的是( )。
   A. 熔断器　　　B. 易熔线　　　C. 电路断路器　　D. 开关
3. 用简明的图形符号,按照电路原理将每个系统由上到下合理地连接起来,再将每个系统排列而成的电路图是( )。
   A. 汽车电路原理图　　　　　　B. 汽车电气线路图
   C. 汽车电气部件定位图　　　　D. 汽车电路线束图

二、填空题

1. 汽车上所用的连接导线,按承受电压高低分为_____导线和_____导线两种类型。
2. 熔断器按结构形式不同可分为_____、_____等多种形式,其中_____熔断器应用最为广泛。
3. 开关装置的功能是_____和_____电源与用电设备的连接电路。

三、简答题

1. 汽车电路常见的线路主要有哪些?
2. 汽车电路图的识读技巧有哪些?

任务实施

一、任务准备

1. 设备准备

1) 带有消防设施的汽车维修工位,如图1-9所示。

2)长城哈弗 M6 故障汽车 1 辆,如图 1-10 所示。

2. 资料准备

长城哈弗汽车维修手册(图 1-11)和工作手册(图 1-12)。

3. 工具、量具准备

万用表(图 1-13)、常规工具(图 1-14)、连接导线。

二、汽车基本元件认知检测(岗课融通内容)

1. 基本元件认知

根据图 1-41,找出以下元件,并进行区分。

1)熔断器:5A、10A、15A、25A、30A、60A。

2)继电器:4 引脚、5 引脚。

3)线束。

4)插接器:公端子、母端子。

5)开关:灯光组合开关、刮水器组合开关。

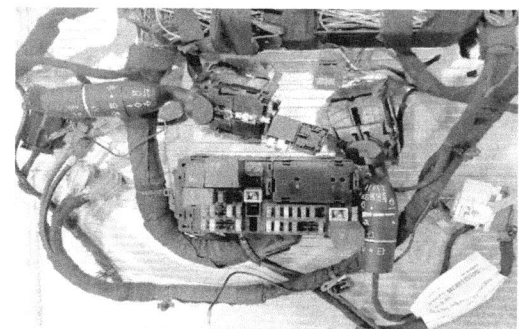

图 1-41 基本元件

2. 检测基本元件

(1)熔断器

观察法检查:可观察熔断器(保险丝)两插片之间的熔丝是否烧断,如烧断,应更换熔断器。

开路检测:正常值应小于 1Ω,否则应更换熔断器,如图 1-42 所示。

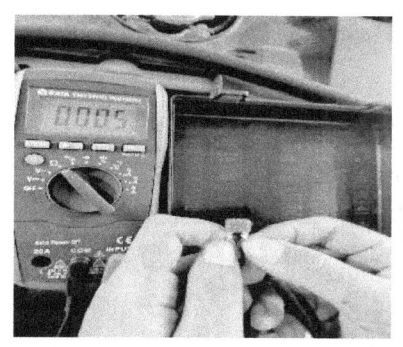

图 1-42 熔断器检测

保险丝的检测

(2)继电器

开路检测:线圈 1 脚—2 脚之间的电阻在 50~120Ω,3 脚—4 脚导通;3 脚—5 脚电阻值为∞则正常,否则有问题,如图 1-43 所示。

继电器的检测

图 1-43 继电器开路检测

加电检测：在 1 脚和 2 脚之间加 12V 电压，用万用表电阻挡测量 3 脚—4 脚不通，3 脚—5 脚导通，为正常，否则有问题，如图 1-44 所示。

（3）开关

开关接通时电阻值小于 1Ω，开关关闭时电阻值显示 ∞ 则正常，否则有问题，如图 1-45 所示。

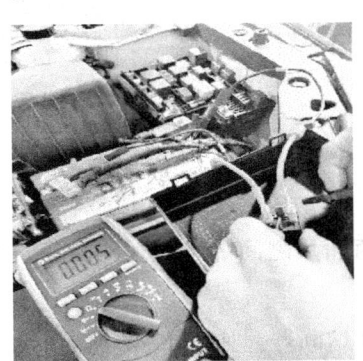

图 1-44 继电器加电检测　　　图 1-45 开关检测

（4）线束

断路检测：电阻值小于 2Ω 则正常，否则断路，如图 1-46 所示。

短路检测：电阻值 ∞ 则正常，否则对地短路（线束互短），如图 1-47 所示。

图 1-46 线束断路检测　　　图 1-47 线束短路检测

三、汽车电路图识别（课证融通内容）

根据图 1-48 所示电路原理图完成下列内容：

1）能从维修手册中查询电路信息，并判读所有电子元件的信息。

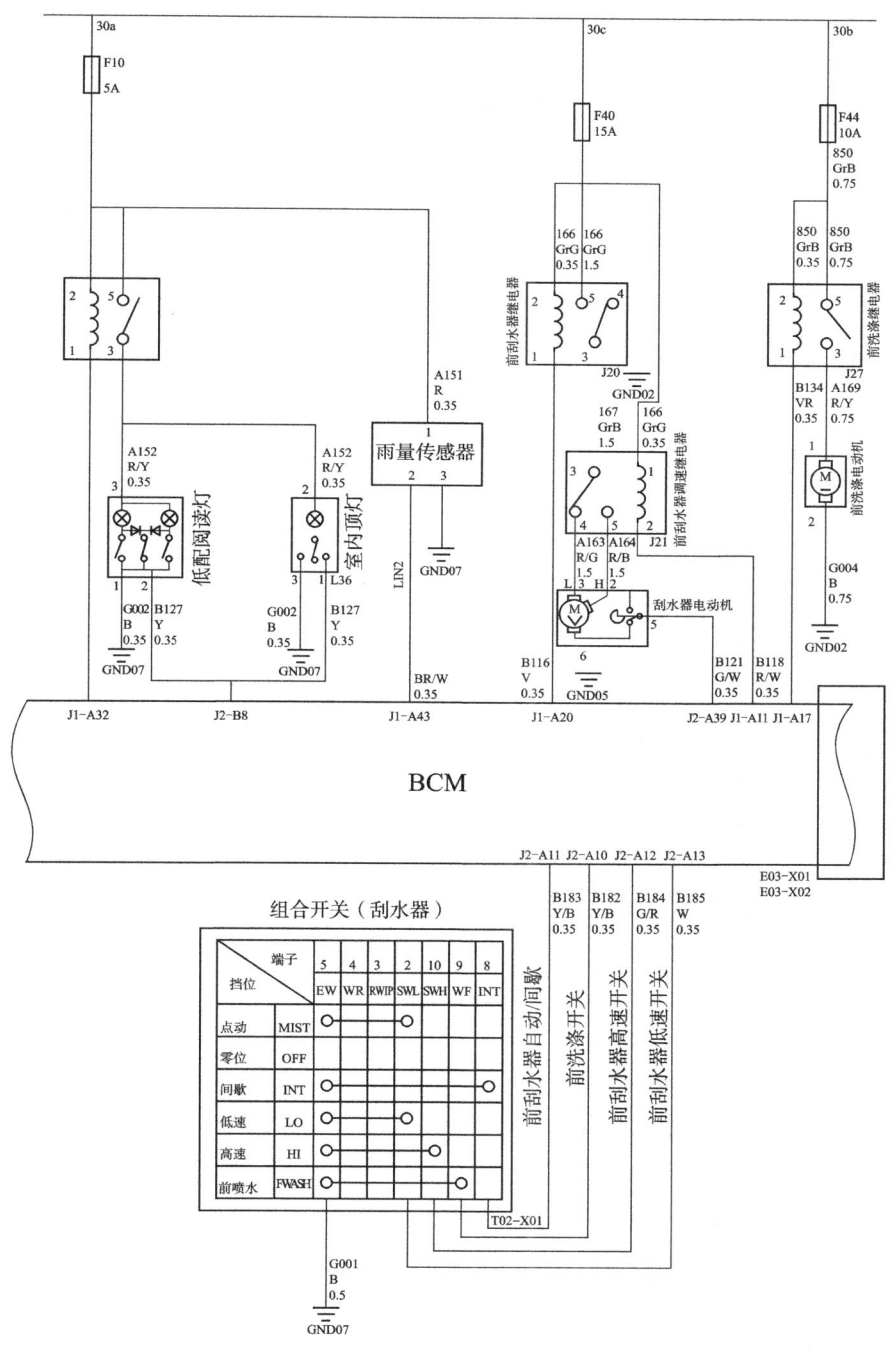

图 1-48　电路原理图

2）能根据电路图找出电子元件与控制模块之间的线束和端子信息。

3）能根据电路图找出开关与控制模块之间的线束和端子信息。

4）能根据电路图找出传感器与控制模块之间的线束和端子信息。

5）能根据电路图找出执行器与控制模块之间的线束和端子信息。

6）能在维修手册中找出各部件、线束、插接器及搭铁点的位置图。

7）能在实车上找出相应部件及元件。

8）能根据电路图在实车上找到对应的电子元件、开关、传感器、控制模块和执行器对应引脚的端子。

9）从电路图中指出以下故障点位置：

① 顶灯保险损坏。

② 电动刮水器高速无信号。

任务评价

一、汽车基本元件认知检测评价标准

学习任务		汽车基本元件认知检测		学时	2
标准时间		开始时间		完成时间	
序号		操作步骤	操作标准	操作记录	分值	自评/分

序号		操作步骤	操作标准	操作记录	分值	自评/分
1	检修前的基本检查	检查作业现场环境	检查、清洁彻底，记录清晰、准确		2	
		记录整车基本信息			3	
		作业前工具检查			2	
		作业前实施车辆防护			3	
2	基本元件认知	能找出熔断器并能区分	工具选择、使用正确；按维修工艺要求拆卸		6	
		能找出继电器并能区分			6	
		能找出线束并能区分			6	
		能找出开关并能区分			6	
		能找出插接器并能区分			6	
3	基本元件检测	能正确检测熔断器	仪表挡位选择、使用正确；按技术要求进行检测		10	
		能正确检测继电器			20	
		能正确检测线束			15	
		能正确检测开关			10	
4	场地恢复	正确摆放工具、量具，整理工作台、地面及工具、量具	现场5S管理		5	

二、汽车电路图识别评价标准（职业技能证书评价标准）

学习任务		汽车电路图识别		学时	2
标准时间		开始时间		完成时间	
序号		操作步骤	扣分要求	操作记录	分值	自评/分

序号		操作步骤	扣分要求	操作记录	分值	自评/分
1	安全/7S/态度	□1. 能进行工位7S操作。 □2. 能进行设备和工具安全检查。 □3. 能进行车辆安全防护操作。 □4. 能进行工具清洁、校准、存放操作。 □5. 能进行"三不落地"操作。	未完成1项扣3分，扣分不超过15分		15	
2	专业技能	作业1： □1. 能正确查询电路信息。 □2. 能正确查询电子元件的信息。 □3. 能找出电子元件与控制模块之间的线束和端子信息。 □4. 能找出开关与控制模块之间的线束和端子信息。 □5. 能找出传感器与控制模块之间的线束和端子信息。 □6. 能找出执行器与控制模块之间的线束和端子信息。 □7. 能在维修手册中找出各部件、线束、插接器及搭铁点的位置图。 作业2： □1. 能在实车上找出相应部件及元件。 □2. 能根据电路图在实车上找到对应的电子元件、开关、传感器、控制模块和执行器对应引脚的端子。 作业3： □从电路图中指出故障点位置。	未完成1项扣5分，扣分不超过50分		60	
3	资料信息查询能力	□1. 能正确使用维修手册查询资料。 □2. 能正确使用用户手册查询资料。 □3. 能在规定时间内查询所需资料。 □4. 能正确记录所查询资料章节页码。 □5. 能正确记录所需维修信息。	未完成1项扣5分，扣分不超过10分		10	
4	数据判断和分析能力	□1. 能判断电子元件、开关、传感器、控制模块和执行器对应引脚的端子。 □2. 能判断部件及元件在实车上的位置。 □3. 能判断故障点的位置。	未完成1项扣5分，扣分不超过10分		10	

续表

学习任务		汽车电路图识别		学时	2
标准时间		开始时间		完成时间	
序号	操作步骤		扣分要求	操作记录	分值	自评/分
5	表单填写与报告的撰写能力	□1. 字迹清晰。 □2. 语句通顺。 □3. 无错别字。 □4. 无涂改。 □5. 无抄袭。	未完成1项扣1分，扣分不超过5分		5	

任务1.3　车载网络系统认识及维护

任务导入

客户李先生开着一辆哈弗M6汽车来到4S店。李先生反映车辆起动后，仪表板上发动机故障警示灯、ABS故障警示灯、防滑指示灯都点亮。假设请你负责李先生车辆的接待工作，为李先生解释该车这些灯同时点亮的原因，同时介绍长城哈弗汽车车载网络系统的组成和类型。

任务目标

素质目标：
1. 养成严谨的职业素养和认真负责的工作态度，培养良好的职业道德。
2. 养成浓厚的创新意识和创新能力，树立正确的人生观和价值观。

知识目标：
1. 能向客户描述汽车车载网络系统的特点。
2. 能向客户描述汽车车载网络系统的类型。
3. 熟悉汽车车载网络系统的组成及工作原理。

能力目标：
1. 能够说明CAN、LIN、MOST总线技术的特点和应用。
2. 能够介绍常见车型的总线组成。

车载网络系统认识及维护

信息收集

一、汽车车载网络系统类型与组成

1. 按照数据传输速率分类

为使不同厂家生产的零部件能在同一辆汽车上协调工作，需要制定统一的车载网络标准。为方便研究和设计应用,美国汽车工程师协会(SAE)根据数据传输速率将车载网络划分为 A、B、C、D、E 级五大类。

(1)A 级(低速网络)

传输速率一般小于 20kbit/s(千比特每秒),主要用于电动门窗、电动座椅、照明系统等,目前首选的是 LIN 总线。

(2)B 级(中低速网络)

传输速率在 20~125kbit/s,主要应用于车身电子舒适模块、故障诊断、仪表显示等系统。低速 CAN 总线凭借其突出的可靠性、实时性和灵活性,已成为被世界各国接受的 B 类总线的主流协议。

(3)C 级(高速网络)

传输速率在 125~1 000kbit/s,对实时性要求高,主要面向高速、实时闭环控制的多路传输网,主要用于发动机控制、自动变速器、ABS、ASR、ESP、悬架控制等。目前来说,高速 CAN 总线仍是 C 类网络协议的主流。

(4)D 级(高速媒体传输网络)

传输速率在 250k~100Mbit/s,网络协议主要有 MOST、以太网、蓝牙、ZigBee 技术等,主要用于要求传输效率较高的多媒体系统、导航系统等。

(5)E 级(高速安全网络)

传输速率在 10Mbit/s 以上,主要面向乘员的安全系统高速、实时网络。其大部分应用于车辆被动性安全领域,如在宝马公司设计的安全气囊系统中,使用 Bytellight 协议连接气囊控制单元、加速度传感器、安全传感器等装置,为被动安全提供最佳保障。

主题探究

安全第一,生命至上。从汽车网络的设计可以看出,安全排在首位。近年来我国汽车网络基本实现了国产化设计,自主创新发展成为主流。

2. 按网络的结构分类

依据网络的结构分类,车辆网络系统中局域网主要有三种类型:总线型网络、环形网络和星形网络。

(1)总线型网络

总线型网络如图 1-49 所示。总线型网络通常采用单线或双线作为传输媒介,所有的电子控制单元(又称为节点或站点)都通过相应的硬件接口直接连接到传输媒介(又称为总线)上。总线型网络中的任何一个节点发送的信息都可以沿着总线传输,总线上其他任何一个节点几乎同时收到。它是一种辐射式结构,信息从发送节点向两端扩散传送。总线型网络结构简单,电缆长度短,造价低廉且便于维护,节点接入灵活,某个节点失效不会影响其他节点的工作。目前,车载局域网多采用此种网络。

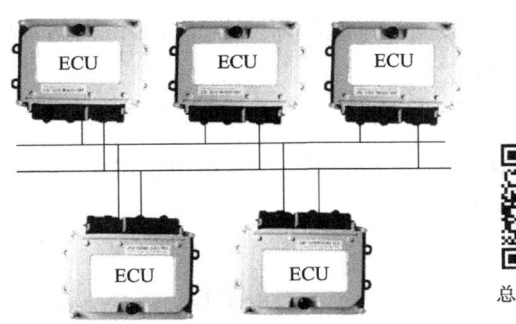

图 1-49　总线型网络

（2）环形网络

环形网络如图 1-50 所示。这种网络结构中，每个电子控制单元都与两个相邻的电子控制单元相连，信息流在网络中单向流动，每次信息在网络中传输的时间最大值是固定的，实时性较高。但网络环路中电子控制单元过多时会影响信息传输速率，使网络的响应时间延长；一个电子控制单元发生故障，将会造成全网瘫痪，可靠性低；环路是封闭的，不便于扩充。

（3）星形网络

星形网络如图 1-51 所示。星形网络属于集中控制型网络，整个网络中所有的传输信息均需通过中心电子控制单元（主 ECU）转发，因此中心电子控制单元相当复杂，而其他电子控制单元的通信处理负担都很小，只需要满足简单通信要求，线路利用率不高。

图 1-50　环形网络　　　　　　　　图 1-51　星形网络

3. 车载网络的组成

一般车载网络控制系统通过多条不同传输速率的总线分别连接不同类型的电子控制单元，采用特定的通信协议，组成局域网络系统，并使用网关来实现整车的信息共享和网络管理，如图 1-52 所示。

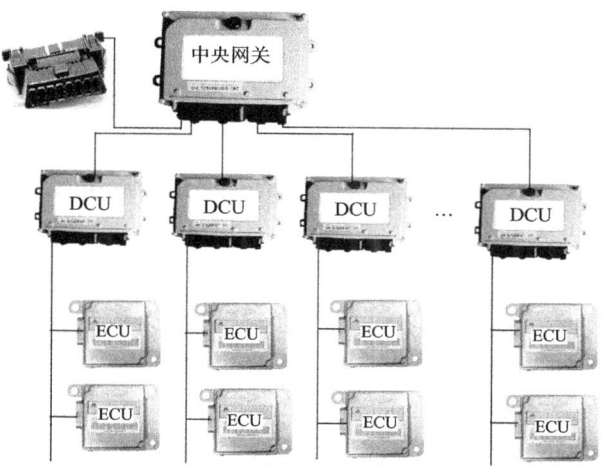

图 1-52 车载网络结构

（1）通信协议

随着汽车上的电子控制单元越来越多，各电子控制单元要想成功交流，就必须使用和解读相同的电子语言，这种语言称为"协议"，即在通信内容、怎样通信及何时通信等方面，电子控制单元要遵从一组约定和规则，这些约定和规则的集合称为协议。汽车计算机网络常见的传输协议有数种，大多数通信协议（及使用它们的数据总线和网络）都是专用的，因此维修诊断时需要专门的软件。

（2）局域网

数据总线作为电子控制单元之间的一种数据传递方式，将各个控制单元连接形成一个网络系统。由于受到数据传输速率、成本和网络功能的限制，现代汽车网络还不能完全采用单一的网络系统。

（3）网关

车载网络采用多条不同传输速率的总线分别组成局域网络系统。为了在数据总线间实现无差错数据传输，必须用一种特殊功能的电子控制单元，以达到信息共享和不产生冲突，这种电子控制单元称为网关。它可以单独由一个电子控制单元充当，也可以由某个电子控制单元兼顾。有些汽车可能安装两个以上的网关。

二、汽车车载网络系统的特点

随着电控系统的日益复杂，以及对汽车内部电控单元之间通信能力要求的日益增长，采用点对点的连接会使得车内线束增多，在内部通信的可靠性、安全性及重量方面都给汽车设计和制造带来了很大的困扰。因此，为了减少车内连线，实现数据的共享和快速交换，同时提高可靠性，在快速发展的计算机网络上实现了 CAN、LAN、LIN、MOST 等基础构造的汽车电子网络系统，即车载网络。汽车的数据传输网络系统的特点可以归纳为以下几个方面。

1. 线束导线数量少,可靠性高

从布线角度来看,汽车的数据传输网络系统采用两根总线取代了多根导线,使导线的数量大大减少,线束的体积也就相应地变小,整车线束得到简化。线束导线数量的减少必然使线路的连接点大大减少,由此带来的好处是信号传输的可靠性得到提高,也大大降低了整车的故障发生率。

2. 电源配置系统变化

采用车载网络数据传输方式以后,可以使各个用电设备采用模块化控制,由此可以使电源系统的熔断器和继电器的数量大为减少,也使增、减用电设备变得十分简单。

3. 实现数据共享,系统更灵活

由于各种电子控制单元的数据发送与接收是在共同传输线路的同一根总线上,这种连接方式把各个电子控制单元紧密地连接在一起,各种电子控制单元都可以使用总线上的数据,实现数据共享,由此减少了数据的重复处理,节省了成本。具有数据传输网络系统的车辆,通过对系统软件进行相应的改动,就可以使控制系统的控制功能发生相应的变化,这给系统的随时升级带来了极大的灵活性。

4. 控制原理改变,元器件使用寿命长

采用总线控制的车辆,其用电设备大都采用了不同功能的电子控制单元,控制用电设备工作的各种控制开关通常不再串联在电路中,而是提供一个开关信号(相当于传感器信号),通过输入、输出单元接收,进而控制用电设备工作与否。采用总线的车辆在某一用电设备负荷增大到一定程度时,系统能够及时发现并自动使其退出工作状态,这种主动保护方式代替了只有单一的熔断器熔断的被动保护方式,可以有效防止元器件早期损坏,延长了元器件的使用寿命,避免了事故的发生。

三、汽车车载网络系统基本工作原理

汽车车载网络系统常用的有CAN、LIN和MOST这三种通信协议,三种网络的通信速度、通信线、数据类型、通信方向、拓扑结构、控制方式及使用范围各不相同。哈弗M6汽车的车载网络系统包含CAN、LIN和MOST三种通信网络。

1. CAN总线

CAN是电子控制单元区域网络,是指控制单元进行数据交换的网络。它可以使用双绞线来传输信号。CAN数据总线就如同公共汽车线路,每个电子控制单元的节点相当于公交站点,公共汽车可以同时运送大量乘客,路上有各个站点,故数据总线也称为BUS线。哈弗M6汽车CAN总线应用于发动机、底盘、安全等系统中,有动力网络PT-CAN(图1-53)、车身网络BD-CAN(图1-54)和诊断网络DG-CAN等。

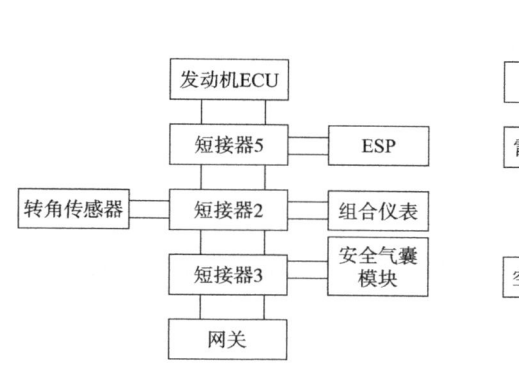

图 1-53 哈弗 M6 PT-CAN 总线布局

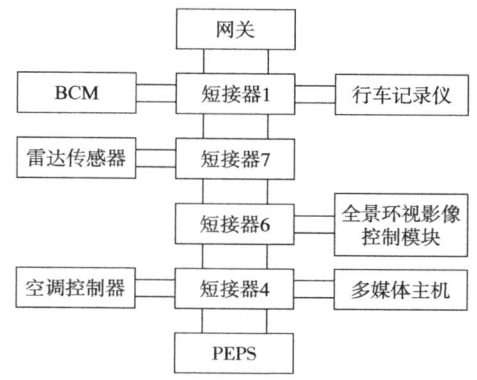

图 1-54 哈弗 M6 BD-CAN 网络布局

(1) CAN 系统的组成及功能

CAN 系统中每个控制单元的内部都包含一个 CAN 控制器和一个 CAN 收发器，外部连接了两条 CAN 数据总线，如图 1-55 所示。在系统中作为终端的两个控制单元内部各装有一个数据传输终端（有时数据传输终端安装在控制单元外部）。

CAN 控制器的作用是接收控制单元中微处理器发出的数据，处理数据后传给 CAN 收发器；同时，CAN 控制器也接收收发器收到的数据，处理数据后传给微处理器。

CAN 收发器将 CAN 控制器提供的数据转换成电信号，并通过数据总线发送出去；同时，它也接收总线数据，并将数据传到 CAN 控制器。

数据传输终端实际上是一个电阻，其作用是避免数据传输终了反射回来，产生反射波而使数据遭到破坏。CAN 数据总线是用来传输数据的双向数据线，分为 CAN 高位（CAN-H）和 CAN 低位（CAN-L）数据线。如图 1-56 所示，为了防止外界电磁波干扰和向外辐射，CAN 总线采用两条线缠绕在一起的形式，两条线上的电位是相反的，电压总和等于常数。

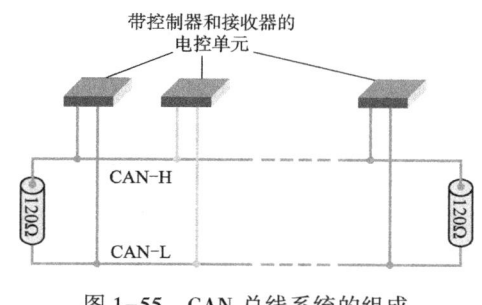

图 1-55 CAN 总线系统的组成

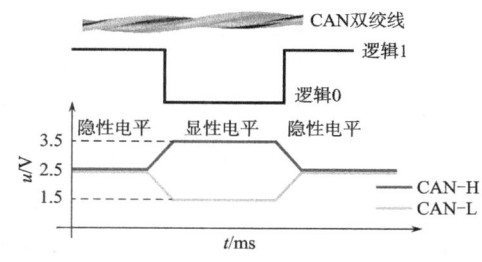

图 1-56 CAN 数据传输

(2) CAN 总线数据的传输

CAN 总线数据的传输包括提供数据、发送数据、接收所需要的数据。如果需要，数据将被接收并得到处理，否则被忽略。控制单元首先向 CAN 控制器提供需要发送的数据，CAN 收发器接收由 CAN 控制器传来的数据，并转换为电信号，发送到数据总线上。在 CAN 系统中，所有控制单元内部都含有接收数据总线上的数据的接收器，并将编码数据分解成可以使用的数据，各控制单元判断接收的数据是否为控制单元所需要的。

2. LIN 总线

LIN 是一种新型低成本汽车车身网络低端通信总线。LIN 总线的定位是作为 CAN 的辅助总线，用于车身控制网络的低端场合，实现汽车车身网络的层次化，以降低汽车网络的复杂程度，保持最低成本。LIN 线在空调、座椅、座椅控制电动机、光敏传感器中广泛应用。

（1）LIN 总线布局

常见的 LIN 总线布局如图 1-57 所示。LIN 总线包括和 CAN 联络的主 ECU 及几个从属 ECU。主 ECU 有网关功能，并能从 CAN 接收各种信息。哈弗 M6 汽车 LIN 总线应用于光照、车窗、蓄电池等系统中，如图 1-58 所示。

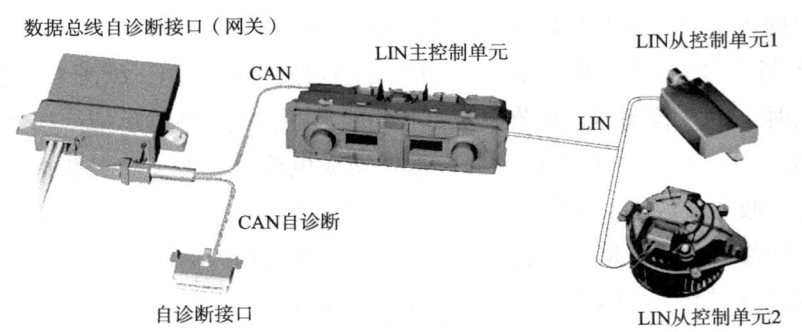

图 1-57 LIN 总线布局

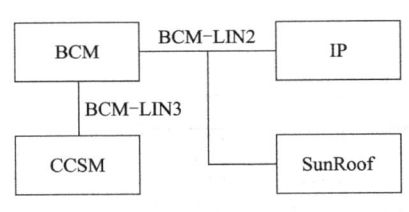

图 1-58 哈弗 M6 部分 LIN 总线布局

（2）LIN 总线特点

LIN 总线使用串行通信协议，可以有效地支持汽车上机械电子节点的控制。其有以下主要特点：以极少的信号线就可实现 ISO 9141 标准，数据传输速率最高可达 20kbit/s，最大总线长度为 40m；采用单主机、多从机模式，无须仲裁机制，数据的优先级由主机节点确定，可以根据需要灵活改变；具有监控总线、数据校验和标识符双重奇偶校验等错误检测功能，保证数据传输的可靠性。

3. MOST 总线

MOST 是面向媒体的系统传输总线，是汽车行业合作的成果，但不具备正式的标准。MOST 总线专门用于满足要求严格的车载环境。这种新的基于光纤的网络能够支持 24.8Mbit/s 的数据传输速率，与以前的铜缆相比具有减轻重量和减小电磁干扰的优势。

MOST 一般应用于车载多媒体网络，如图 1-59 所示，各控制单元之间通过一个环形数据总线连接，该总线只向一个方向传输数据。

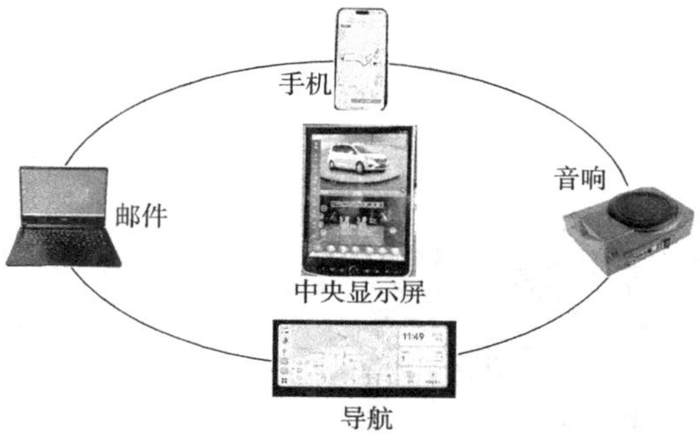

图 1-59 MOST 总线布局

知识过关

一、选择题

1. A 级属于低速网络，数据传输速率一般小于（　　）。
   A. 20kbit/s　　　　B. 15kbit/s　　　　C. 10kbit/s　　　　D. 5kbit/s

2. B 级属于中低速网络，数据传输速率为（　　）。
   A. 10~100kbit/s　　B. 20~125kbit/s　　C. 30~200kbit/s　　D. 40~325kbit/s

3. C 级属于高速网络，主要面向高速、实时闭环控制的多路传输网，主要用于（　　）。
   A. 电动座椅　　　　B. 电动门窗　　　　C. 发动机控制　　　D. 仪表显示

4. D 级属于高速媒体传输网络，主要用于（　　）。
   A. 电动座椅　　　　B. 电动门窗　　　　C. 发动机控制　　　D. 导航系统

5. E 级属于高速安全网络，数据传输速率在 10Mbit/s 以上，主要用于（　　）。
   A. 电动座椅　　　　　　　　　　　　　B. 电动门窗
   C. 发动机控制　　　　　　　　　　　　D. 被动性安全领域

二、填空题

1. 美国汽车工程师协会（SAE）根据数据传输速率将车载网络划分为_____大类。
2. 依据网络的结构分类，车辆网络系统中局域网主要有_____网络、_____网络和_____网络三种类型。
3. 汽车车载网络系统常用的有_____、_____和_____这三种通信协议。
4. 哈弗 M6 汽车 LIN 总线应用于_____、_____、_____等系统。
5. 哈弗 M6 汽车 CAN 总线主要有_____、_____和_____等。

三、简答题

1. 汽车车载网络系统的优点有哪些？
2. 汽车车载网络的主要组成有哪些？

任务实施

一、任务准备

1. 设备准备

1) 长城哈弗 M6 汽车 1 辆。

2) 计算机、手机、平板计算机等信息化设备终端。

2. 资料准备

长城哈弗 M6 汽车维修手册和工作手册。

3. 工具、量具准备

示波器（图1-60）、常规工具、连接导线。

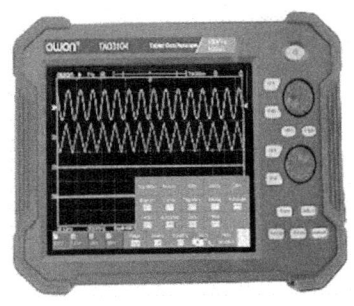

图1-60 示波器

二、长城哈弗 M6 汽车车载网络识读（岗课融通内容）

1. 在计算机（或其他信息化终端）上打开电子（或纸质）维修手册

1) 打开维修手册电子（或纸质）目录。

2) 从目录页找到数据通信目录。

3) 在数据通信目录下找到子目录示意图和布线图。

4) 进入子目录示意图和布线图，查找与 CAN、LIN 总线有关的示意图。

5) 综合所有与 CAN、LIN 有关的电路图，分析其工作过程。

2. 相关元件的认知和使用

（1）PT-CAN 总线相关控制单元认知

从电路图中找到发动机控制模块（ECM）、车身稳定系统控制模块（ESP）、变速器控制模块（TCU）、网关（GW）、电子换挡控制模块（SBWM）、汽车仪表控制模块（IP）等。依据表1-1，在实训车辆上依次找到对应的控制模块。

表1-1 CAN 总线相关控制单元位置

名称	位置	定位图
发动机控制模块（ECM）	发动机舱左侧	发动机控制单元位置图
车身稳定系统控制模块（ESP）	发动机舱内，发动机左侧	ESP 控制系统位置图
变速器控制模块（TCU）	发动机舱内	变速器系统位置图
网关（GW）	驾驶舱内，驾驶员侧右下部	网关位置图
电子换挡控制模块（SBWM）	驾驶舱内，换挡手柄处	换挡机构
汽车仪表控制模块（IP）	驾驶舱内，信息显示模块后面	仪表板区域
车身控制模块（BCM）	驾驶舱内，仪表板左下方	仪表板区域
空调系统控制模块（AC）	行李厢左后侧	仪表板区域
PEPS 控制模块	驾驶舱内，副驾驶仪表板后	仪表板区域

续表

名称	位置	定位图
全景环视影像控制模块（AVM）	驾驶舱内，副驾驶座下方	仪表板区域

（2）BD-CAN 总线相关控制单元认知

从电路图中找到车身控制模块（BCM）、空调系统控制模块（AC）、PEPS 控制模块、全景环视影像控制模块（AVM）等。依据表 1-1，在实训车辆上依次找到对应的控制模块。

（3）LIN 总线相关控制单元认知

从电路图中找出对应的电控单元，在实训车辆相关位置依次找出挡风玻璃刮水器电动机模块（图 1-61）、环境光照传感器模块、天窗控制模块（图 1-62）、天窗遮阳板电动机模块、乘客座椅加热控制模块、驾驶员侧车窗开关（图 1-63）、乘客侧车窗电动机（图 1-64）等。

图 1-61 刮水器电动机模块

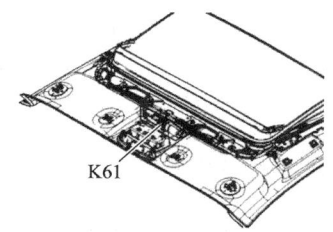

图 1-62 天窗控制模块

图 1-63 驾驶员侧车窗开关

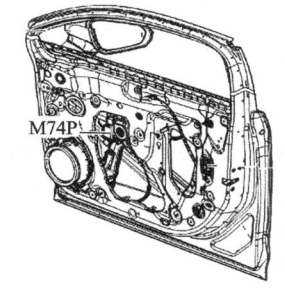

图 1-64 乘客侧车窗电动机

3. 车载网络控制策略

1) CAN 数据在两条绞合线上传送，允许最高传输速率为 500kbit/s。双绞线的终端有两个 120Ω 电阻器，一个位于发动机控制模块（ECM）内部，另一个在连接器总成内。在车辆正常工作时，监视串行数据通信情况。当点火开关置于"OFF"（关闭）以外的任何位置时，操作信息和指令会在装置之间交换。高速 CAN-H 和高速 CAN-L 从约 2.5V 静止或闲置电平驱动到相反的极限。将线路驱动至极限时，高速 CAN-H 电路将增加 1V 电压，而 CAN-L 电路将减小 1V 电压。如果串行数据丢失，设备将会设置一个针对未通信设备的无通信代码。

2）LIN 总线包含一条传输速率为 10.417kbit/s 的单线。主控模块和特定子系统内的其他 LIN 设备之间通过 LIN 电路传输串行数据。

3）MOST（多媒体定向系统传输）总线由一个物理环路构成，在这个环路中，多媒体设备共享音频、视频和信息娱乐系统控制数据。MOST 总线上的每个设备通过总线串行数据电路发送和接收数据。MOST 总线诊断主控设备为收音机。每个设备均通过媒体定向系统传输控制电路提供 12V 信号。点火开关置于"ON"（打开）位置时，收音机将 MOST 控制电路拉低 100ms 来启动多媒体定向系统传输总线上的通信。一旦各设备识别到 MOST 控制电路中来自收音机的唤醒信号，它们就在 MOST 总线上对收音机做出响应，表明没有故障存在，正常通信将开始。

任务评价

长城哈弗汽车车载网络识读评价标准

学习任务		长城哈弗汽车车载网络识读		学时	2
标准时间		开始时间		完成时间	
序号	操作步骤		扣分要求	操作记录	分值	自评/分
1	安全/7S/态度	□1. 能进行工位 7S 操作。 □2. 能进行设备和工具安全检查。 □3. 能进行车辆安全防护操作。 □4. 能进行工具清洁、校准、存放操作。 □5. 能进行"三不落地"操作。	未完成 1 项扣 3 分，扣分不超过 15 分		15	
2	专业技能	作业： □1. 能正确查询高速、低速 CAN 电路图。 □2. 能正确识读 CAN 系统部件。 □3. 能正确查询 LIN 电路图。 □4. 能正确识读 LIN 系统部件。 □5. 能正确查找 CAN、LIN 电气部件安装位置。	未完成 1 项扣 5 分，扣分不超过 50 分		50	
3	工具及设备的使用能力	□1. 能正确使用办公软件。 □2. 能正确操作计算机。	未完成 1 项扣 5 分，扣分不超过 10 分		10	
4	资料信息查询能力	□1. 能正确使用维修手册查询资料。 □2. 能正确使用用户手册查询资料。 □3. 能在规定时间内查询所需资料。 □4. 能正确记录所查询资料章节页码。 □5. 能正确记录所需维修信息。	未完成 1 项扣 5 分，扣分不超过 10 分		10	

续表

学习任务		长城哈弗汽车车载网络识读		学时	2
标准时间		开始时间		完成时间	
序号	操作步骤		扣分要求	操作记录	分值	自评/分

序号		操作步骤	扣分要求	操作记录	分值	自评/分
5	数据判断分析能力	□1. 能分析CAN、LIN系统电路图。 □2. 能分析CAN、LIN电气设备定位图。	未完成1项扣5分，扣分不超过10分		10	
6	表单填写与报告的撰写能力	□1. 字迹清晰。 □2. 语句通顺。 □3. 无错别字。 □4. 无涂改。 □5. 无抄袭。	未完成1项扣1分，扣分不超过5分		5	

项目拓展

车联网系统

车联网系统，是指通过在车辆仪表台安装车载终端设备，实现对车辆所有工作情况和静、动态信息的采集、存储并发送。车联网系统一般具有实时实景功能，利用移动网络实现人车交互。系统分为三大部分，即车载终端、云计算处理平台、数据分析平台，根据不同行业对车辆不同的功能需求实现对车辆的有效监控管理。车辆的运行往往涉及多项开关量、传感器模拟量、CAN信号数据等，在驾驶员操作车辆运行过程中，产生的车辆数据不断回发到后台数据库，由云计算处理平台实现对数据的过滤清洗，数据分析平台对数据进行报表式处理，供管理人员查看。

未来的车联网系统可以使感知更加透彻，除了道路状况外，还可以感知各种各样的要素，如污染指数、紫外线强度、天气状况、附近加油站等，感知驾驶员的身体状况、驾驶水平、出行目的等。路线不再是"快速到达目的地"，而是"最适合驾驶员，最适合这次出行"。车联网使"以路为本"变为"以人为本"。

当今车联网系统的发展主要通过传感器技术、无线传输技术、数据处理技术、数据整合技术相辅相成配合实现。未来车联网系统将会面临系统功能集成化、数据化、高传输速率。车载终端集成车辆仪表台电子设备，如硬盘播放、收音机等，数据采集也会面临多路视频输出要求，因此对于影像数据的传输，需要广泛运用当今流行的5G网络。

项目小结

1. 知识脉络

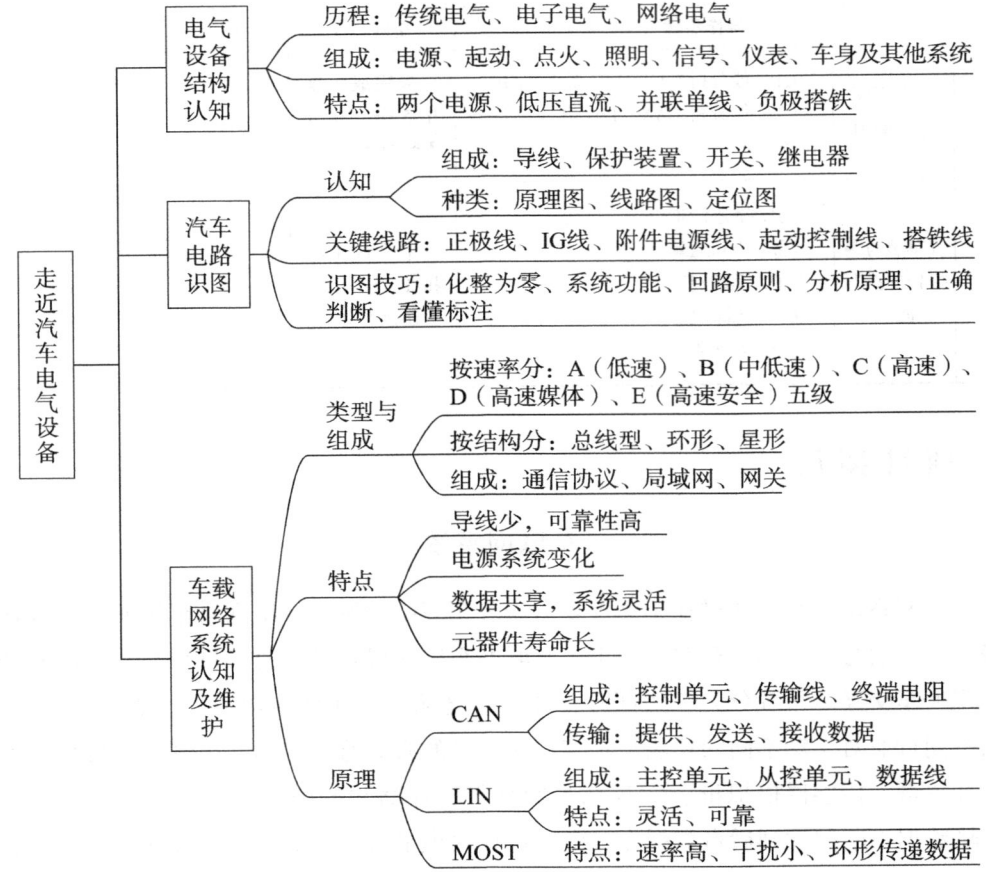

2. 主题探究

自主创新是我国科技发展路径的重大战略选择，对于我国经济发展和国家安全具有重要战略意义。党的二十大报告指出，必须坚持创新是第一动力，深入实施创新驱动发展战略，开辟发展新领域、新赛道，不断塑造发展新动能、新优势，形成具有全球竞争力的开放新生态。

我国汽车工业从无到有，到参与国际竞争，无不彰显了自主创新的重要作用。你知道我国汽车产业在哪些关键技术上进行了自主创新吗？这些创新又对汽车产业发展产生了哪些深远影响？查阅有关资料，就这些问题与同学进行讨论、交流和探究。

# 项目 2　电源系统检修

项目描述

汽车电源系统的作用是给汽车各用电设备提供低压直流电能,一般有蓄电池和发电机两个电源,两个电源配合使用,确保汽车在行驶中和停车时的用电。本项目主要包括蓄电池的检修、交流发电机的检修和电源系统故障诊断三个任务。通过本项目的学习可以掌握电源系统的组成、工作原理及检修思路。

任务 2.1　蓄电池的检修

任务导入

客户王先生开着一辆长城哈弗 M6 汽车来到 4S 店,反映自己的汽车无法起动,能听到发动机运转的声音,但明显感觉运转无力。根据车主描述的故障症状,维修技师对车辆进行了检查,最后确认故障原因是蓄电池存电不足。出现此问题该如何解决?蓄电池又该如何正确使用及维护?该蓄电池是否还能继续使用?通过本任务的学习就能找到答案。

任务目标

素质目标:

1. 养成自觉遵守技术标准和规范操作的习惯,培养良好的职业道德。
2. 养成爱岗敬业的精神和锐意创新的价值追求。

知识目标:

1. 能描述汽车蓄电池的作用、组成及型号。
2. 能描述汽车蓄电池的工作原理。

3. 能描述蓄电池的常见故障,并能分析其原因。

能力目标:

1. 能够进行蓄电池的拆装、维护与充电作业。
2. 规范地对蓄电池进行检修作业。

信息收集

一、蓄电池的作用

汽车蓄电池(俗称电瓶)是汽车辅助电源,是一种储能装置,是低压直流电源,也是一个化学电源。它靠内部的化学反应在充电时将电能转换成化学能储存起来,在放电时将储存的化学能转换成电能供给用电设备。蓄电池与发电机并联工作,两个电源与全车用电设备并联连接。现代汽车一般使用电压为12V的蓄电池,柴油车则常用两个12V蓄电池串联成24V电源应用。蓄电池的具体作用如下:

1) 发动机起动时,向起动机、点火系统、燃油喷射系统及发动机其他用电设备供电。汽油发动机起动电流为200~600A;柴油发动机起动电流高达1 000A。每次起动车的时间总长不超过5s。

2) 发动机低速运转时,向用电设备供电。

3) 发动机中、高速运转时,将发电机剩余电能转换为化学能储存起来。

4) 发电机过载时,协助发电机向用电设备供电。

5) 蓄电池相当于一个大电容器,能吸收电路中出现的瞬时过电压(高于发电机调节器的调节电压,一般为15 V以上),保护电子元器件,保持汽车电气系统电压的稳定。

二、蓄电池的类型

汽车上使用的蓄电池主要是为了满足起动发动机的需要,所以通常称为起动型蓄电池。蓄电池根据电解液的成分不同可分为铅酸蓄电池和镍碱蓄电池两大类,镍碱蓄电池又分为铁镍蓄电池和镉镍蓄电池。由于对燃油汽车排放要求的提高和能源危机的冲击,各国正在不断探索和研制电动汽车,其主要的动力源为新型高能蓄电池。表2-1中列出了各种蓄电池的特点。

表2-1 各种蓄电池的特点

类型	优点	缺点	适用车辆
铅酸蓄电池	结构简单;价格便宜;内阻小;电压稳定;可以短时间供给起动机强大的起动电流	比容量小;使用寿命相对较短	一般车辆

续表

类型	优点	缺点	适用车辆
镍碱蓄电池	比容量大；使用寿命长；维护简单；能承受大电流放电而不易损坏	活性物质导电性差；价格较高	使用时间长、可靠性高的车辆
电动车蓄电池	比容量大；无污染；充、放电性能好；使用寿命长	结构复杂；成本高	电动汽车

铅酸蓄电池由于结构简单、起动性能好、价格低廉、内阻小、能在短时间提供起动机所需的大电流等，在汽车上广泛采用。铅酸蓄电池又分为普通蓄电池、湿荷式蓄电池、免维护蓄电池、干荷式蓄电池和胶体蓄电池。表2-2 中列出了各种铅酸蓄电池的特点。

表2-2 铅酸蓄电池的特点

类型	特点
普通铅蓄电池	普通蓄电池的极板由铅和铅的氧化物构成，电解液是硫酸的水溶液。它的主要优点是电压稳定、价格便宜；缺点是比能（每千克蓄电池存储的电能）低、使用寿命短、日常维护频繁 新蓄电池的极板不带电，使用前需按规定加注电解液并进行初充电，初充电的时间较长
干荷式蓄电池	全称是干式荷电铅酸蓄电池，它的主要特点是负极板有较高的储电能力，在完全干燥状态下，能在两年内保存所得到的电量 新蓄电池的极板处于干燥的已充电状态，电池内部无电解液。在规定的保存期内，如需使用，只需按规定加入电解液，静置20~30min 即可。使用中需要定期维护
湿荷式蓄电池	新蓄电池的极板处于已充电状态，蓄电池内部带有少量电解液。在规定的保存期内，如需使用，只需按规定加入电解液，静置20~30min 即可。使用中需要定期维护
免维护蓄电池	免维护蓄电池由于自身结构上的优势，电解液的消耗量非常小。它还具有耐振、耐高温、体积小、自放电小的特点。使用寿命一般为普通蓄电池的2倍 使用中不需维护，可用3~4年，不需补加蒸馏水，极桩腐蚀极小，自放电少
胶体蓄电池	胶体铅酸蓄电池用胶体电解液代替了硫酸电解液，在安全性、蓄电量、放电性能和使用寿命等方面较普通电池有所改善。在同等体积下电解质容量大，热容量大，热消散能力强，能避免一般蓄电池易产生的热失控的现象；电解质浓度低，对极板的腐蚀作用弱；浓度均匀，不存在电解液分层现象 胶体铅酸蓄电池具有使用性能稳定、可靠性高、使用寿命长、对环境温度的适应能力强、能承受长时间放电、能循环放电、深度放电及大电流放电能力强、有过充电及过放电自我保护等优点

三、蓄电池的结构

铅酸蓄电池由三只或六只单格蓄电池串联而成，每只单格蓄电池的额定电压为2V，串联成6V 或12V 以供汽车使用。蓄电池主要由极板、隔板、电解液、外壳、极桩和联条组成，如图2-1 所示。

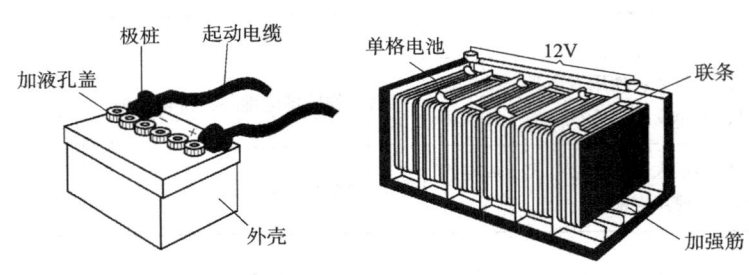

图 2-1 蓄电池的结构

1. 极板

极板是蓄电池的核心部分。蓄电池在充放电过程中，电能与化学能的相互转换是依靠极板上的活性物质与电解液中硫酸的化学反应来实现的。极板分为正、负极板两种。如图 2-2 所示，极板由栅架和活性物质组成。栅架的作用是容纳活性物质并使极板成型，一般由铅锑合金浇铸而成。铅锑合金中含锑 6%~8.5%，加入锑是为了提高栅架的机械强度并改善浇铸性能。但铅锑合金耐电化学腐蚀性能比纯铅差，锑易引起蓄电池的自放电和栅架的膨胀、溃烂。因此，栅架的生产材料将向低锑（含锑量小于 3%）甚至不含锑的铅钙合金发展。正极板上的活性物质为二氧化铅（PbO_2），呈深棕色；负极板上的活性物质为海绵状纯铅（Pb），呈深灰色。正极板的强度较低，所以在单格蓄电池中，负极板总比正极板多一片，保证每一片正极板都处于两片负极板之间，保持其放电均匀，以防止变形。

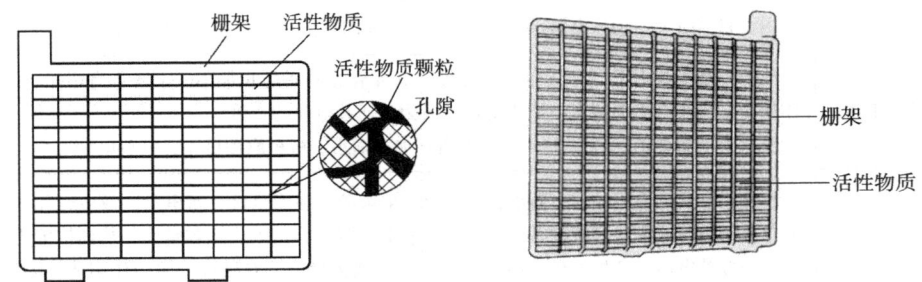

图 2-2 极板

将正、负极板各一片浸入电解液中，就可获得约 2.1V 的电动势。为增大蓄电池容量，可将多片正、负极板分别并联，用横板焊接成正、负极板组。

2. 隔板

隔板可分隔正、负极板，起绝缘作用，使正、负极板尽量地靠近而不至于短路，缩小蓄电池的体积，防止极板变形和活性物质脱落。隔板如图 2-3 所示。

1）隔板有许多微孔，可使电解液畅通无阻。

2）隔板一面平整，一面有沟槽，安装时，沟槽应面对正极板，且与底部垂直。当进行充放电时,电解液能通过沟槽及时供给正极板;当正极板上的活性物质 PbO_2 脱落时能迅速通过沟槽沉入蓄电池壳体底部。

3. 电解液

电解液是蓄电池内部发生化学反应的主要物质,能促使极板活性物质溶离,产生可逆的电化学反应。它是由密度为 $1.84g/cm^3$ 的纯硫酸(H_2SO_4)和蒸馏水按一定比例配制而成的稀硫酸溶液,相对密度一般为 $1.24 \sim 1.31g/cm^3$。测量蓄电池电解液密度时,蓄电池应处于稳定状态。蓄电池充、放电或加注蒸馏水后,应静置 0.5h 后再测量。蓄电池充电状态与密度的关系见表 2-3。

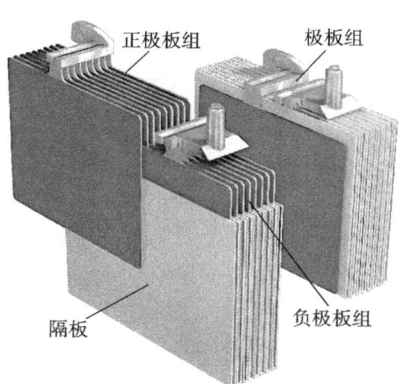

图 2-3 隔板

表 2-3 蓄电池充电状态与密度的关系

充电状态/%	100	75	50	25	0
电解液相对密度/(g/cm^3)	1.27	1.23	1.19	1.15	1.11

电解液的密度对蓄电池的工作有重要影响。密度大,可减少结冰的危险,并提高蓄电池的容量;但密度过大时则黏度增加,反而会降低蓄电池的容量,缩短使用寿命。电解液密度应随地区和气候条件而定。表 2-4 列出了不同地区冬季和夏季的电解液密度。另外,电解液的纯度也是影响蓄电池性能和使用寿命的重要因素之一。

表 2-4 不同地区冬季和夏季充足电的蓄电池电解液的密度

地区	完全充足电的蓄电池25℃时电解液的密度/(g/cm^3)	
	冬季	夏季
冬季最低温度低于-40℃的地区	1.30	1.26
冬季最低温度为-40~-30℃的地区	1.28	1.25
冬季最低温度为-30~-20℃的地区	1.27	1.24
冬季最低温度为-20~0℃的地区	1.26	1.23
冬季最低温度高于0℃的地区	1.24	1.23

4. 外壳

壳体用于盛装电解液和极板组。外壳应耐酸、耐热、耐振动冲击。外壳分为橡胶外壳和聚丙烯塑料外壳两种,目前普遍采用的是塑料外壳,其具有壳壁薄、质量轻、易于热封合、生产效率高等优点。外壳为整体式结构,壳内间壁分成 3 个或 6 个互不相通的单格,图 2-4 所示。

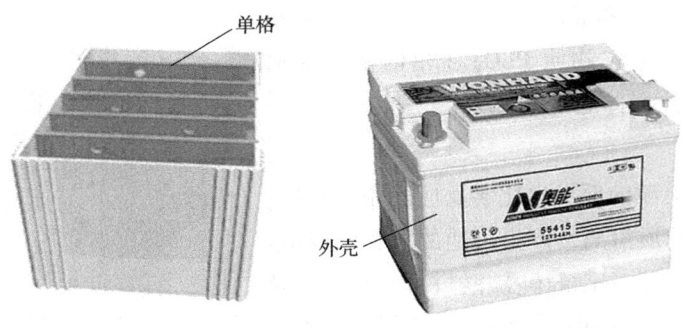

图 2-4 外壳结构

5. 联条

联条的作用是将单体电池串联起来，提高整个铅蓄电池的端电压。普通电池联条由铅锑合金浇铸而成。额定电压为 12V 的蓄电池由 6 个单体串联而成，每个单体的额定电压为 2V。

6. 极桩

普通蓄电池在首尾两极板组的横板上焊有极桩。为了便于区分极桩的极性，在正极桩上或旁边标有"+"或"P"记号，在负极桩上标有"-"或"N"记号。有的蓄电池正极桩涂有红油漆。为了防止接错，一般正极桩比负极桩稍大一点。

四、蓄电池的工作原理

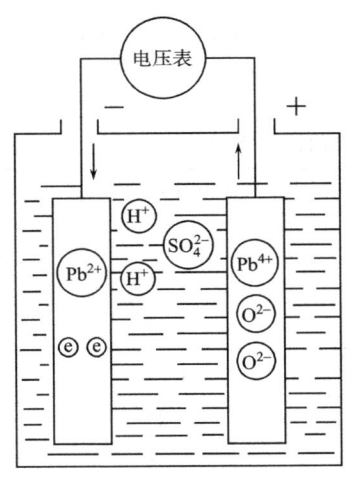

图 2-5 蓄电池电离过程

蓄电池的工作过程就是化学能与电能相互转换的过程，放电时将化学能转换为电能供用电设备使用，充电时将电能转换为化学能储存起来。蓄电池由浸渍在电解液中的正极板（PbO_2）和负极板（Pb）组成，电解液是硫酸（H_2SO_4）的水溶液，电离过程如图 2-5 所示。蓄电池放电时，正极板上的 PbO_2 和负极板上的 Pb 都变成 $PbSO_4$，电解液中的 H_2SO_4 减少，相对密度下降，如图 2-6 所示。蓄电池充电时，则按相反的方向变化，正极板上的 $PbSO_4$ 恢复成 PbO_2，负极板上的 $PbSO_4$ 恢复成 Pb，电解液中的 H_2SO_4 增加，相对密度增大，如图 2-7 所示。化学反应式为

$$PbO_2 + 2H_2SO_4 + Pb \xrightleftharpoons[\text{充电}]{\text{放电}} 2PbSO_4 + 2H_2O$$

1. 放电特性

1) 开始放电阶段：端电压由 2.14V 迅速下降至 2.1V。

2) 相对稳定阶段：端电压由 2.1V 缓慢下降至 1.85V。

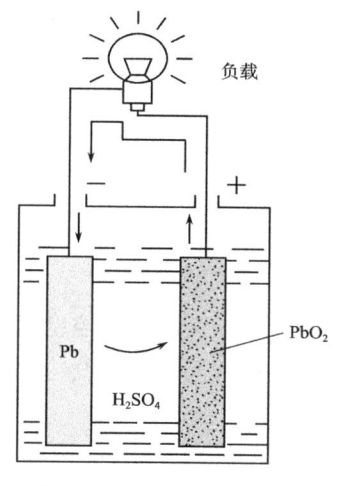
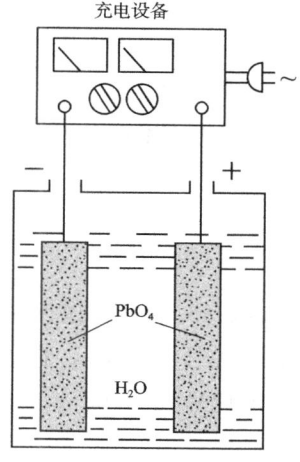

图 2-6 蓄电池放电过程　　　　图 2-7 蓄电池充电过程

3）迅速下降阶段：端电压由 1.85V 迅速下降至 1.75V。

4）蓄电池放电终了的特征：单格蓄电池电压降到放电终止电压（放电终止电压和放电电流有关，见表 2-5），电解液密度降到最小终止值。

表 2-5　单格蓄电池放电电压

放电电流/A	$0.05C_{20}$	$0.1C_{20}$	$0.25C_{20}$	C_{20}	$3C_{20}$
放电时间/min	1 200	600	180	25	25
单格蓄电池放电终止电压/V	1.75	1.70	1.65	1.55	1.50

注：C_{20} 为蓄电池的额定容量。

2. 充电特性

在恒流充电过程中，蓄电池的端电压和电解液密度随时间变化。

1）充电开始阶段：端电压迅速上升。

2）稳定上升阶段：端电压缓慢上升至 2.4V 左右。

3）充电末期：电压迅速上升到 2.7V，且稳定不变，电解液呈沸腾状态。活性物质还原反应结束后的充电称为过充电，充电电流用于电解水，产生氢气和氧气。应避免长时间过充电。

4）充电停止后，端电压逐渐下降至静止电动势。

5）蓄电池充电终了的特征：端电压和电解液密度上升到最大值（2.7V），且在 2h 内不上升；电解液中剧烈冒气泡，呈沸腾状态（电解水）。

五、蓄电池的型号

按机械行业标准《铅酸蓄电池名称、型号编制与命名办法》（JB/T 2599—2012）

的规定，铅蓄电池型号由三部分组成：第一部分为串联的单体蓄电池数，第二部分为蓄电池的类型和特征，第三部分为蓄电池额定容量和特殊性能。

1. 串联的单体蓄电池数

单体蓄电池数是指该蓄电池总成所包含的单体蓄电池数目，其额定电压为这个数字的2倍，用阿拉伯数字表示。例如，"3"表示3个单格，额定电压为6V；"6"表示6个单格，额定电压为12V。

2. 蓄电池类型

根据其主要用途划分，如起动型铅蓄电池用"Q"表示，阀控型蓄电池用"F"表示，摩托车用蓄电池代号为"M"，内燃机用蓄电池代号为"N"，船用蓄电池代号为"JC"，飞机用蓄电池代号为"HK"。

3. 蓄电池特征

蓄电池特征为附加部分。同类型蓄电池具有某种特征，在型号中必须加以区别，用大写字母表示，见表2-6。

表2-6 蓄电池的产品特性代号

序号	产品特性	代号	序号	产品特性	代号	序号	产品特性	代号
1	干荷电	A	5	防酸式	F	9	气密式	Q
2	湿荷电	H	6	密闭式	M	10	激活式	I
3	免维护	W	7	半密闭式	B	11	带液式	D
4	少维护	S	8	液密式	Y	12	胶质电解液	J

4. 额定容量

蓄电池的额定容量是指20h放电率时的额定容量，用阿拉伯数字表示。额定容量的单位为A·h。

5. 特殊性能

特殊性能用大写字母表示（无字为一般性能蓄电池），如"G"表示高起动率电池，"S"表示塑料外壳电池，"D"表示低温起动性能好的电池。

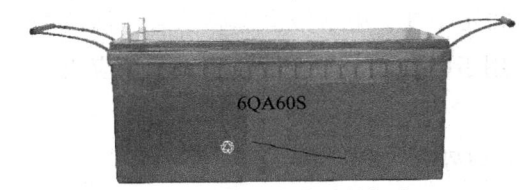

图2-8 蓄电池的型号标注

蓄电池的型号标注如图2-8所示。例如，型号6QA60S的含义是："6"表示为6个单格蓄电池，电压为12V；"Q"表示起动型；"A"表示干荷式；"60"表示额定容量为60A·h；"S"表示为塑料外壳。

六、蓄电池的使用与维护

为了保证蓄电池的使用性能，延长蓄电池的使用寿命，必须正确使用蓄电池，并及时对蓄电池进行检查和维护。

1. 普通蓄电池的维护

准备一块正在使用的普通型蓄电池，为使其处于完好的技术状态，对其进行以下维护工作：

1）保持蓄电池外部清洁，清除蓄电池上的灰尘、泥土和极桩、电缆头上的氧化物，擦去电池上部和外表面的电解液和污物。

2）检查蓄电池在车上安装是否牢靠，极桩是否松动，接线是否紧固。

3）检查并疏通加液孔盖上的通气孔，检查和调整各单格电池内电解液的液面高度。

4）及时根据季节调整电解液密度。

2. 免维护蓄电池的维护

1）免维护蓄电池在使用时应保持其外部清洁。

2）使用中要经常查看电解液密度计指示器的颜色，判断蓄电池的放电程度，根据情况及时处理。

3）当蓄电池电解液密度计指示器的颜色变成黑色时，应及时进行补充充电，把蓄电池和充电机之间的电路接好。将充电机电压调到14.4V，电流调到适合充电的电流值，开始充电。在充电过程中经常查看蓄电池有无溢漏、冒气或温度高于45℃的现象。若有上述现象出现，应停止充电，查找原因，并予排除。每隔1h查看一下电解液密度计指示器，若出现绿色则充电完成，然后进行负荷试验。

3. 蓄电池使用注意事项

1）大电流放电时间不宜过长，每次起动时间不超过5s，起动间隔时间不少于15s，最多连续起动不超过3次。

2）尽量避免蓄电池过放电和长期在亏充电状态下工作。车辆长期不用时应将蓄电池取下或断开蓄电池负极导线。蓄电池搁置停用时，应充足电并经常检查蓄电池状态，电压低时及时进行补充电。

3）冬季使用蓄电池要特别注意保持充足电状态，以免电解液密度降低而结冰。

4）仪表板显示蓄电池电量不足或灯光暗淡、起动无力时，应及时进行车外充电，因亏电会使极板硫化。

5）电池应远离热源和明火，禁止用蓄电池短路打火的方法试验蓄电池是否有电。充电及使用时应保持通风，以防燃烧伤人。

6）不要随意丢弃蓄电池，以免造成环境污染。

主题探究

要牢固树立和践行"绿水青山就是金山银山"的理念。保护环境，人人有责。汽车废旧蓄电池的随意丢弃会对环境造成不可逆的危害。废旧蓄电池需要由专门的公司回收后进行无公害利用处理。同学们应树立环境保护意识。

七、蓄电池的常见故障

蓄电池常见的故障可分为外部故障和内部故障。外部故障明显，一般可以看到。外部故障有外壳裂纹、封胶干裂、极桩腐蚀或松动等。内部故障无法直观看到，在使用中可发现异常。内部故障主要有自行放电、极板硫化、极板短路等。

1. 自行放电

1）故障特征。蓄电池自行放电有两种情况：一种是正常自行放电，另一种是故障性自行放电。蓄电池在开路闲置状态下，电量自动消失的现象称为自行放电。如果充足电的蓄电池在一个月内电量自动消失20%以上，称为故障性自行放电。

2）故障原因。蓄电池外部有搭铁、短路或漏电；蓄电极内部短路，引起蓄电池内部自行放电；电解液不纯，含有杂质或添加的不是纯净水。试验表明，电解液中若含有1%的铁，蓄电池充足电后会在24h之内将电能全部放完；蓄电池极板本身不纯，含杂质较多，也会形成自行放电。

3）排除方法。自行放电的蓄电池，可将其正常放完电后，倒出电解液，用蒸馏水反复清洗干净，再加入新电解液，充足电后即可使用。

2. 极板硫化

1）故障特征。极板上生成白色的粗晶粒$PbSO_4$，在正常充电时不能转化为活性物质，单格电压上升过快，电解液温度迅速升高，但密度增加缓慢，过早产生气泡，甚至充电就有气泡；电池放电时，电压急剧降低，电池容量减小。

2）故障原因。蓄电池长期充电不足或放电后没有及时充电；蓄电池电解液液面过低，极板上部与空气接触而被氧化，在汽车行驶过程中，电解液上下波动，与极板的氧化部分接触，会生成大晶粒$PbSO_4$硬化层，使极板上部硫化；长期过量放电或小电流深度放电，使极板深处活性物质的孔隙内生成$PbSO_4$，平时充电不易恢复；新蓄电池初充电不彻底，活性物质未得到充分还原；电解液密度过高、成分不纯，外部气温变化剧烈。

3）排除方法。轻度硫化的蓄电池，可用小电流长时间充电的方法予以排除；硫化较严重者，采用去硫化充电方法消除硫化；硫化特别严重的蓄电池应报废。

3. 极板短路

1）故障特征。蓄电池正、负极板直接接触或被其他导电物质搭接，称为极板短路。极板短路的蓄电池充电时充电电压很低或为零，电解液温度迅速升高，密度上升很慢，充电末期气泡很少。

2）故障原因。隔板破损，使正、负极板直接接触；活性物质大量脱落，沉积后将正、负极板连通；极板组弯曲；导电物体落入池内。

3）排除方法。出现极板短路时，必须将蓄电池拆开检查，更换破损的隔板，消除沉积的活性物质，校正或更换弯曲的极板组等。

4. 活性物质脱落

1）故障特征。主要指正极板上的活性物质 PbO_2 脱落。蓄电池容量减小，充电时从加液孔中可看到有褐色物质，电解液浑浊。

2）故障原因。蓄电池经常过充电，极板孔隙中逸出大量气体，在极板孔隙中造成压力，使活性物质脱落；低温大电流放电，密度过高，导致活性物质脱落；汽车行驶中的颠簸振动。

3）排除方法。对于活性物质脱落的铅蓄电池，沉积物较少时可清除后继续使用，沉积物较多时应更换新极板和电解液。

知识过关

一、选择题

1. 蓄电池电解液的相对密度一般为（　　）。
   A. 1.24～1.31g/cm³　　　　　　　　B. 1.15～1.20g/cm³
   C. 1.35～1.40g/cm³　　　　　　　　D. 1.39～1.48g/cm³

2. 蓄电池在放电过程中，其电解液的相对密度（　　）。
   A. 不断上升　　　B. 不断下降　　　C. 保持不变　　　D. 无法判断

3. 蓄电池在正常使用过程中，如发现电解液的液面下降，应及时补充（　　）。
   A. 电解液　　　B. 稀硫酸　　　C. 蒸馏水　　　D. 纯硫酸

4. 蓄电池放电时，端电压逐渐（　　）。
   A. 上升　　　B. 平衡状态　　　C. 下降　　　D. 不变

5. 充电过程中，单体蓄电池电压达到 2.4V 左右时，蓄电池会出现（　　）。
   A. 蓄电池内部开始出现气泡　　　B. 电解液呈沸腾状态
   C. 电压维持在该数值，不再升高　　　D. 以上答案都对

6. 下列选项中，不属于蓄电池结构的是（　　）。
   A. 极板　　　B. 隔板　　　C. 连接线　　　D. 极桩

7. 大功率柴油发动机供电系统一般采用（　　）。
   A. 12V　　　B. 6V　　　C. 14V　　　D. 24V

二、填空题

1. 蓄电池充电时将_____能转换成_____能；放电时将_____能转换成_____能。

2. 汽车上目前使用的蓄电池主要有_____、_____和_____三种。

3. 额定电压为 12V 的蓄电池由_____个单体蓄电池串联而成，每单体蓄电池的额定电压为_____V。

三、判断题

1. 汽车蓄电池是储存电能用的。（　　）
2. 电解液的液面高度应高出极板 10~15mm。（　　）
3. 蓄电池主要包括正负极板、隔板、电解液和外壳等。（　　）
4. 蓄电池可以吸收电气系统中的冲击电压。（　　）
5. 蓄电池在汽车上与发电机及所有用电设备都是并联的。（　　）
6. 蓄电池在汽车上与其他电器都是串联的。（　　）
7. 当免维护蓄电池电量显示孔显示为红色时，需更换蓄电池。（　　）
8. 蓄电池和发电机是汽车上的两个电源，但不能共同向用电设备供电。（　　）

四、简答题

1. 简述铅酸蓄电池的作用及其组成。
2. 简述蓄电池充电的注意事项。
3. 写出蓄电池型号 6QA80S 的含义。

任务实施

一、任务准备

1. 设备准备
1）带有消防设施的汽车维修工位。
2）长城哈弗 M6 故障汽车 1 辆。
2. 资料准备
长城哈弗汽车维修手册和工作手册。
3. 工具、量具准备
万用表、常规工具、连接导线。

二、应急起动与蓄电池的更换（岗课融通内容）

1. 应急起动
1）将手动刹车拉起，离合放置在空挡，检查起动器开关，应处在 OFF 挡。
2）应急起动器（俗称"过江龙"）放置在平稳的地面或非移动的平台上，远离发动机及皮带。
3）将应急起动器红色正极夹（+）连接到缺电的电瓶正极，并确保连接牢固。
4）将应急起动器黑色负极夹（-）连接到汽车的接地柱，并确保连接牢固，如图 2-9 所示。

5）检查连接是否正确和牢固。

6）起动汽车（不超过5s）。如果一次起动没有成功，请间隔15s以上再次起动，如图2-10所示。

图2-9　连接应急电源

图2-10　起动车辆

7）起动成功后从接地柱将负极夹取下。

8）将应急起动器红色正极夹从电池正极取下。

9）电池使用完毕，充电。

2．拆卸蓄电池

1）打开收音机，并记录所有的客户预设电台。提取音响及防盗系统密码或设置蓄电池更换，如图2-11所示。

2）确保所有车灯和附件关闭。

3）关闭点火开关，拔下点火钥匙。

4）选用10mm套筒和棘轮扳手拆卸蓄电池负极电缆螺母，并取下电缆，如图2-12所示。

图2-11　提取信息

图2-12　拆卸负极

5）选用10mm套筒和棘轮扳手拆卸蓄电池正极电缆螺母，并取下电缆，如图2-13所示。

6）选用10mm套筒和棘轮扳手拆卸压板的两个螺母，并取下压板和两个挂钩，如图2-14所示。

图 2-13 拆卸正极

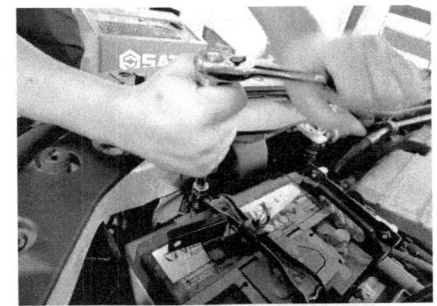
图 2-14 拆卸蓄电池压板

7) 紧握蓄电池两侧，垂直向上取出蓄电池。

3. 更换新的蓄电池（确认型号是否一致）

1) 安装以与拆卸相反的顺序进行。

2) 所有螺母扭力为（6±1）N·m。

3) 插入点火钥匙，并将点火开关转至"ON"（打开）位置。

4) 对易失性存储器编程。

5) 设置客户所有的收音机预设电台，并将收音机时钟设置为当前时间。

6) 执行蓄电池传感器模块读入程序。参见蓄电池传感器模块的读入内容。

三、蓄电池检查保养（课证融通内容）

1. 蓄电池外观检查

1) 蓄电池外观不得有变形、裂纹。蓄电池在汽车上安装要牢固。

2) 检查蓄电池连接线是否牢固，如图 2-15 所示。所有活接头必须保持接触良好，防止产生火花。

3) 仔细检查蓄电池支架或其附近是否有润湿现象，如图 2-16 所示。经常清除蓄电池盖上的灰尘污物及溢出的电解液，保持清洁干燥，防止自行放电。

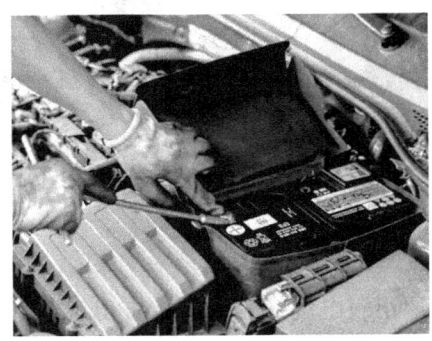
图 2-15 连接线检查

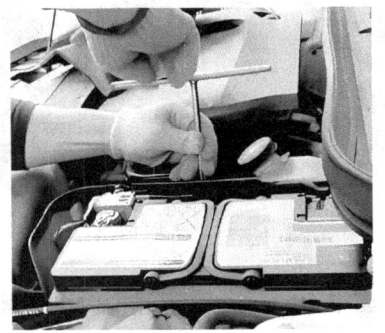
图 2-16 支架的检查

4）辨别蓄电池正、负极桩。

看标志：蓄电池上一般铸有"+"或"P"的极桩为正极，有"-"或"N"的极桩为负极，如图2-17所示。

看粗细：粗一些的锥形极桩为正极，细的为负极，如图2-18所示。

图2-17 极桩标志

图2-18 极桩粗细

5）检测蓄电池电解液液面高度。

观察液面高度指示线法：如图2-19所示。正常液面高度应在两线之间，液面过低时应加入蒸馏水补充。

玻璃管测量法：用内径为4~6mm、长度约150mm的玻璃管检测电解液液面高度。

将测液玻璃管一端伸入加液孔中，使其端口与防护片接触，然后用手指压住玻璃管上端取出，提到容器的上空，用测尺测量液面的高度，液面高度标准值为10~15mm，如图2-20所示。

图2-19 蓄电池液面指示线

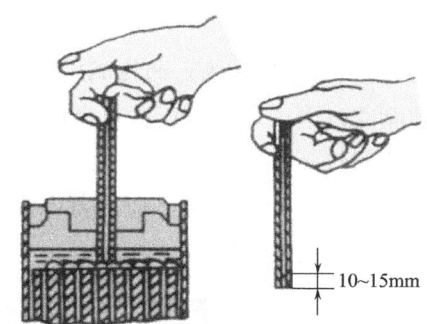
图2-20 玻璃管测量

2. 蓄电池电量检查

（1）普通蓄电池

用吸式密度计测量电解液密度，其测量过程如图2-21所示。

通过测量各单格蓄电池电解液的密度，可以确定蓄电池是否失效。如果单格电池的密度相差 0.05g/cm^3，则该电池失效，需更换蓄电池。

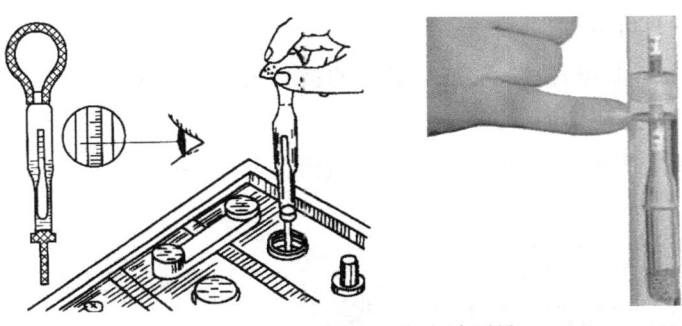

图 2-21 密度计测量

（2）免维护蓄电池

免维护蓄电池安装了蓄电池电量指示器，观察窗呈绿色，表明可正常使用；观察窗看不到绿色圆圈，呈深绿色或黑色，表明蓄电池存电不足，需补充充电；观察窗看到的是透明色，表示蓄电池需换新，如图 2-22 所示。

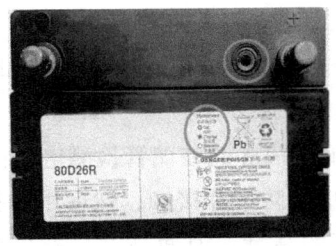 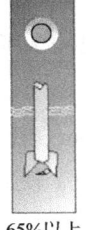  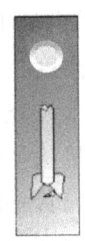

65%以上荷电状态　　60%以下荷电状态　　电解液液位低

图 2-22 指示器检查

3. 静态电动势（开路电压）的检测

若蓄电池刚充过电或车辆刚行驶过，应接通前照灯远光 30s，消除"表面充电"现象，然后熄灭前照灯，切断所有负载，用万用表测量蓄电池的开路电压，如图 2-23 所示。此电压应该在 12V 以上，否则应对蓄电池充电。如充电后再次静态测量，电压仍然不大于 12V，则需要更换蓄电池。

蓄电池电压的测量

图 2-23 蓄电池电压静态检测

4. 负荷试验的检测

（1）高频放电计测试

对于12V高频放电计，如图2-24所示，将两放电夹夹在蓄电池正、负极桩上，不得超过3s；若电压稳定，根据指针偏摆的刻度，可以判断蓄电池的存电情况。如果存电量不足，则应对蓄电池进行充电。

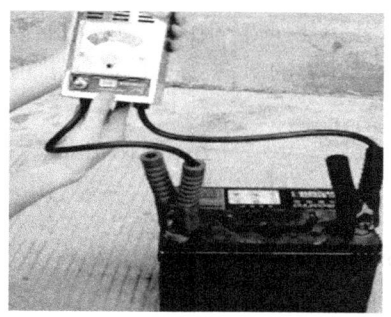 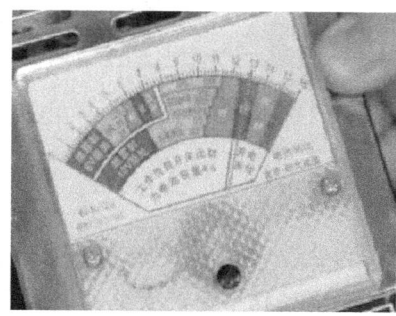

图2-24 高频放电计测试

（2）车上起动测试

将万用表表笔分别接在蓄电池正、负极桩上，一边起动，一边测量蓄电池电压。此时蓄电池电压应不低于9.6V，如图2-25所示，否则应对蓄电池进行充电。

5. 蓄电池充电

1）将蓄电池与充电机连接之前，应将蓄电池极桩和表面清理干净，将液面高度调整至正常水平。

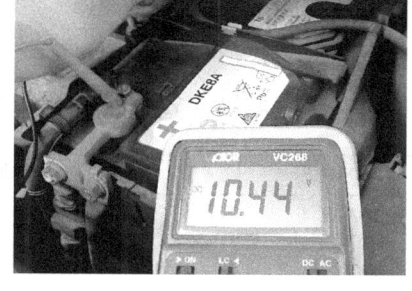

图2-25 起动测试

2）拧下加液孔盖，如图2-26所示。

3）正确连接充电机和蓄电池，如图2-27所示。

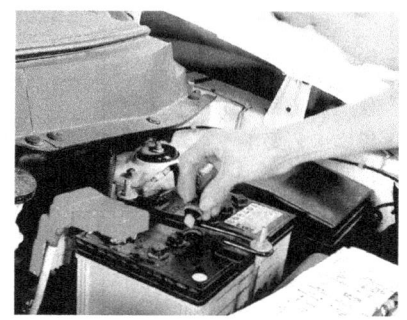 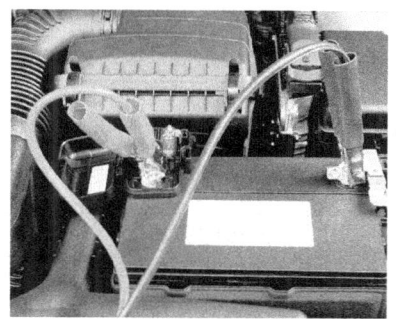

图2-26 拧下加液孔盖　　　图2-27 连接充电线路

4）连接充电机的220V电源。

5）打开充电机上的电源开关。

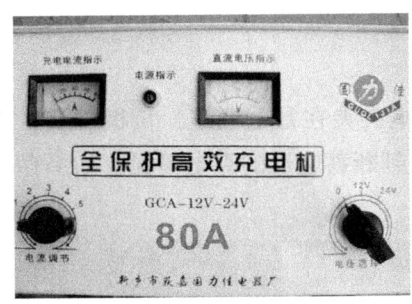

图 2-28 挡位选择

6）按规定选择充电强度的挡位，如图 2-28 所示。

7）充电过程中应经常查看充电情况，如发现电解液内有大量气泡冒出（电解液呈沸腾状态），表示蓄电池已经充足电。

8）充电结束后应先关闭充电机上的电源开关，并拔下 220V 的电源接头，再取下正、负极充电夹。

主题探究

"预防为主"是实现安全生产的重要手段和方法。预防火灾，从规范开始。汽车蓄电池在充电过程中会产生少量的氢气和氧气，因此充电工作必须在规定地点、按维修工艺进行作业，否则极易发生火灾。

任务评价

一、应急起动与蓄电池的更换评价标准

学习任务		应急起动与蓄电池的更换		学时	2
标准时间		开始时间		完成时间	
序号	操作步骤		操作标准	操作记录	分值	自评/分
1	检修前的基本检查	检查作业现场环境	检查、清洁彻底，记录清晰、准确		2	
		记录整车基本信息			3	
		作业前工具检查			2	
		故障现象的确认			5	
		作业前实施车辆防护			3	
2	应急起动	应急起动前准备	工具选择、使用正确；按维修工艺要求拆卸		5	
		正确连接应急起动电源			10	
		正常起动发动机			10	
		拆卸应急电源			5	
3	蓄电池更换	提取相关信息	工具选择、使用正确；按维修工艺要求安装		15	
		关闭所有车灯、附件和点火开关			10	
		正确拆卸蓄电池			15	
		更换新的蓄电池			10	
4	场地恢复	正确摆放工具、量具，整理工作台、地面及工具、量具	现场 5S 管理		5	

二、蓄电池检查保养评价标准（职业技能证书评价标准）

学习任务		蓄电池检查保养		学时	2	
标准时间		开始时间		完成时间		
序号		操作步骤	扣分要求	操作记录	分值	自评/分
1	安全/7S/态度	□1. 能进行工位 7S 操作。 □2. 能进行设备和工具安全检查。 □3. 能进行车辆安全防护操作。 □4. 能进行工具清洁、校准、存放操作。 □5. 能进行"三不落地"操作。	未完成 1 项扣 3 分，扣分不超过 15 分		15	
2	专业技能	作业 1： □1. 能正确检查蓄电池外观。 □2. 能正确检查蓄电池液面高度。 □3. 能正确检查蓄电池电量。 □4. 能正确测量电解液密度。 □5. 能正确测量蓄电池开路电压。 □6. 能正确进行车上起动测试。 □7. 能正确进行高频放电计测试。 作业 2： □1. 能正确连接蓄电池充电。 □2. 能正确操作蓄电池充电。	未完成 1 项扣 5 分，扣分不超过 50 分		50	
3	工具及设备的使用能力	□1. 能正确使用维修工具。 □2. 能正确使用冰点测试仪。 □3. 能正确使用充电机。 □4. 能正确使用高频放电计。	未完成 1 项扣 5 分，扣分不超过 10 分		10	
4	资料信息查询能力	□1. 能正确使用维修手册查询资料。 □2. 能正确使用用户手册查询资料。 □3. 能在规定时间内查询所需资料。 □4. 能正确记录所查询资料章节页码。 □5. 能正确记录所需维修信息。	未完成 1 项扣 5 分，扣分不超过 10 分		10	
5	数据判断和分析能力	□1. 能判断蓄电池是否正常。 □2. 能判断蓄电池是否充满电。	未完成 1 项扣 5 分，扣分不超过 10 分		10	
6	表单填写与报告的撰写能力	□1. 字迹清晰。 □2. 语句通顺。 □3. 无错别字。 □4. 无涂改。 □5. 无抄袭。	未完成 1 项扣 1 分，扣分不超过 5 分		5	

任务 2.2　交流发电机的检修

任务导入

客户王先生开着一辆哈弗 M6 汽车来到 4S 店，反映该车正常行驶时仪表内的充电指示灯突然亮起。根据车主描述的故障现象，维修技师对车辆进行了检查，最后确认故障原因是发电机故障。如果你是维修技术人员，请你负责该车辆的接待、维修工作，完成汽车发电机的初步检查，并对上述故障进行维修。

任务目标

素质目标：
1. 养成自觉遵守技术标准和规范操作的习惯，培养良好的职业道德。
2. 养成爱岗敬业的精神和服务他人的责任意识。

知识目标：
1. 能描述汽车交流发电机的组成。
2. 能描述汽车交流发电机的工作过程。
3. 能描述汽车交流发电机常见故障形成的机理。

能力目标：
1. 能够进行交流发电机的拆装。
2. 能够对交流发电机进行检测。
3. 能够对交流发电机的常见故障进行诊断。

信息收集

一、发电机简述

1. 发电机的作用

发电机是汽车的主要电源，其功用是在发动机正常运转时，向所有用电设备（起动机除外）供电，同时给蓄电池充电。

2. 发电机的分类

汽车用发电机可分为直流发电机和交流发电机。由于交流发电机具有体积小、重量轻、结构简单、维护方便等优点，在许多方面优于直流发电机，目前汽车上所用发电机均为交流发电机。交流发电机按照不同的分类方法分为多种。

(1) 按总体结构分

汽车交流发电机按照总体结构可分为普通交流发电机、整体式交流发电机、带泵交流发电机、无刷交流发电机、永磁交流发电机和水冷交流发电机等。

普通交流发电机在使用时需要配装电压调节器，常见的型号有 JF132 等；整体式交流发电机是将发电机和调节器制成一个整体，常见的型号有 JFZ1913 等；带泵交流发电机是把汽车制动系统的真空助力泵安装在一起，常见的型号有 JFZB292 等；无刷交流发电机没有电刷，常见的型号有 JFW1913 等；永磁交流发电机的磁极为永久性磁铁，常见的型号有 JFY1712 等；水冷交流发电机无散热风扇，采用水冷系统，一般在赛车上使用。

(2) 按整流器结构分

汽车交流发电机按照整流器结构可分为普通型（6管）交流发电机、中性点二极管型（8管）交流发电机、磁场二极管型（9管）交流发电机、中性点与磁场二极管型（11管）交流发电机和12管交流发电机五类。

(3) 按磁场绕组搭铁形式分

汽车交流发电机按磁场绕组搭铁不同可分为内搭铁式和外搭铁式两类。内搭铁式交流发电机的磁场绕组一端（负极）直接搭铁与壳体相连，目前较少采用。外搭铁式交流发电机的磁场绕组一端（负极）接入调节器，通过调节器后再搭铁。目前广泛应用的整体式发电机都采用外搭铁形式。

3. 交流发电机的型号

依据国家汽车行业相关标准的规定，国产汽车交流发电机的型号主要由5部分组成。

第1部分为产品名称代号。交流发电机产品名称代号为JF；整体式交流发电机产品名称代号为JFZ；带泵交流发电机产品名称代号为JFB；无刷交流发电机产品名称代号为JFW。其中，J代表"交"，F代表"发"，Z代表"整"，B代表"泵"，W代表"无"。

第2部分为分类代号，即电压等级代号，用一位阿拉伯数字表示。其中，1表示12V，2表示24V，6表示6V。

第3部分为电流等级代号，用一位阿拉伯数字表示。各代号表示的电流等级见表2-7。

表2-7 电流等级代号

电流等级	1	2	3	4	5	6	7	8	9
电流/A	<19	19~29	30~39	40~49	50~59	60~69	70~79	80~89	>89

第4部分为设计序号，按产品设计的先后顺序，用一位阿拉伯数字表示。

第5部分为变型代号，用字母表示。交流发电机以调整臂的位置作为变型代号。从驱动端看，Y代表右边，Z代表左边，无字母则表示在中间位置。

例如，桑塔纳、奥迪轿车用的交流发电机型号为JFZ1913Z，其含义为：电压等级为12V，输出电流大于89A，第13代设计，调整臂位于左边的整体式交流发电机。

二、交流发电机的结构

目前汽车上使用的交流发电机结构基本相同，主要由转子、定子、整流器、电压调节器、驱动带轮、风扇、前后端盖、轴承和电刷装置等部件组成，如图2-29所示。

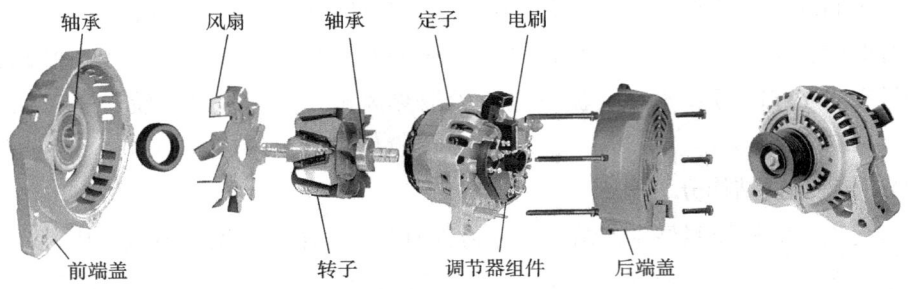

图2-29 交流发电机的结构

1. 转子

转子的功用是通电后产生磁场。它主要由爪极、磁场绕组、集电环（滑环）和转子轴等组成，如图2-30所示。

2. 定子

定子的功用是产生三相感应电动势。其结构如图2-31所示，主要由定子铁心和三相定子绕组两部分组成。

交流发电机的结构

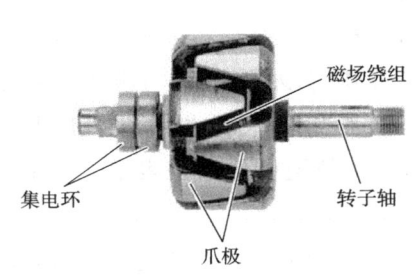

图2-30 转子结构

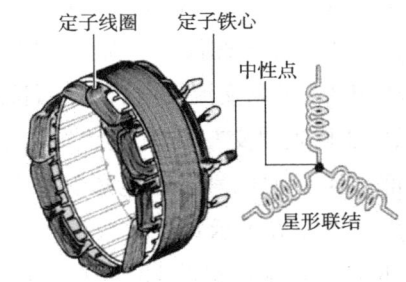

图2-31 定子结构

定子铁心由相互绝缘的内圆带槽的环状硅钢片叠加而成。定子槽内置有三相对称绕组，三相绕组大多数采用Y（也称为星形）联结，也有用△（也称为三角形）联结的。三相绕组在定子槽内的排列，空间上相隔120°，且每相绕组的线圈个数、每个线圈的匝数和每个线圈的节距都完全相等。

3. 整流器

整流器的功用是将三相绕组产生的交流电转换为直流电。整流器的结构如图2-32所示。整流器由正、负整流板组成，每个整流板上安装3~4个硅二极管。

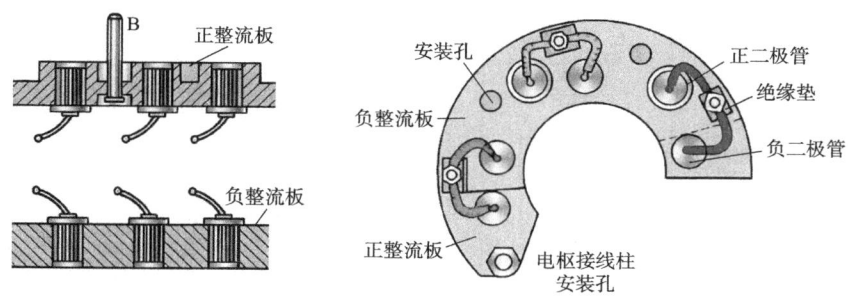

图 2-32 整流器的结构

外壳为正极、中心引线为负极的二极管称为负极管；外壳为负极、中心引线为正极的二极管称为正极管。

安装 3 只正极管的整流板称为正整流板；安装 3 只负极管的整流板称为负整流板。三相绕组与整流器连接的全波整流电路如图 2-33 所示。

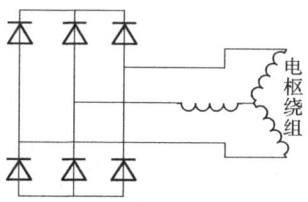

图 2-33 整流电路

4. 电压调节器

电压调节器的功用是使交流发电机的输出电压保持恒定。由于交流发电机的转子是由发动机通过传动带驱动旋转的，且发动机和交流发电机的转速比为 1.7~3，所以交流发电机转子的转速变化范围非常大，会造成发电机输出电压波动较大，无法满足汽车用电设备的工作要求。为了满足用电设备恒定电压的要求，交流发电机必须配用电压调节器，使其输出电压在发动机所有工况下基本保持恒定（一般为 13~14V）。

电压调节器的类型较多，按元器件的性质来分，可分为电磁振动式电压调节器、电子式电压调节器两大类。电磁振动式电压调节器分为单触点式和双触点式；电子式电压调节器分为晶体管式、集成电路式和可控硅式三种。按搭铁形式，电压调节器可分为内搭铁式（与内搭铁式交流发电机配套使用）和外搭铁式（与外搭铁式交流发电机配套使用）。现在的汽车发电机都采用集成电路式电压调节器，如图 2-34 所示。

5. 前后端盖

前后端盖的作用是支承转子总成并封闭内部构造。它由铝合金制成，具有轻便、阻磁（减少漏磁）、散热性能好等特征，如图 2-35 所示。

6. 电刷与电刷架

电刷是通过集电环给励磁绕组提供电流的元件。电刷装在电刷架内，通过弹簧与集电环紧密接触，如图 2-36 所示。发电机类型不同，电刷架的安装位置也有所不同。有的电刷架安装在发电机的后端盖上（外装式），这种结构便于电刷的维护与更换；有的电刷架与整流器安装在一起（内装式），维护或更换电刷时需将发电机后端盖上的防护罩拆下。

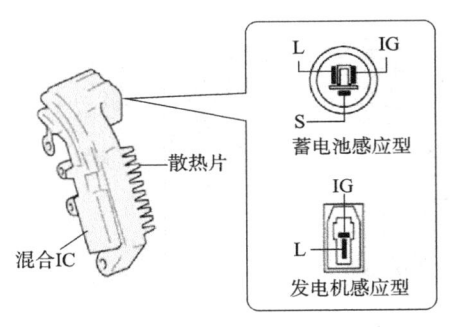

图 2-34　IC 电压调节器

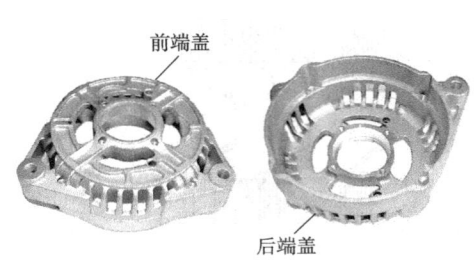

图 2-35　前后端盖

7. 带轮及风扇

带轮的作用是利用传动带将发动机的转矩传递给发电机转子轴。风扇的作用是在发电机工作时，强制通风冷却发电机内部，防止发电机温度过高。风扇及带轮如图 2-37 所示。

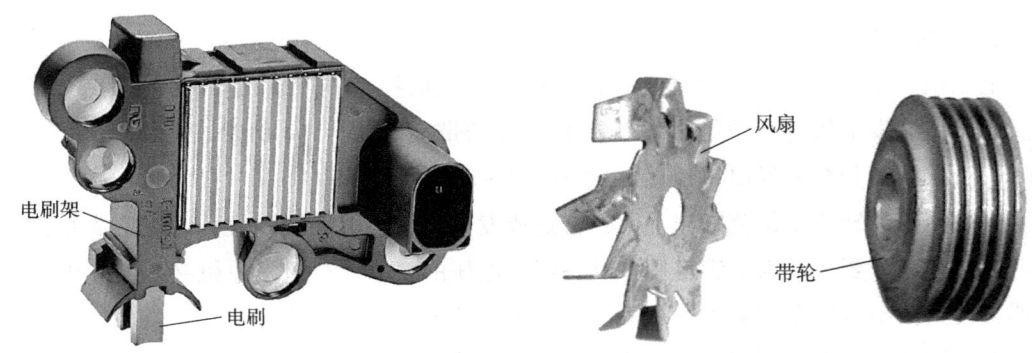

图 2-36　电刷与电刷架　　　　　　　图 2-37　风扇及带轮

三、交流发电机的工作原理

1. 电磁感应

电磁感应是指导体在变化的磁场中会产生感应电动势。如图 2-38 所示，当蓄电池通过电刷与集电环给转子的线圈通电时，转子线圈会产生磁场，只要转子转动，就会形成旋转的磁场，在磁场内的导体就会产生感应电动势。

2. 发电原理

发电机定子的三相绕组按一定规律分布在发电机的定子槽中。发电机内部有一个转子，转子上安装着爪极和励磁绕组。

如图 2-39 所示，当外电路通过电刷使励磁绕组通电时，便产生磁场，爪极被磁化为 N 极和 S 极。当转子旋转时，磁通交替地在定子绕组中变化，根据电磁感应原理可知，定子的三相绕组中便产生三相交变的感应电动势，这就是交流发电机的发电原理。

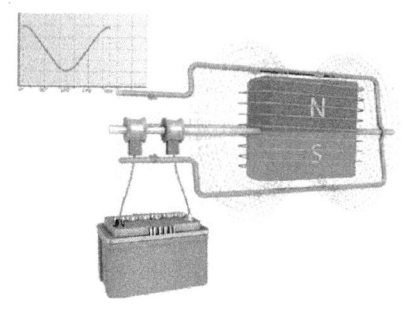

图 2-38 电磁感应现象

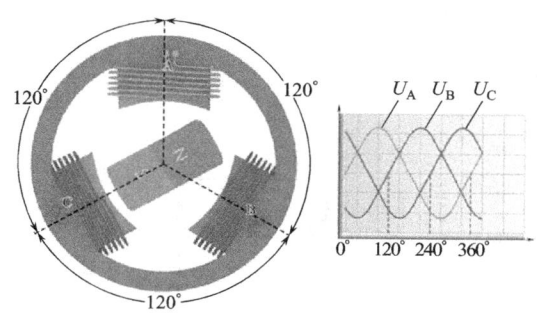

图 2-39 交流发电机发电原理

3. 整流原理

整流器利用二极管的单向导电原理，将交流电变为直流电。由 6 只二极管构成的三相桥式整流电路中，3 只正极管（VD1、VD3、VD5）的负极连在一起，在某一瞬时，正极电位最高的正极管导通；另外 3 只负极管（VD2、VD4、VD6）的正极连在一起，在同一瞬时，负极电位最低的负极管导通。所以，每个时刻都有 2 只二极管导通，并将导通后的电压加到后端的负载上。

当 t 在 $0 \sim t_1$ 内，C 相电位最高，B 相电位最低，故 VD5、VD4 导通，电流流向为 C→VD5→负载→VD4→B。

当 t 在 $t_1 \sim t_2$ 内，A 相电位最高，B 相电位最低，故 VD1、VD4 导通，电流流向为 A→VD1→负载→VD4→B。

当 t 在 $t_2 \sim t_3$ 内，A 相电位最高，C 相电位最低，故 VD1、VD6 导通，电流流向为 A→VD1→负载→VD6→C。

当 t 在 $t_3 \sim t_4$ 内，B 相电位最高，C 相电位最低，故 VD3、VD6 导通，电流流向为 B→VD3→负载→VD6→C。

当 t 在 $t_4 \sim t_5$ 内，B 相电位最高，A 相电位最低，故 VD3、VD2 导通，电流流向为 B→VD3→负载→VD2→A。

当 t 在 $t_5 \sim t_6$ 内，C 相电位最高，A 相电位最低，故 VD5、VD2 导通，电流流向为 C→VD5→负载→VD2→A。

以上过程周而复始，在负载上便可获得平稳的脉动直流电压和脉动直流电流，如图 2-40 所示。

4. 调节原理

IC 电压调节器的工作原理是根据发电机的得电压信号，利用三极管的开关特性控制磁场电流来调节发电机的输出电压。集成电路调节器也有内、外搭铁之分，而且以外搭铁形式居多。图 2-41 为 JFT151 型 IC 电压调节器原理图。

5. 交流发电机的励磁方式

汽车上使用的交流发电机都需要励磁，因为它们的磁场都是电磁场，必须给励磁绕组通电，才会有磁场产生而发电，否则发电机将不能发电。

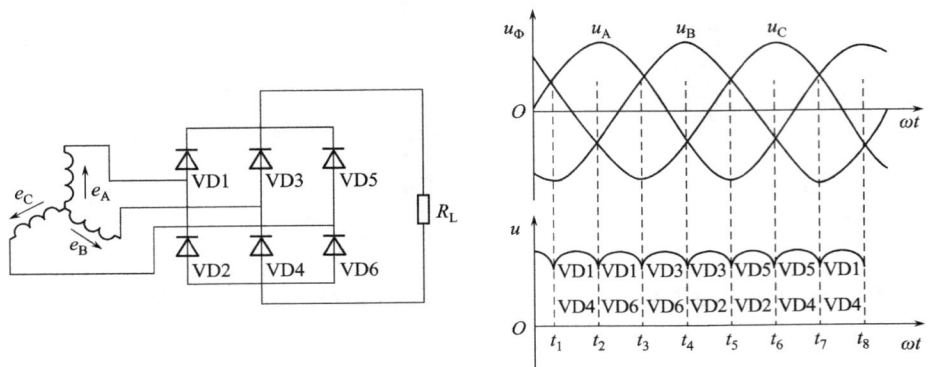

图 2-40 整流原理

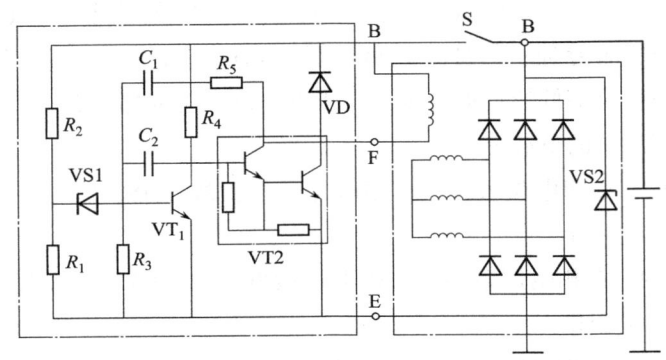

图 2-41 JFT151 型 IC 电压调节器原理图

将电流引入励磁绕组，使之产生磁场，称为励磁。交流发电机励磁方式有自励和他励两种。

发电机开始发电时，由于转子上磁极的剩磁很弱，甚至没有，发电机不能自励发电，必须由蓄电池提供励磁电流，增强磁场，使发电机在低转速下转动时电压能够迅速上升。

当发电机转速达到一定值后，发电机发电电压达到或超过蓄电池电压，发电机就自己供给励磁电流，此时发电机就由他励转换为自励发电。

主题探究

汽车交流发电机不断创新迭代升级，工作性能得到提升，越来越高效节能。创新发展是不变的主题，同学们在生活生产中应追求卓越，养成良好的创新意识。

四、交流发电机的使用与维护

交流发电机在使用和维护过程中要注意以下几个问题：

1）蓄电池的搭铁必须与交流发电机的极性一致，都是负极搭铁，否则蓄电池将通过发电机的硅整流二极管大量放电，从而烧毁二极管。

2）不得用发电机输出端瞬时接地（搭铁）的方法（试火法）来判断发电机是否发电。

3）发电机在高速运转时，不得拆下蓄电池等主要用电设备，以免产生瞬时过电压，损坏二极管、调节器或其他用电设备。

4）经常检查发电机与蓄电池之间的连线，保证连接牢固可靠。

5）经常检查发电机皮带的张紧程度，应符合出厂时的规定。皮带过松，会造成蓄电池充电不足；皮带过紧，容易造成皮带和发电机轴承的损坏。

6）一旦发现发电机工作不正常，应及时检查，找出并排除故障。

7）定期对发电机进行维护，一般发电机运行750h或汽车行驶3万km后，对发电机的电刷、整流元件、电压调节器、轴承等易损元件进行一次检查和必要的测试。

五、发电机常见故障

1. 发电量过低

1）故障现象。发动机起动后，充电指示灯亮；发动机中、高速时，充电指示灯熄灭。

2）故障原因。发电机皮带过松、有油污；发电机固定不牢固；连线有松动或锈蚀；发电机整流器个别二极管损坏；电刷磨损或弹簧的弹力不足；发电机定子绕组或转子绕组有短路或断路故障。

2. 发电电压过高

1）故障现象。经常烧坏灯泡、熔丝及开关等电气设备。

2）故障原因。电压调节器内部故障；电压调节器外部线路故障。

3. 发电机不发电

1）故障现象。打开点火开关，充电指示灯不亮，或发动机起动后，充电指示灯常亮。

2）故障原因。电压调节器损坏；调节器的接线松动或接触不良；发电机转子线圈断路；电刷损坏；整流板二极管损坏等。

4. 发电机异响

1）故障现象。发电机使用过程中有时会出现异响。

2）故障原因。轴承破损、轴弯曲，电枢扫膛，整流器异常磨损（电刷压力和整流子表面异常磨损）；皮带打滑等。

知识过关

一、选择题

1. 检查皮带的松紧度时，用拇指以 39N 的力按皮带中部，其挠度为（　　）。
   A. 5~10mm   B. 10~15mm   C. 15~20mm   D. 20~25mm
2. 外搭铁型发电机的两个电刷（　　）。
   A. 一个绝缘   B. 两个绝缘   C. 都不绝缘   D. 无要求
3. 无需专人看管的充电方法是（　　）。
   A. 定压充电   B. 定流充电   C. 脉冲快速充电   D. 以上答案都对
4. 汽车的主要电源是（　　）。
   A. 蓄电池   B. 发电机   C. 两者均可   D. 两者均不是
5. 交流发电机采用的励磁方法是（　　）。
   A. 自励
   B. 他励
   C. 先他励，后自励
   D. 先自励，后他励
6. 交流发电机转子的作用是（　　）。
   A. 发出三相交流电动势   B. 产生磁场
   C. 变交流为直流   D. 产生直流电
7. 发电机中性点输出的电压是发电机输出电压的（　　）。
   A. 1/2   B. 1/3   C. 1/4   D. 1/5
8. 交流发电机中产生磁场的装置是（　　）。
   A. 定子   B. 转子   C. 电枢   D. 整流器
9. 发电机调节器是通过调整（　　）来调整发电机电压的。
   A. 发电机的转速   B. 发电机的励磁电流
   C. 发电机的输出电流   D. 输出功率

二、填空题

1. 三相同步交流发电机的功用是产生_____。
2. 三相同步交流发电机的定子绕组多为_____联结。
3. 定子总成的作用是_____，它由_____和_____组成。
4. 转子总成的作用是_____，主要由_____和_____组成。
5. 发电机熄火后，应及时放松_____，以防蓄电池对发电机_____绕组长期放电。
6. 前后端盖采用_____铸造，其主要目的是防止_____。
7. 交流发电机整流器的作用是将_____变为_____。
8. 汽车用交流发电机按磁场绕组搭铁方式可分为_____、_____两种。
9. 交流发电机整流器上的二极管分成_____、_____两种。

三、判断题

1. 在三相桥式整流电路中，每个二极管导通的时间占整个周期的 1/2。（ ）
2. 交流发电机风扇的作用是工作时进行强制抽风冷却。（ ）
3. 发电机运转时，可用试火的方法检查发电机及其调节器是否有故障。（ ）
4. 正极管的外壳为正极。（ ）
5. 内搭铁调节器和外搭铁调节器可以互换使用。（ ）
6. 交流发电机的励磁方法为先他励后自励。（ ）
7. 硅整流发电机可以用短接试火的方法检查故障。（ ）
8. 汽车用交流发电机由一台三相同步交流发电机和一套硅整流器组成。（ ）
9. 交流发电机利用硅二极管的单相导电特性把交流电转换为直流电。（ ）
10. 交流发电机的输出电流是随着汽车发动机转速的变化而变化的。（ ）
11. 轿车发电系统的电压调整范围为 13.5~14.5V。（ ）

四、简答题

1. 简述交流发电机的主要部件并说出它们的作用。
2. 交流发电机的中性点输出有何功用？
3. 简述交流发电机在使用中的注意事项。

任务实施

一、任务准备

1. 设备准备
1）带有消防设施的汽车维修工位。
2）哈弗 M6 故障汽车 1 辆。
2. 资料准备
哈弗汽车维修手册和工作手册。
3. 工具、量具准备
万用表、常规工具、连接导线。

二、交流发电机的更换（岗课融通内容）

1. 断开蓄电池负极
1）断开蓄电池时，务必关闭点火开关。
2）选用 10mm 套筒和棘轮扳手，拆卸蓄电池负极螺母，并取下蓄电池负极接线，如图 2-42 所示。

2. 拆卸发电机 LIN 端线束及发电机 B+端线束

1）拔下发电机 LIN 端线束插接器。

2）选用 10mm 套筒和棘轮扳手拆卸发电机 B+端线束螺母，并取下线束，如图 2-43 所示。

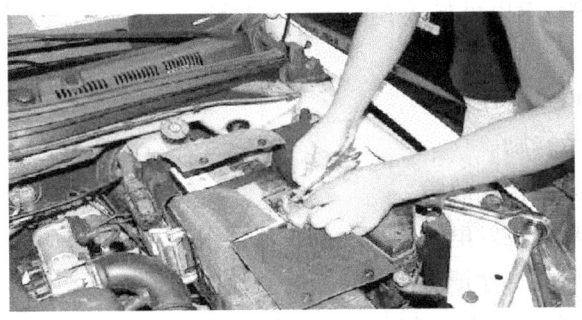
图 2-42 拆卸蓄电池负极

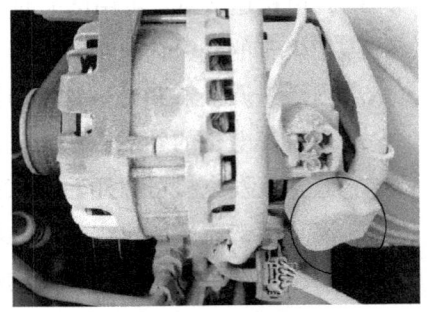
图 2-43 拆卸发电机 B+端线束

3. 取下发电机皮带

1）选用 14mm 套筒和棘轮扳手松开发电机固定和调节螺栓，如图 2-44 所示。

2）取下发电机皮带。

4. 拆卸发电机总成

1）选用 14mm 套筒和棘轮扳手拆卸发电机固定和调节螺栓，如图 2-45 所示。

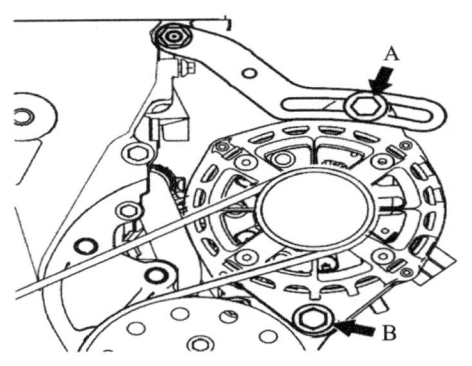
图 2-44 拆卸发电机固定螺栓

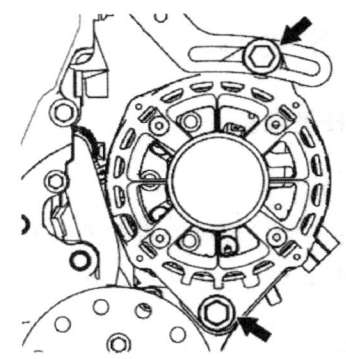
图 2-45 拆卸发电机总成

2）取下发电机总成。

5. 拆卸发电机调节臂

1）选用 14mm 套筒和棘轮扳手拆卸发电机调节臂螺母，如图 2-46 所示。

2）取下发电机调节臂。

6. 更换新的发电机

1）核对新的发电机与原发电机型号是否一致。

2）以与拆卸相反的顺序安装。

3）发电机调节臂螺母拧紧力矩为（24±2）N·m。

4）安装皮带后，在悬置支架和发电机之间插入撬棍，撬动发电机，使发电机皮带绷紧。

注意：不要把撬棍放在发电机和VVT-i控制阀之间，避免损坏VVT-i控制阀。

5）检查皮带张力符合要求后紧固发电机［拧紧力矩为（55±5）N·m］和调节螺栓［拧紧力矩为（24±2）N·m］。

注意：发电机总成调整到位后，先拧紧调节螺栓再拧紧固定螺栓。

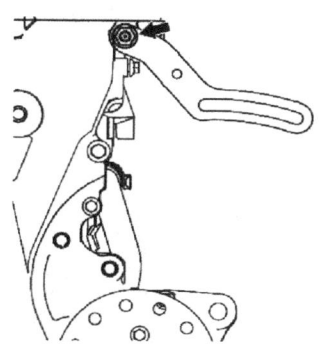

图2-46 拆卸发电机调节臂

主题探究

在汽车交流发电机更换过程中，应严格遵守维修工艺规程，养成精益求精的工匠精神和严把工艺关的科学精神。

三、交流发电机的分解检修（课证融通内容）

1. 解体前检查清洗

（1）解体前的清洗

用清洗液清洗发电机外部，如图2-47所示，用棉纱擦拭干净。发电机表面应清洁无异物。

（2）解体前的检查

检查发电机整体，机体应无裂纹和变形，各零部件应完整无损，损坏的零部件应查明原因并记录。

用手转动转子，转子应转动灵活，无卡滞、无异音，如图2-48所示。

 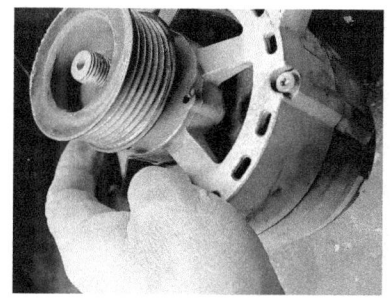

图2-47 清洁发电机外部　　　　图2-48 转动发电机转子

2. 发电机分解

1）用十字螺丝刀拆下防护罩紧固螺钉。

2）用 8mm 梅花扳手拆下中性线接线柱螺母。

3）用 14mm 梅花扳手拆下发电机输出端螺母，取下防护罩，如图 2-49 所示。

4）用十字螺丝刀拆下电刷装置紧固螺钉，取下电刷装置，如图 2-50 所示。

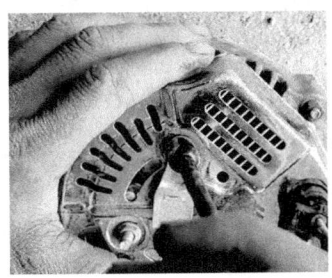　　　　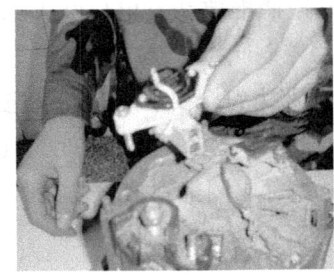

图 2-49　拆卸防护罩　　　　图 2-50　拆卸电刷

5）用十字螺丝刀拆下滤波电容紧固螺钉，拔下插头，取下滤波电容。

6）用十字螺丝刀拆下整流器三个紧固螺钉。

7）用电烙铁焊开电枢绕组引出线四个焊点，取下整流器，如图 2-51 所示。

8）用 8mm 套筒和棘轮扳手拆下四个端盖紧固螺钉，如图 2-52 所示，取下后端盖。

图 2-51　取下整流器　　　　图 2-52　拆卸紧固螺钉

9）取下定子总成。

10）用 24mm 套筒和棘轮扳手拆下皮带轮紧固螺母，取下皮带轮，如图 2-53 所示。

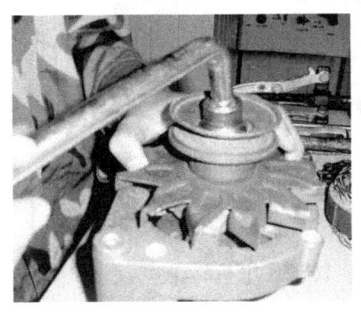

11）取下带轮、垫圈、风扇。

12）用尖嘴钳在转子轴上取下半圆键。

13）从转子轴上取下垫圈。

14）将前端盖与转子分离。

3．发电机解体后检修

（1）转子的检修

外观检查：转子的励磁绕组应无烧焦现象，集电环表面应无明显的沟槽，无明显烧蚀，轻微沟槽可用 0 号砂纸打磨；两集电环间隙处应无积聚物。

图 2-53　拆卸皮带轮

转子绕组短路与断路的检测：用数字万用表的低电阻挡检测两集电环之间的电阻，如图 2-54 所示，若阻值为∞，则说明断路；若阻值过小，则说明短路。一般阻值为 3.5~6Ω。若断路或短路，一般整体更换发电机。

转子绕组搭铁检测：检查转子绕组与铁心（或转子轴）之间的绝缘情况。用万用表电阻挡检测两集电环与铁心（或转子轴）之间的导通情况，如图 2-55 所示。若阻值为零，说明有搭铁故障。正常阻值为∞。

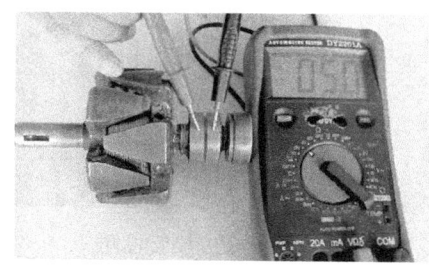
图 2-54 转子绕组短路与断路检测

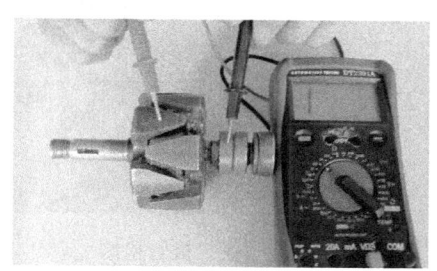
图 2-55 转子绕组搭铁检测

（2）定子的检修

外观检查：定子绕组应无烧焦的痕迹，否则更换发电机总成。

定子绕组断路与短路的检测：用数字万用表的低电阻挡检测定子绕组的三个接线端，两两接线端分别测量，如图 2-56 所示。正常时，阻值小于 1Ω 且相等；如阻值为∞，说明断路；阻值为零，说明短路。若断路或短路，一般要整体更换发电机。

定子绕组搭铁检测：检查定子绕组与定子铁心绝缘情况。用数字万用表电阻挡测量定子绕组接线端与铁心间的电阻，如图 2-57 所示，若电阻过小，说明有绝缘不良故障。正常情况电阻挡指针应指示∞。

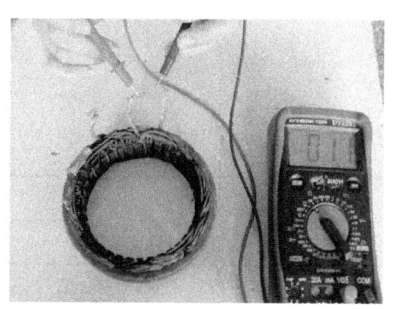
图 2-56 定子绕组断路与短路检测

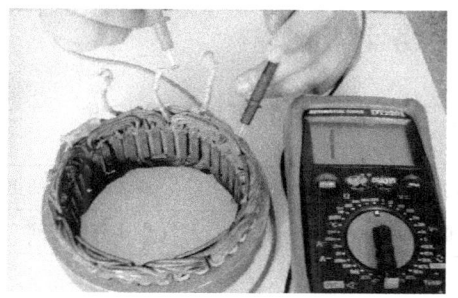
图 2-57 定子绕组搭铁检测

（3）整流器的检修

正极管的检修：数字万用表的电阻挡，黑表笔接整流器输出端子，红表笔分别接整流器各接线柱，均应导通，否则说明该二极管断路，应更换整流器或发电机总成。如导通，再调换两表笔进行测试，此时万用表均应不导通，否则说明二极管短路，应更换整流器或发电机总成，如图 2-58 所示。

负极管的检修:数字万用表的电阻挡,红表笔接整流器负极管的外壳,黑表笔分别接整流器各接线柱,万用表均应导通,否则说明该二极管断路,应更换整流器或发电机总成。如导通,再调换两表笔进行测试,此时万用表均应不导通,否则说明二极管短路,应更换整流器或发电机总成,如图2-59所示。

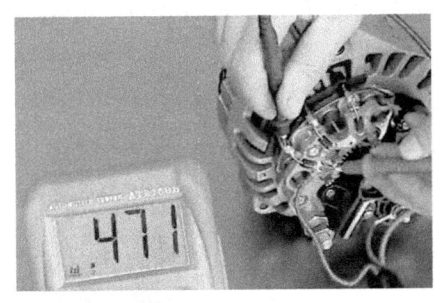

图2-58 正二极管检测

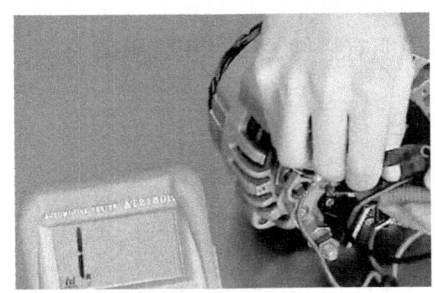

图2-59 负二极管检测

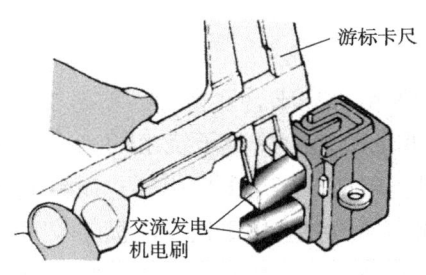

图2-60 电刷的测量

(4)电刷组件的检查

电刷表面不得有油污,且应在电刷架中活动自如;电刷磨损不得超过原高度的1/2(标准长度为10.5mm);电刷架应无烧损、破裂或变形。电刷的测量如图2-60所示。

4. 发电机总成的组装

1)按与拆卸相反的顺序装复。

2)装复后,转动发电机带轮,转子应转动平顺,无摩擦及碰击声。

任务评价

一、交流发电机的更换评价标准

学习任务		交流发电机的更换		学时	2
标准时间		开始时间		完成时间	
序号		操作步骤	操作标准	操作记录	分值	自评/分
1	检修前的基本检查	检查作业现场环境	检查、清洁彻底,记录清晰、准确		2	
		记录整车基本信息			3	
		作业前工具检查			2	
		故障现象的确认			5	
		作业前实施车辆防护			3	

续表

学习任务		交流发电机的更换		学时	2
标准时间		开始时间		完成时间	
序号		操作步骤	操作标准	操作记录	分值	自评/分

序号		操作步骤	操作标准	操作记录	分值	自评/分
2	发电机拆卸	断开蓄电池负极	工具选择、使用正确；按维修工艺要求拆卸		5	
		拆卸发电机 LIN 端线束及发电机 B+端线束			10	
		取下发电机皮带			10	
		拆卸发电机总成			10	
		拆卸发电机调节臂			5	
3	发电机的安装	安装发电机调节臂	工具选择、使用正确；按维修工艺要求安装		5	
		更换新的发电机			10	
		安装发电机皮带			10	
		安装发电机 LIN 端线束及发电机 B+端线束			10	
		安装蓄电池负极电缆			5	
4	场地恢复	正确摆放工具、量具，整理工作台、地面及工具、量具	现场 5S 管理		5	

二、交流发电机的分解检修评价标准（职业技能证书评价标准）

学习任务		交流发电机的分解检修		学时	2
标准时间		开始时间		完成时间	
序号		操作步骤	扣分要求	操作记录	分值	自评/分

序号		操作步骤	扣分要求	操作记录	分值	自评/分
1	安全/7S/态度	□1. 能进行工位 7S 操作。 □2. 能进行设备和工具安全检查。 □3. 能进行车辆安全防护操作。 □4. 能进行工具清洁、校准、存放操作。 □5. 能进行"三不落地"操作。	未完成 1 项扣 3 分，扣分不超过 15 分		15	
2	专业技能	作业 1： □1. 发电机解体前检查与清洗。 □2. 能正确分解发电机。 作业 2： □1. 能正确检查转子。 □2. 能正确检查定子。 □3. 能正确检查整流器。 □4. 能正确检查电刷装置。 作业 3： □1. 能正确组装发电机。 □2. 能正确检查装复后的发电机。	未完成 1 项扣 5 分，扣分不超过 50 分		50	

续表

学习任务		交流发电机的分解检修		学时		2
标准时间			开始时间		完成时间	
序号		操作步骤	扣分要求	操作记录	分值	自评/分
3	工具及设备的使用能力	□1. 能正确使用维修工具。 □2. 能正确使用游标卡尺。 □3. 能正确使用拉拔器。	未完成 1 项扣 5 分，扣分不超过 10 分		10	
4	资料信息查询能力	□1. 能正确使用维修手册查询资料。 □2. 能正确使用用户手册查询资料。 □3. 能在规定时间内查询所需资料。 □4. 能正确记录所查询资料章节页码。 □5. 能正确记录所需维修信息。	未完成 1 项扣 5 分，扣分不超过 10 分		10	
5	数据判断和分析能力	□1. 能判断转子是否正常。 □2. 能判断定子是否正常。 □3. 能判断整流器是否正常。 □4. 能判断电刷组件是否正常。 □5. 能判断装复后的发电机是否正常。	未完成 1 项扣 5 分，扣分不超过 10 分		10	
6	表单填写与报告的撰写能力	□1. 字迹清晰。 □2. 语句通顺。 □3. 无错别字。 □4. 无涂改。 □5. 无抄袭。	未完成 1 项扣 1 分，扣分不超过 5 分		5	

任务 2.3 电源系统故障诊断

任务导入

客户王先生开着一辆长城哈弗 M6 汽车来到 4S 店，反映该车正常行驶时仪表内的充电指示灯突然亮起。如果你是维修技术人员，请你负责该车辆的接待、维修工作，完成汽车电源系统的初步检查，并对上述故障进行维修。

任务目标

素质目标：

1. 养成自觉遵守技术标准和规范操作的习惯，培养良好的职业意识。
2. 养成爱岗敬业的精神和锐意创新的价值追求。

知识目标：

1. 能分析汽车电源系统的常见故障。

2. 能分析电源系统的电路图。

3. 能描述电源系统的检测方法。

能力目标：

1. 能进行电源系统输出测试。

2. 能进行电源电路电压降的测试。

3. 能进行电源电路交流电压的测试。

4. 规范地对电源系统进行检修作业。

信息收集

一、电源系统常见故障检修

电源系统故障诊断

1. **不充电故障的检修**

1) 故障现象。发动机在中速以上运转时，电流表指示放电或电压表指示不充电；指示灯不熄灭，表明充电系统不充电。

2) 故障原因。发电机皮带过松、打滑；发电机励磁线路或充电线路断路；发电机整流二极管击穿、短路或断路；发电机定子绕组断路或搭铁；发电机转子绕组断路；发电机电刷与集电环接触不良；调节器失效。

3) 故障诊断。

① 检查发动机皮带是否过松或打滑。皮带松紧度的检查方法：用手指压下皮带的中部，若压下量过大，说明发电机皮带过松，应调整。

② 接通点火开关。用平口螺丝刀靠近发电机后轴承盖，探测转子电磁吸力。若有明显吸力，说明励磁回路正常，故障在充电回路；若无吸力或吸力微弱，说明励磁回路有断路、接触不良或局部短路故障。

③ 若充电回路有故障，可将试灯的一端搭铁，另一端接触发电机 B 接线柱，试灯亮，表明蓄电池到发电机电枢接线柱之间连接正常，故障在发电机；若灯不亮，表明蓄电池到发电机 B 接线柱之间断路。

④ 若励磁回路有故障，可将发电机电枢接线柱与调节器励磁接线柱短接（对于内搭铁式，短接发动机 B 与 F 接线柱；对于外搭铁式，短接 F_2 与 "-" 接线柱），然后重新探测磁力，如果磁力变强，说明发电机内部励磁电路正常，故障在调节器；若仍不能增强，说明故障在发电机内部。

2. **充电电流过小的检修**

1) 故障现象。发动机运转时，转速很高，充电电流一直很小；发动机中速运转，当大灯为远光时，电流表指示放电，表明充电电流过小。

2) 故障原因。发电机皮带过松或因油污打滑，使发电机转速过低；充电线路接触不良；发电机电刷接触不良；整流器损坏；定子绕组有短路或断路故障；转子绕组局部短路；调节器有故障。

3) 故障诊断。

① 检查发电机皮带松紧度和油污情况，使之恢复正常。

② 拆下发电机 F 接线柱或调节器 F 接线柱上的导线。对内搭铁式发电机，将发电机 B 接线柱与 F 接线柱短接。对外搭铁式发电机，将发电机 F_2 接线柱搭铁。如果充电电流增大，说明故障在调节器；如果充电电流仍然过小，则故障在发电机。

3. 充电电流过大的检修

1) 故障现象。在蓄电池不亏电的情况下，电流表指示充电电流仍在 10A 以上；汽车白天行驶 2~3h，电流表始终指示充电电流大于 5A；蓄电池的电解液消耗过快，经常需要添加。

2) 故障原因。调节器损坏；发电机电刷与元件板短路，造成调节器不起作用。

3) 故障诊断。将调节器励磁接线柱上的线取下，提高发动机转速，观察是否仍有充电电流，若有说明发电机内部电刷与元件板短路，应更换发电机；若没有，说明调节器有故障。

4. 充电电流不稳的检修

1) 故障现象。发动机正常运转时，汽车上的电流表指示充电，但指针左右摆动，看不准读数（指示灯时亮时灭）。

2) 故障原因。发电机皮带过松、打滑；充电系统线路连接不良；发电机转子或定子绕组有局部短路或断路故障；集电环脏污或电刷与集电环之间接触不良；调节器工作不良。

3) 故障诊断。检查和调整发电机皮带，排除皮带打滑和导线接触不良等因素；检查集电环和电刷的接触是否良好；检查整流器，清洗油污表面；检查调节器，对于晶体管调节器可换件对比检查。

5. 充电指示灯故障的检修

1) 故障现象。充电指示灯不亮或充电指示灯常亮。

2) 故障原因及维修。

① 充电指示灯不亮。接通点火开关，充电指示灯不亮，表明充电指示灯回路断路。应检查充电指示灯是否烧坏，调节器是否断路，点火开关是否损坏，磁场绕组是否断路，连接线路有无断路等。

② 充电指示灯常亮。起动发电机后，充电正常而指示灯不熄灭，说明 B 与 D+端子间存在电压降。应检查发电机定子是否单相搭铁，整流正二极管是否有一只短路，或励磁二极管是否有短路、断路的情况。

主题探究

细节决定成败。在汽车充电系统故障诊断中，应特别注意线路搭铁状况的检查。工作中要养成一丝不苟的敬业精神。

二、哈弗 M6 汽车电源系统电路分析

当发动机未起动及起动瞬间，由蓄电池 30 号线给起动机及全车用电设备供电；起动瞬间，由蓄电池通过 SB29 保险给发电机励磁绕组供电（他励）。电源系统电路如图 2-61 所示。

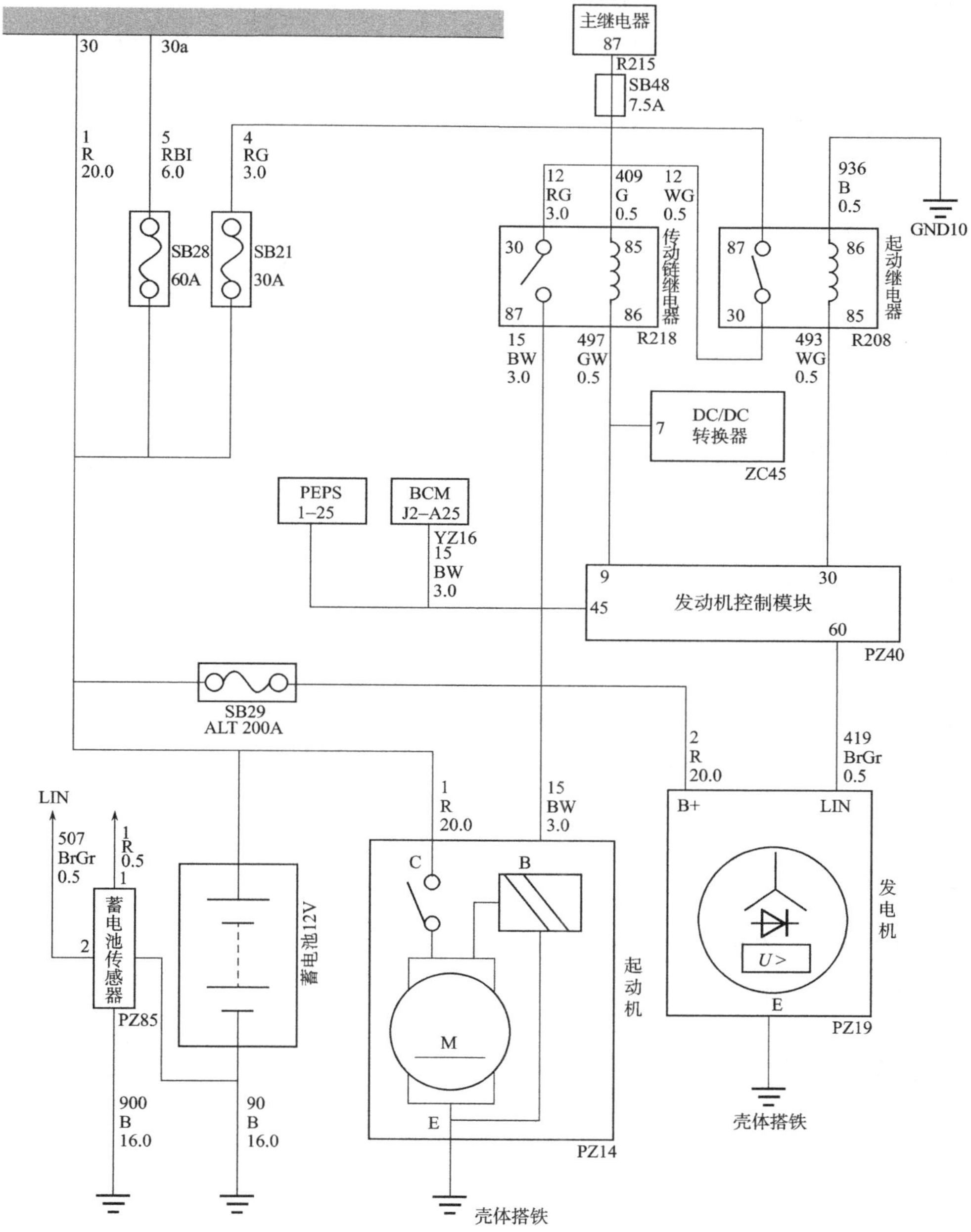

图 2-61 哈弗 M6 汽车电源系统电路

当发动机起动后，由蓄电池传感器检测回路电流的大小，通过 LIN 传送至网关，网关通过 CAN 线传送至发动机控制模块及组合仪表模块，发动机控制模块通过 LIN 线控制发电机调节器。根据调节器接收的信号，分为以下三种情况供电：

1）蓄电池检测负载电流小时，通过发电机 B+端子给用电设备供电，并给蓄电池充电。

2）蓄电池检测负载电流中等时，通过发电机 B+端子给用电设备供电。

3）蓄电池检测负载电流大时，由发电机和蓄电池共同给用电设备供电。

知识过关

一、选择题

1. 发电机出现不发电故障，短接触点式调节器的"+"与 F 接线柱后，发电机开始发电，说明故障出在（　　）。

  A. 发电机   B. 电流表   C. 调节器   D. 发动机

2. 下列选项中，不属于充电电流过大故障原因的是（　　）。

  A. 调节器损坏 B. 发电机电刷短路 C. 元件板短路 D. 皮带过紧

3. 下列选项中，不属于不充电故障原因的是（　　）。

  A. 发电机皮带过松   B. 充电线路断路

  C. 整流二极管击穿   D. 充电指示灯烧坏

二、填空题

1. 汽车充电系统常出现的故障主要有_____、_____、_____、_____等。

2. 检查皮带松紧度是用手指压下皮带的_____部，压下量过大，说明发电机皮带过_____，应调整。

三、简答题

1. 简述充电系统不充电的故障诊断与排除。
2. 简述充电电流过小的原因。

任务实施

一、任务准备

1. 设备准备

1）带有消防设施的汽车维修工位。

2）长城哈弗 M6 故障汽车 1 辆。

2. 资料准备

哈弗汽车维修手册和工作手册。

3. 工具、量具准备

万用表、常规工具、连接导线。

电源系统检修

二、电源系统检测（岗课融通内容）

1. 检查蓄电池

按喇叭或打开前照灯，若喇叭响声变小或前照灯灯光暗淡，说明蓄电池存电量过低或电源导线接触不良，需对蓄电池进行充电或重新连接接触不良的导线。

2. 检查充电指示灯

打开点火开关，不起动发动机，查看仪表充电指示灯是否点亮，如图2-62所示。如不亮，应检查相应电路或充电指示灯熔丝是否熔断，指示灯灯泡是否损坏，如有损坏应更换。然后起动发动机，当发动机正常运转时充电指示灯应熄灭，否则应继续检查。

3. 检查发电机皮带

皮带松紧度的检查方法：用手指压下皮带的中部，如图2-63所示。若压下量过大，说明发电机皮带过松，应调整。

图2-62 充电指示灯检查　　　　图2-63 发电机皮带检查

4. 检查励磁电路

在打开点火开关的状态下用金属物体（扳手或螺丝刀）检查发电机转子轴有无磁性，如图2-64所示。如有磁性，说明发电机励磁电路良好；如没有，应检查发电机励磁电路有无输入电压。如有电压，则检查电压调节器及励磁绕组有无损坏。

5. 检测输出直流电压

1) 起动发动机，并在急速状态下运行，用数字万用表测量蓄电池两端的电压，电压读数在13~15V为正常，如图2-65所示。

输出直流电压检测

图 2-64　励磁电路检查　　　　　图 2-65　检测输出直流电压

2）当发电机的转速升高时，发电机输出的直流电压基本保持不变。

6. 检测输出电压的交流电压

将数字万用表的交流电压挡并接在蓄电池的正负极两端，测量发电机输出的交流电压（正常值应小于或等于0.4V）。具体步骤如下：

1）起动发动机，并使其在2 000r/min的转速下运转。

2）打开前大灯，给发电机加上一定的负载。

3）将数字万用表并接于蓄电池的正负极两端，读取交流电压值。如果电压值小于或等于0.4V，说明发电机的整流器工作正常；如果电压值大于0.5V，说明发电机的整流器存在故障，如图2-66所示。

7. 检测充电系统电压降是否正常

电压降的测试主要用来判断发电机与蓄电池之间的连线是否良好。具体步骤如下：

1）起动发动机，并使其在2 000r/min的转速下运转。

2）打开前照灯，给发电机加上一定的负载。

3）用数字万用表的直流电压挡测量发电机的输出端与蓄电池的正极端之间的电压降，正常电压值不超过0.4V。如果超过0.4V，说明导线连接点的电阻大。

4）用数字万用表的直流电压挡测量发电机的外壳与蓄电池的负极端之间的电压降（图2-67），正常电压值不超过0.3V。如果超过0.3V，说明导线连接松动，连接点的电阻大。

图 2-66　电压的测量　　　　　　图 2-67　电压降测量

项目 2　电源系统检修

任务评价

电源系统检修评价标准

学习任务		电源系统检修		学时	2
标准时间		开始时间		完成时间	
序号	操作步骤		操作标准	操作记录	分值	自评/分

序号	操作步骤		操作标准	操作记录	分值	自评/分
1	检修前的基本检查	检查作业现场环境	检查、清洁彻底，记录清晰、准确		2	
		记录整车基本信息			3	
		作业前工具检查			2	
		故障现象的确认			5	
		作业前实施车辆防护			3	
2	电源系统的检测	检查蓄电池是否正常	工具选择、使用正确；按维修工艺进行检测		10	
		检查充电指示灯是否正常			10	
		检查发电机皮带是否正常			10	
		检查励磁电路是否正常			10	
		检测输出直流电压是否正常			15	
		检测输出电压的交流电压是否正常			10	
		检测充电系统电压降是否正常			10	
3	场地恢复	正确摆放工具、量具，整理工作台、地面及工具、量具	现场 5S 管理		10	

项目拓展

蓄电池新技术

1. AGM 免维护蓄电池

在宝马汽车（E39/E46/E60/E66 型等）上目前配装了吸收性玻璃纤维式（absorbed glass mat，AGM）免维护蓄电池，即带有可吸收玻璃纤维网隔板的免维护蓄电池，安装在行李厢右侧。其外形如图 2-68 所示。与常规铅酸蓄电池相比，AGM 免维护蓄电池使用寿命更长，也更可靠。

2. 智能蓄电池传感器

智能蓄电池传感器（intelligent battery sensor，IBS）是带有微型控制器的传感器。IBS 持续测量蓄电池端电压、蓄电池充电/放电电流和蓄电池酸液温度，监控蓄电池的工作状态和健康状态。

IBS 直接安装在蓄电池的负极上，其分解图如图 2-69 所示。IBS 的电源电压通过一根单独的导线供应。IBS 通过串行数据接口与宝马车载微机（数字式发动机电子控制单元）进行通信，实时监测和报告蓄电池的工作状态和健康状态。

图 2-68　AGM 免维护蓄电池及其安装位置

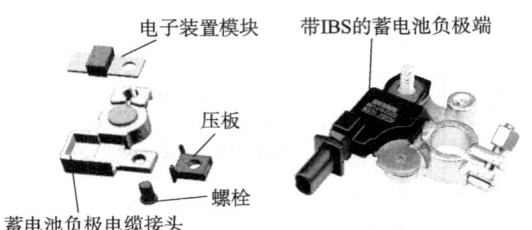

图 2-69　IBS 分解图

3. 安全蓄电池端子

在宝马汽车上，蓄电池正极上连接有安全蓄电池端子，用于在紧急状态（如剧烈撞车时燃油泄漏导致的爆炸）下的断电防护。安全蓄电池端子的结构如图 2-70 所示。在正常情况下，蓄电池导线与正极端子保持连接状态。当发生紧急情况时（如剧烈撞车，安全气囊引爆时），控制单元会在极短的时间（约 0.22ms）内发出起爆指令，使装在安全蓄电池端子内部的推进剂点火爆炸，炸开安全蓄电池端子，并使蓄电池导线与正极端子保持在断开状态，以确保安全。

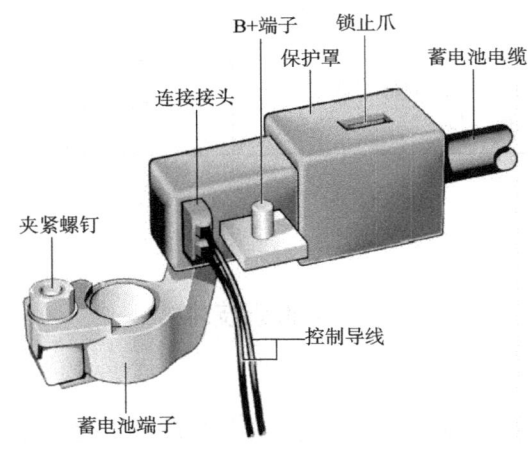

图 2-70　安全蓄电池端子的结构

项目小结

1. 知识脉络

```
电源系统检修
├── 蓄电池的检修
│   ├── 作用：辅助电源、储能装置、低压直流、化学电源
│   ├── 类型
│   │   ├── 铅酸蓄电池：普通、干荷式、湿荷式、免维护、胶体式蓄电池
│   │   └── 镍碱蓄电池：铁镍、镉镍蓄电池
│   ├── 结构
│   │   ├── 极板：分正、负极板；由栅架和活性物质组成；正极板为二氧化铅，棕色，负极板为铅，灰色；负极板多一片
│   │   ├── 隔板：绝缘
│   │   ├── 电解液：纯硫酸和蒸馏水配制，相对密度1.24~1.31g/cm³
│   │   └── 联条、极柱
│   ├── 原理
│   │   ├── 放电特性：放电开始、相对稳定、迅速下降三个阶段；放电终了密度降到终止值
│   │   └── 充电特性：充电开始、稳定上升、充电末期三个阶段充电；终了电压、密度到最大值，沸腾
│   └── 故障：自行放电、极板硫化、极板短路、活性物质脱落
├── 交流发电机的检修
│   ├── 作用：主要电源，向除起动机外的其他用电设备供电，充电
│   ├── 分类
│   │   ├── 按结构分：普通、整体、带泵、无刷、永磁、水冷交流发电机
│   │   ├── 按整流器分：6管、8管、9管、11管、12管交流发电机
│   │   └── 按搭铁分：内搭铁、外搭铁交流发电机
│   ├── 结构
│   │   ├── 转子：产生磁场，由爪极、磁场绕组、滑环、转子轴组成
│   │   ├── 定子：产生电动势，由铁心、定子绕组组成
│   │   ├── 整流器：变交流为直流，由正负整流板、前后端盖、电刷与电刷架、风扇、带轮组成
│   │   └── 调节器（整体式）：使发电电压保持恒定
│   ├── 原理
│   │   ├── 发电原理：线圈切割磁力线，产生电动势
│   │   ├── 整流原理：单向导电，变交流为直流
│   │   └── 调压原理：根据电压信号，调节励磁电流
│   └── 故障：发电量过低、电压过高、不发电、异响
└── 电源系统故障诊断
    ├── 不充电故障
    │   ├── 现象：指示灯不熄灭
    │   └── 原因：皮带打滑；线路断路；整流器损坏；定子损坏；转子损坏；调节器故障
    ├── 充电电流小
    │   ├── 现象：充电电流一直过小
    │   └── 原因：皮带打滑；转速过低；接触不良；整流器、调节器故障；定子、转子绕组故障
    ├── 充电电流大
    │   ├── 现象：充电电流始终大于5A
    │   └── 原因：调节器损坏；线路故障
    ├── 充电电流不稳
    │   ├── 现象：指示灯时亮时灭
    │   └── 原因：皮带打滑；接触不良；元器件工作不良
    └── 电路分析：传感器检测充电电流，网关通过LIN线接收信号，通过CAN线传给控制模块，通过LIN线控制调节器调压
```

2. 主题探究

工匠精神是一种职业精神，其基本内涵是执着专注、精益求精、一丝不苟、追求卓越。对个人来说，它是干一行、爱一行、专一行、精一行的敬业精神；对企业来说，是守专长、制精品、创技术、建标准的企业文化；对社会来说，是讲诚信、守契约、重合作、促和谐的社会风气。

寻找你身边的企业工匠或大国工匠，在班级讲述他们的成长经历和主要事迹，一起来探寻工匠精神的真谛。

项目 3　起动系统检修

项目描述

传统汽车安装的汽油发动机或柴油发动机都属于内燃机,其本身无法起动,必须借助外力由静态过渡到能自行运转的过程,称为发动机的起动。发动机的起动方式主要有人力起动、辅助汽油机起动和电力(起动系统)起动三种。

通过本项目的学习,可掌握汽车起动系统的主要组成部分的作用及工作原理;掌握起动机的结构、主要部件的作用及工作原理,并学会起动机的拆装、整机检修及解体后主要部件的检修;掌握电磁开关的作用和工作原理,并能正确检测电磁开关;掌握起动系统常见故障的诊断和排除方法,并能正确分析起动系统的电路图。

任务 3.1　起动机的检修

任务导入

客户王先生开着一辆哈弗 M6 汽车来到 4S 店,反映旋转点火开关到起动挡时,听不到起动机运转的声音,发动机无法起动。造成该故障的原因有很多,如蓄电池存电严重不足、起动电路故障、起动机故障等。如果你是维修技术人员,请你负责该车辆的接待、维修工作,完成起动机的检查,并对上述故障进行维修。

任务目标

素质目标:

1. 养成自觉遵守技术标准和规范操作的习惯,培养良好的职业道德和无私奉献的职业情怀。

2. 养成绿色低碳的环保意识和预防为主的安全意识。

知识目标：
1. 了解起动系统的组成与功用。
2. 掌握起动机的结构和工作原理。

能力目标：
1. 能够对汽车起动机进行检查和维护。
2. 能查阅维修资料，实施哈弗 M6 汽车起动机就车拆装分解。

信息收集

一、起动机简述

1. 起动机的功能

起动机俗称马达，它的作用是把蓄电池的电能转换为机械能，产生电磁转矩，通过传动机构拖动发动机，发动机起动后便立即停止工作。

2. 起动机的分类

起动机的种类有很多，一般根据起动机各组成部分内部结构的不同进行分类。

1）按直流电动机磁场产生的方式分为激磁式起动机和永磁式起动机。

2）按操纵机构分为直接（机械）操纵起动机和电磁操纵起动机。

3）按传动机构的啮合方式分为惯性啮合式起动机、电枢移动式起动机、齿轮移动式起动机、强制啮合式起动机及减速起动机。

3. 起动机的型号

根据我国汽车行业相关标准，汽车起动机型号通常由五部分组成，如图 3-1 所示。

| 产品代号 | 电压等级代号 | 功率等级代号 | 设计序号 | 变型代号 |

图 3-1 汽车起动机型号

1）产品代号。起动机的产品代号用字母表示，第一位 Q 代表"起"；第二位 D 代表"动"；第三位 Y 代表永磁式或 J 代表减速式，如果第三位没有字母，代表该起动机为普通起动机。

2）电压等级代号。起动机的电压等级用阿拉伯数字表示，1 表示电压等级为 12V，2 表示电压等级为 24V。

3）功率等级代号。起动机的功率等级用阿拉伯数字表示，各等级代号及功率范围见表 3-1。

表 3-1 功率等级代号

功率等级	1	2	3	4	5	6	7	8	9
功率/kW	<1	1~2	2~3	3~4	4~5	5~6	6~7	7~8	>8

4) 设计序号。起动机的设计序号用阿拉伯数字表示，表示该产品设计的先后顺序。

5) 变型代号。起动机的变型代号用大写字母 A、B、C 等表示。在主要电气参数和基本结构不变的情况下，一般电气参数的变化和某些结构的改变称为变型。

例如，某起动机的型号为 QDY124A，其中 QDY 表示永磁式起动机，1 表示电压等级为 12V，2 表示功率为 1~2kW，4 表示设计序号为第 4 次设计，A 为变型代号。

二、起动机的结构与工作原理

（电磁开关）三部分组成。

起动机的总体结构如图 3-2 所示，它由直流电动机、传动机构（啮合机构）和控制装置

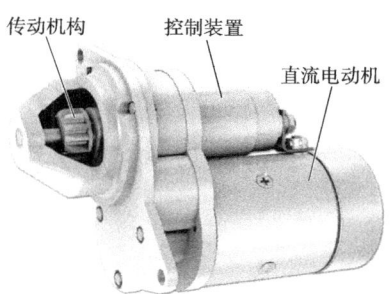

图 3-2 起动机的总体结构

1. 直流电动机

（1）直流电动机的结构

直流电动机的作用是产生电磁转矩。普通汽车用起动机一般采用直流串励式电动机。串励是指电枢绕组与励磁绕组串联。直流串励式电动机主要由机壳、磁极、电枢、换向器及电刷等组成，如图 3-3 所示。

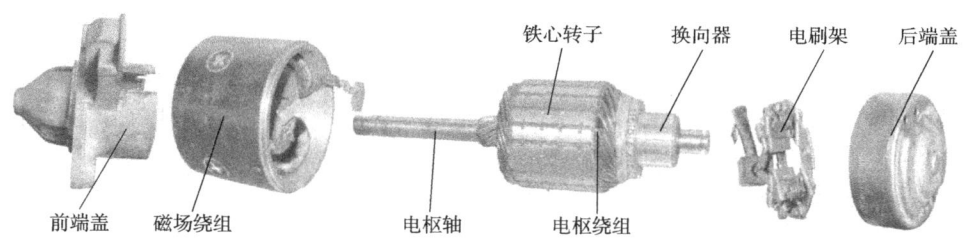

图 3-3 直流串励式电动机的组成

起动机的机壳一般由前端盖、壳体和后端盖三部分组成，如图 3-4 所示。机壳的作用是安装磁极，固定机件。机壳用钢管制成，一端开有窗口，用于观察和维护电刷和换向器，平时用防尘箍盖住。机壳上有一个电流输入接线柱，并在内部与励磁绕组的一端相接。壳体内壁固定有磁极铁心和励磁绕组。前端盖一般用钢板压制而成，其上装有四个电刷架；后端盖为灰铸铁浇铸而成。它们分别装在机壳的两端，靠两根长螺栓与起动机机壳紧固在一起。两端盖内均装有青铜石墨轴承套或铁基含油轴承套，以支承电枢轴。

起动机的磁极由固定在机壳上的磁极铁心和励磁绕组组成，一般是四个，两对磁极相对交错安装在起动机定子内壳上。磁极的作用是产生磁场，它的四个励磁线圈可互相串联后再与电枢绕组串联，如图 3-5(a) 所示；也可两两串联后并联，再与电枢绕组串联，如图 3-5(b) 所示。

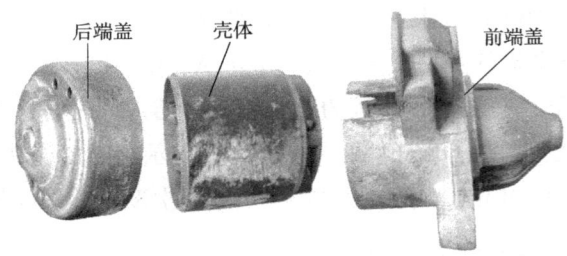

图 3-4　起动机机壳

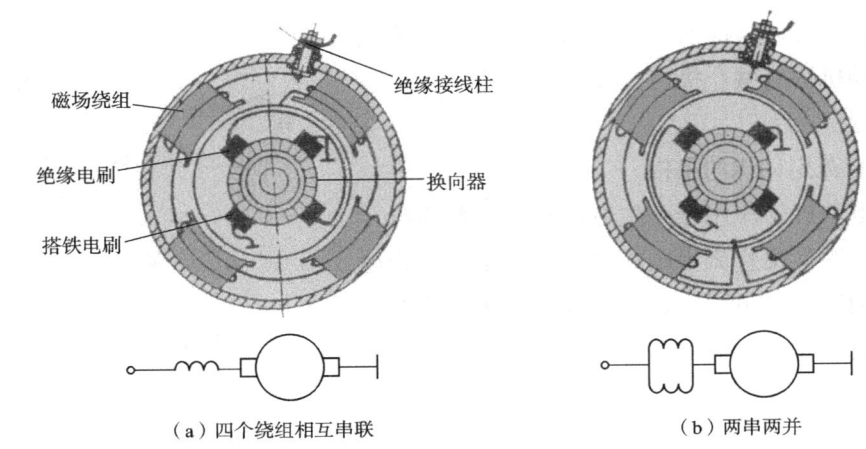

（a）四个绕组相互串联　　　　　　　　　　（b）两串两并

图 3-5　励磁绕组的接法

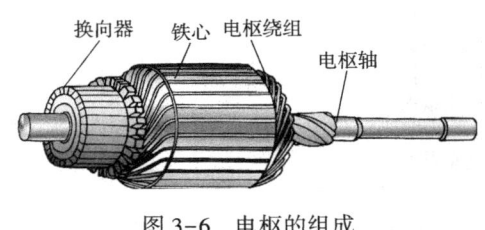

图 3-6　电枢的组成

起动机的电枢主要由电枢轴、电枢铁心、电枢绕组和换向器等组成，如图 3-6 所示。电枢的作用是产生电磁转矩。电枢铁心是由许多相互绝缘的硅钢片叠装而成的，其圆周表面上有槽，用来安放电枢绕组。电枢绕组用矩形截面的绝缘铜条绕制。

起动机的换向器装在电枢轴上，它由许多换向片组成。换向片嵌装在轴套上，各换向片之间用云母绝缘。换向器与电刷相接触。

电刷及电刷架的作用是将电流通过换向器引入电枢，让其旋转。一般有四个电刷及电刷架，如图 3-7 所示。电刷架固定在前端盖上，其中两个对置的电刷架与端盖绝缘，称为绝缘电刷架；另外两个对置的电刷架与端盖直接铆合而搭铁，称为搭铁电刷架。

电刷由铜粉与石墨粉压制而成，加入铜粉是为了减小电阻并增加耐磨性。电刷装在电刷架中，借弹簧压力紧压在换向器铜片上。电刷弹簧的压力一般为 12~15N。

（2）直流电动机的工作原理

直流电动机是根据通电导体在磁场中受到磁场力作用而产生运动的原理制成的。其工作原理如图 3-8 所示。电动机工作时，电流经励磁绕组（定子绕组）产生磁场，再通过电刷和换向器流入电枢绕组，通电的电枢绕组就会受到电磁力的作用（通过左手定则可以判断产生逆时针方向的电磁转矩）而转动。

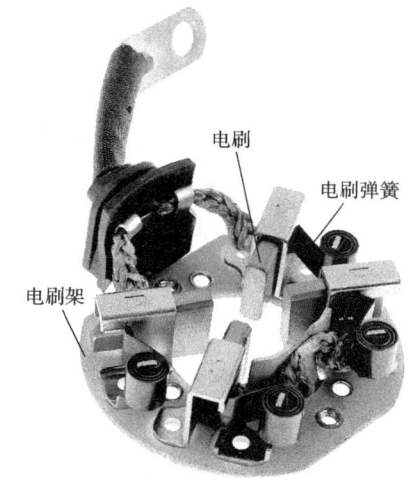

图 3-7 电刷及电刷架的组合

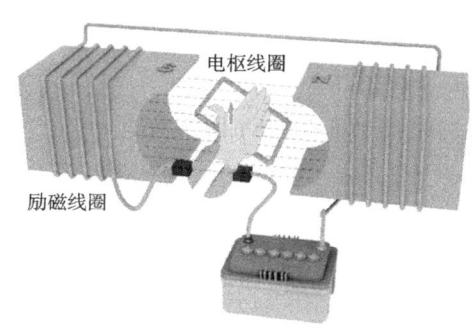

图 3-8 直流电动机工作原理示意图

2. 起动机的传动机构

传动机构的作用是把直流电动机产生的转矩传递给飞轮齿圈，再通过飞轮齿圈把转矩传递给发动机的曲轴，发动机起动后，飞轮齿圈与驱动齿轮自动打滑脱离。传动机构一般由驱动齿轮、单向离合器、拨叉、啮合弹簧等组成，如图 3-9 所示。传动机构中，结构和工作情况比较复杂的是单向离合器，它的作用是传递电动机转矩，起动发动机，在发动机起动后自动打滑，保护起动机电枢不致飞散。常用的单向离合器主要有滚柱式、摩擦片式和弹簧式等。

3. 起动机的控制装置

起动机控制装置的作用是控制驱动齿轮和飞轮的啮合与分离，并且控制电动机电路的接通与切断。常用的装置有机械式和电磁式两种，现代汽车上广泛使用电磁式控制装置（电磁开关），如图 3-10 所示。电磁式控制装置主要由吸引线圈、保持线圈、复位弹簧、活动铁心、接触片等组成。其中，端子 50 接点火开关，通过点火开关再接至电源，端子 30 接蓄电池正极。

电磁式控制装置的内部电路如图 3-11 所示。当起动电路接通后，保持线圈的电流经起动机端子 50 进入，经保持线圈后直接搭铁；吸引线圈的电流也经起动机端子 50 进入，但通过吸引线圈后未直接搭铁，而是进入电动机的励磁线圈和电枢后再搭铁。两线圈通电后产生较强的电磁力，克服复位弹簧弹力，使活动铁心移动，一方面通过拨叉带动驱动齿轮移向飞轮齿圈，并与之啮合，另一方面推动接触片移向端子 50 和端子 C 的触点，在驱动齿轮与飞轮齿圈啮合后，接触片将两个主触点接通，使电动机通电运转。

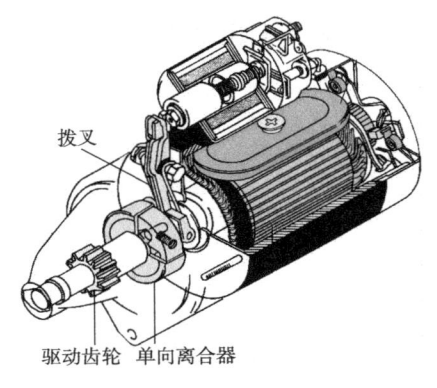

图 3-9　起动机的传动机构

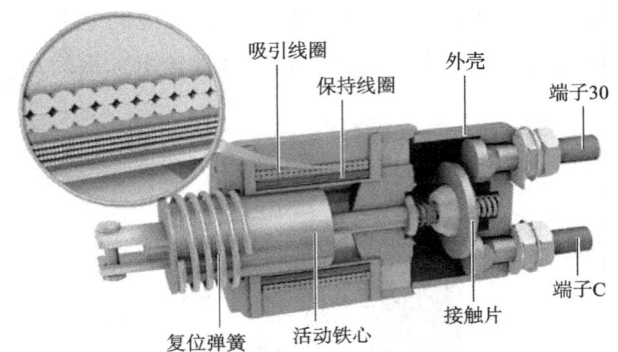

图 3-10　电磁式控制装置

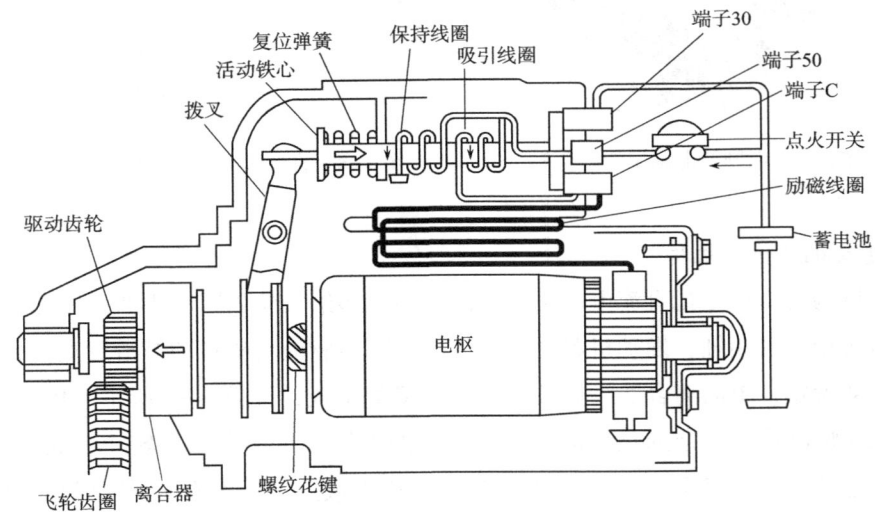

图 3-11　电磁式控制装置的内部电路示意图

在驱动齿轮进入啮合之前，由于经过吸引线圈的电流经过了电动机，电动机在这个电流的作用下会缓慢旋转，以便驱动齿轮与飞轮齿圈进入啮合。在两个主接线柱触点接通之后，蓄电池的电流直接通过主触点和接触片进入电动机，使电动机进入正常运转。此时通过吸引线圈的电路被短路，因此吸引线圈中无电流通过，主触点接通的位置靠保持线圈来保持。

发动机起动后，切断起动电路，保持线圈断电，在弹簧的作用下，活动铁心复位，切断了电动机的电路，同时使驱动齿轮与飞轮齿圈脱离啮合。

主题探究

任何线圈损坏都会导致起动机不能正常工作，由此可以看出团队合作的重要性。合作精神是 21 世纪的人才最重要的道德素养之一，职业院校学生不仅需要不服输的竞争精神，还要有团队合作精神。

三、起动机使用与维护注意事项

1. 使用注意事项

1）起动前，手动变速器汽车应将变速器置于空挡，同时踩下离合器踏板；自动变速器汽车应将变速器操纵杆置于 P 挡或 N 挡，同时踩下制动踏板。

2）每次接通起动机的时间不得超过 5s，两次起动应间隔 15s 以上。

3）起动成功后，应立即松开点火开关，切断 ST 挡，使起动机停止工作。

4）若连续三次起动不成功，应停止起动，对发动机进行简单检查后再进行起动，否则蓄电池容量下降，致使起动更困难。

2. 维护注意事项

1）经常检查起动电路各导线连接是否牢固，绝缘是否良好。

2）起动机机体和各部件保持干燥。汽车每行驶 3 000km 后检查并清洁换向器。

3）汽车每行驶 5 000~6 000km 后，应查看电刷的磨损程度及电刷弹簧压力。

4）经常检查传动机构、控制装置的活动部件，并按规定进行润滑。

5）在车上检修起动机之前，一定要将变速器操纵杆置于空挡，并拉紧驻车制动。

6）在拆卸起动机之前应先拆下蓄电池的搭铁电缆线。

7）有的起动机在起动机与法兰盘之间使用了多块薄垫片，装配时应按原样装回。

知识过关

一、选择题

1. 直流串励式起动机中的串励是指（　　）。
A. 吸引线圈和保持线圈串联连接　　　B. 励磁绕组和电枢绕组串联连接
C. 吸引线圈和电枢绕组串联连接　　　D. 保持线圈和电枢绕组串联连接

2. 永磁式起动机中用永久磁铁代替常规起动机的（　　）。
A. 电枢绕组　　　　　　　　　　　　B. 励磁绕组
C. 电磁开关中的两个线圈　　　　　　D. 吸引线圈

3. 减速起动机和常规起动机的主要区别在于（　　）。
A. 直流电动机　　　B. 控制装置
C. 传动机构　　　　D. 以上答案都不对

4. 保持起动机驱动轮啮合位置的是电磁开关中的（　　）。
A. 保持线圈　　　B. 吸引线圈　　　C. 初级线圈　　　D. 次级线圈

5. 起动发动机时，每次起动时间不得超过（　　）。
A. 5s　　　　　　B. 10s　　　　　　C. 12s　　　　　　D. 15s

6. 起动发动机时，连续两次起动的间隔时间不少于（　　）。
   A. 5s　　　　　　　B. 10s　　　　　　　C. 12s　　　　　　　D. 15s
7. 对于QD221型起动机，下列说法中正确的是（　　）。
   A. 12V起动机　　　B. 永磁起动机　　　C. 减速起动机　　　D. 24V起动机
8. 起动机的正极电刷焊接在（　　）。
   A. 电枢绕组　　　　B. 励磁绕组　　　　C. 换向器　　　　　D. 电枢
9. 起动机中直流串励电动机的功能是（　　）。
   A. 将电能转换为机械能　　　　　　　B. 将机械能转换为电能
   C. 将电能转换为化学能　　　　　　　D. 将化学能转换成电能
10. 起动机产生正常转矩是在（　　）。
    A. 按下起动按钮后　　　　　　　　　B. 驱动齿轮运动前
    C. 驱动齿轮与飞轮齿圈啮合后　　　　C. 驱动齿轮运动后

二、填空题

1. 起动机一般由_____、_____、_____三部分组成。
2. 直流电动机的作用是将蓄电池输入的电能转换为机械能，产生_____。
3. 直流电动机主要由_____、_____、_____等部分组成。
4. 常见的起动机单向离合器有_____、_____和_____三种。
5. 操纵机构又称控制开关，其作用是接通和断开_____与_____之间的主电路。
6. 起动机电刷由_____与_____压制而成。
7. 起动机继电器的作用是_____。
8. 起动机每次起动时间不超过_____s。

三、判断题

1. 起动系统主要包括起动机和控制电路两部分。　　　　　　　　　　　　　（　　）
2. 常规起动机中，吸引线圈、励磁绕组及电枢绕组是串联连接的。　　　　　（　　）
3. 起动机中的传动装置只能单向传递力矩。　　　　　　　　　　　　　　　（　　）
4. 在起动机起动的过程中，吸引线圈和保持线圈中一直有电流通过。　　　　（　　）
5. 在永磁式起动机中，电枢是用永久磁铁制成的。　　　　　　　　　　　　（　　）
6. 起动机励磁线圈和起动机外壳之间是导通的。　　　　　　　　　　　　　（　　）
7. 减速起动机中的减速装置可以起到降速增矩的作用。　　　　　　　　　　（　　）
8. 直流电动机的电枢总成的作用是产生机械转矩。　　　　　　　　　　　　（　　）
9. 起动机中的换向器是将交流电转换为直流电的部件。　　　　　　　　　　（　　）
10. 起动机在主电路接通后，保持线圈被短路。　　　　　　　　　　　　　　（　　）
11. 起动中，起动机电磁开关中的吸引线圈不工作。　　　　　　　　　　　　（　　）

12. 由于采用起动机保护继电器，所以不需要单向离合器。   （ ）

四、简答题

1. 常规起动机由哪几部分组成？各起什么作用？
2. 直流电动机由哪几部分组成？各起什么作用？
3. 起动机的传动装置由哪些部件组成？

任务实施

一、任务准备

1. 设备准备
1）带有消防设施的汽车维修工位。
2）哈弗 M6 故障汽车 1 辆。
2. 资料准备
哈弗 M6 汽车维修手册和工作手册。
3. 工具、量具准备
万用表、常规工具、连接导线等。

二、起动机拆装与更换（岗课融通内容）

1. 断开蓄电池负极
1）断开蓄电池时务必关闭点火开关。
2）选用 10mm 套筒和棘轮扳手拆卸蓄电池负极螺母，并取下，如图 3-12 所示。
2. 拆卸起动机控制端线束螺母及电源接线柱螺母
1）举升车辆到合适位置。
2）选用 10mm 套筒和棘轮扳手拆卸起动机控制端线束螺母，如图 3-13 所示。

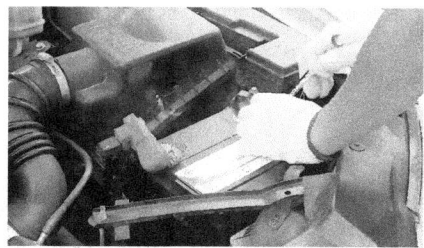
图 3-12　拆卸蓄电池负极

图 3-13　拆卸控制线螺母

3）选用 10mm 套筒和棘轮扳手拆卸电源接线柱螺母并取下，如图 3-14 所示。
3. 拆卸起动机两个固定螺栓
1）选用 10mm 套筒和棘轮扳手拆下两个固定螺栓。

2) 拆下起动机，如图3-15所示。

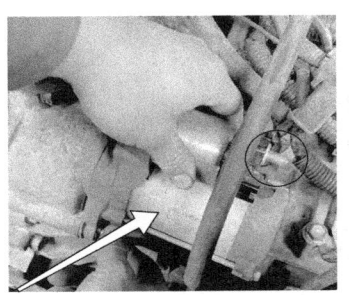
图3-14 拆卸电源线螺母

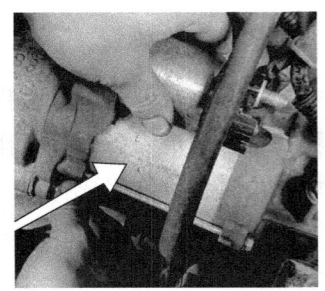
图3-15 拆下起动机

起动机的拆卸

4. 安装起动机

安装与拆卸的顺序相反。两个固定螺栓扭力为50N。

主题探究

在起动机更换作业中，必须先断开蓄电池负极，否则极易引起安全事故。职业院校学生应养成精益求精的工匠精神与严谨求实贯彻工艺的科学精神。

三、起动机检修（课证融通内容）

1. 拆卸电磁开关

1) 在起动机的明显部位做好标记线，以方便安装。

2) 从电磁开关接线柱上拆开起动电动机与电磁开关之间的连接导线，如图3-16所示。

3) 松开电磁开关总成的两个固定螺母（图3-17），取下电磁开关总成。

注意：在取出电磁开关总成时，应将其头部向上抬，使柱塞铁心端头的扁方与拨杆脱开后再取出，如图3-18所示。

图3-16 拆卸连接导线

图3-17 电磁开关固定螺母

图3-18 取下电磁开关

2. 分解直流电动机

1）拆下换向器的两个螺栓（图3-19），取下换向端盖。

2）拆下电刷架及定子总成（图3-20）。

3）将起动机电枢总成及小齿轮拨杆一起从起动机机壳上拉出来，如图3-21所示。

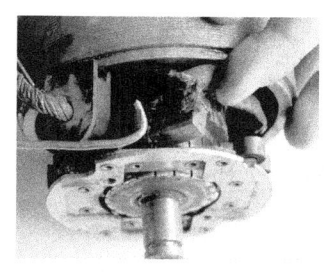 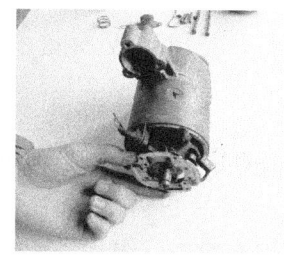 

图 3-19　换向器螺栓　　图 3-20　电刷架及定子总成　　图 3-21　拆下电枢总成

4）用平口螺丝刀轻轻撬动前端止动套圈，撬出弹簧卡环，从电枢轴上拆下止动套圈和单向离合器。

3. 电磁开关的检修

1）检查柱塞。推入柱塞，然后检查并确认其能快速回到原位。必要时，更换电磁开关总成，如图3-22所示。

2）检测吸引线圈。将万用表表笔分别接起动机控制接线柱和直流电动机接线柱，如图3-23所示。若有阻值，说明吸引线圈良好；若阻值为零，则为短路；若阻值为无穷大，则为断路。短路或断路都应更换电磁开关或起动机总成。

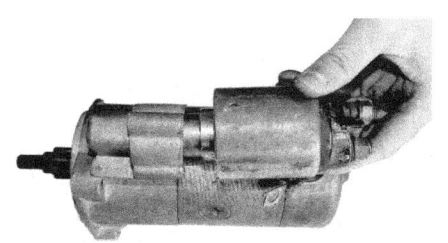 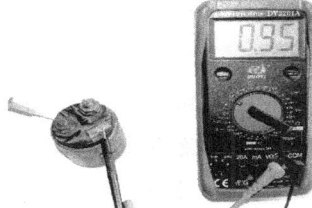

图 3-22　更换电磁开关　　　　　图 3-23　吸引线圈的检测

3）检测保持线圈。将万用表表笔分别接控制接线柱和电磁开关外壳，如图3-24所示。若有阻值，说明保持线圈良好；若阻值为零，则为短路；若阻值为无穷大，则为断路。短路或断路都应更换电磁开关或起动机总成。

4）用手将接触盘铁心压住，让电磁开关上的电源接线柱与直流电动机接线柱连通，测量两接线柱间的电阻，如图3-25所示。阻值应为零，否则为接触不良，需更换电磁开关或起动机总成。

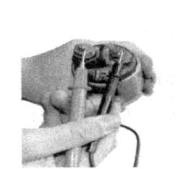

图 3-24　保持线圈的检测　　　　图 3-25　电磁开关导通性能检测

4．定子的检修

1）外观检查。检查定子绕组是否烧焦；检查铁心是否松动；检查定子内沿与转子是否有刮痕。

2）励磁绕组导通性能检测。将万用表置于电阻挡，检测接线柱与正电刷的导通情况，如图 3-26 所示。如不导通，说明断路。

3）励磁绕组绝缘性检测。将万用表表笔分别接励磁接线柱和外壳，如图 3-27 所示。若阻值为无穷大，则正常；若阻值为零或较小，则说明有搭铁故障。

图 3-26　励磁绕组导通性能检测　　　　图 3-27　励磁绕组绝缘性检测

5．电枢轴总成的检修

1）外观检查。检查换向器表面有无烧蚀和是否起槽。轻微烧蚀或起槽用 00 号砂纸打磨，严重时应更换起动机总成。检查电枢线圈的导线是否甩出、脱焊或烧焦。

2）电枢绕组绝缘性的检查。将万用表表笔分别搭在换向器和铁心（或电枢轴）上，如图 3-28 所示。阻值应为无穷大；若阻值为零，则为搭铁，应更换。

3）电枢绕组导通性能检测。将万用表两表笔分别依次与相邻换向器接触，如图 3-29 所示。其读数应一致，否则说明电枢绕组断路，应更换。

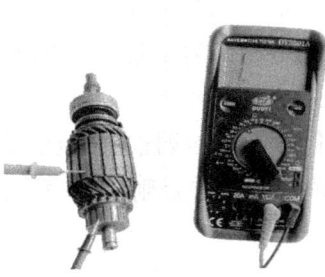

图 3-28　电枢绕组搭铁检查　　　　图 3-29　电枢绕组导通性能检测

6. 电刷总成的检修

1）电刷高度的检查。电刷磨损后的高度应不小于电刷原高度的一半，一般不小于10mm。电刷在架内活动自如，无卡滞；电刷与换向器的接触面积不小于80%。

2）电刷架的检查。用万用表的电阻挡测量两绝缘电刷架与电刷架座之间的阻值，阻值应为无穷大，否则说明电刷架绝缘体损坏，如图3-30所示。用相同方法测量两个搭铁电刷架与电刷架座之间的阻值，阻值应为零，否则说明电刷架松动，搭铁不良，如图3-31所示。

3）电刷弹簧的检查。用弹簧秤检测弹簧的弹力，应为11.76～14.7N，如过小应更换，如图3-32所示。

  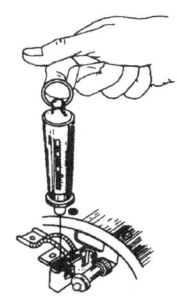

图3-30　电刷架绝缘性检测　　　图3-31　电刷架导通性能检测　　　图3-32　电刷弹簧的检测

7. 单向离合器的检修

按顺时针方向转动驱动齿轮，其应自由转动，逆时针转动时其应该被锁住，如图3-33所示。

8. 起动机的装复

按与分解相反的顺序装复起动机各零件。装复后应转动灵活，电枢轴的轴向间隙不大于0.05～1.00mm。

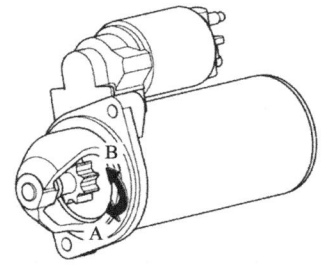

图3-33　单向离合器检修

任务评价

一、起动机拆装与更换评价标准

学习任务		起动机拆装与更换		学时	2	
标准时间		开始时间		完成时间		
序号		操作步骤	操作标准	操作记录	分值	自评/分
1	检修前的基本检查	检查作业现场环境	检查、清洁彻底，记录清晰、准确		2	
		记录整车基本信息			3	
		作业前工具检查			2	
		故障现象的确认			5	
		作业前实施车辆防护			3	

续表

学习任务		起动机拆装与更换		学时	2	
标准时间			开始时间		完成时间	
序号		操作步骤	操作标准	操作记录	分值	自评/分
2	起动机的拆卸	断开蓄电池负极	工具选择、使用正确；按维修工艺要求拆卸		5	
		举升车辆到合适位置			10	
		拆卸起动机控制线束螺母			5	
		拆卸起动机电源线束螺母			5	
		拆卸起动机固定螺栓			5	
		取下起动机			10	
3	起动机的安装	安装新的起动机	工具选择、使用正确；按维修工艺要求安装		10	
		安装起动机固定螺栓			10	
		安装起动机电源线束螺母，安装起动机控制线束螺母，确保连接牢固			10	
		落下举升机至最低位置并安装蓄电池负极			10	
4	场地恢复	正确摆放工具、量具，整理工作台、地面及工具、量具	现场5S管理		5	

二、起动机检修评价标准（职业技能证书评价标准）

学习任务		起动机检修		学时	2	
标准时间			开始时间		完成时间	
序号		操作步骤	扣分要求	操作记录	分值	自评/分
1	安全/7S/态度	□1. 能进行工位7S操作。 □2. 能进行设备和工具安全检查。 □3. 能进行车辆安全防护操作。 □4. 能进行工具清洁、校准、存放操作。 □5. 能进行"三不落地"操作。	未完成1项扣3分，扣分不超过15分		15	
2	专业技能	作业1： □1. 能正确拆卸电磁开关。 □2. 能正确拆卸换向器端机座总成。 □3. 能正确拆卸电刷架。 □4. 能正确拆卸定子总成。 □5. 能正确拆卸电枢总成。 □6. 能正确分离单向离合器。 作业2： □1. 能正确检测电磁开关。 □2. 能正确检测磁场绕组。	未完成1项扣5分，扣分不超过50分		50	

项目 3　起动系统检修

续表

学习任务		起动机检修		学时	2
标准时间		开始时间		完成时间	
序号		操作步骤	扣分要求	操作记录	分值	自评/分

序号		操作步骤	扣分要求	操作记录	分值	自评/分
2	专业技能	□3. 能正确检测电枢绕组。 □4. 能正确检测电枢轴。 □5. 能正确检测换向器。 □6. 能正确检测电刷与电刷架。 □7. 能正确检测单向离合器。 作业3： □1. 能正确安装单向离合器。 □2. 能正确安装电枢总成。 □3. 能正确安装定子总成。 □4. 能正确安装电刷架。 □5. 能正确安装换向器端机座总成。 □6. 能正确安装电磁开关。	未完成1项扣5分，扣分不超过50分		50	
3	工具及设备的使用能力	□1. 能正确使用维修工具。 □2. 能正确使用检测量具。	未完成1项扣5分，扣分不超过10分		10	
4	资料信息查询能力	□1. 能正确使用维修手册查询资料。 □2. 能正确使用用户手册查询资料。 □3. 能在规定时间内查询所需资料。 □4. 能正确记录所查询资料章节页码。 □5. 能正确记录所需维修信息。	未完成1项扣5分，扣分不超过10分		10	
5	数据判断和分析能力	□1. 能判断电磁开关是否正常。 □2. 能判断电枢是否正常。 □3. 能判断定子是否正常。 □4. 能判断电刷是否正常。 □5. 能判断单向离合器是否正常。	未完成1项扣5分，扣分不超过10分		10	
6	表单填写与报告的撰写能力	□1. 字迹清晰。 □2. 语句通顺。 □3. 无错别字。 □4. 无涂改。 □5. 无抄袭。	未完成1项扣1分，扣分不超过5分		5	

任务 3.2　起动系统的检修

任务导入

客户王先生开着一辆哈弗 M6 汽车来到 4S 店，反映旋转点火开关到起动挡时，听不到起动机运转的声音，发动机无法起动。造成该故障的原因有很多，如蓄电池存电严重不足、起动电路故障、起动机故障等。如果你是维修技术人员，请你负责该车辆的接待、维修工作，完成起动系统检查，并对上述故障进行维修。

任务目标

素质目标：

1. 养成自觉遵守技术标准和规范操作的习惯，培养无私奉献的职业情怀。
2. 养成坚韧不拔的意志品质，培养精益求精的工匠精神。

知识目标：

1. 能掌握起动系统电路。
2. 能分析起动系统电路。
3. 能排除起动系统电路的故障。

能力目标：

1. 能够对汽车起动系统进行检查维护。
2. 能查阅维修资料，实施哈弗 M6 汽车起动系统的故障排除。

信息收集

一、起动系统简述

1. 起动系统的作用

发动机由静止状态过渡到能自行运转状态，必须借助外力转动发动机的曲轴，使进入气缸内的可燃混合气燃烧做功，使发动机从开始转动进入自行怠速运转状态，称为发动机的起动。

发动机起动方式有很多种，常见的起动方式是通过直流电动机将蓄电池的电能转换为机械转矩，通过飞轮带动发动机的曲轴旋转，这种起动方式称为电动机起动方式。目前绝大多数汽车发动机都采用这种起动方式。

2. 起动系统的组成

汽车起动系统主要由蓄电池、起动机和控制电路（包含 ECU、点火开关、起动继电器、熔断器、相关线路）三部分组成。

二、哈弗 M6 汽车起动系统电路分析

汽车能正常进入，并满足正常起动要求时，挡位处于 P 或 N 挡，踩下制动踏板，按下 PEPS 开关，PEPS 控制模块通过 CAN 线将开关信号传给发动机控制模块，再由发动机控制模块控制起动继电器和传动继电器线圈，继电器触点闭合，给起动机控制端 S 供电，使起动机保持线圈和吸引线圈通电（因吸引线圈通过励磁绕组和电枢绕组后搭

起动系统检修（二）

铁，所以直流电动机缓慢转动），促使可动铁心带动拨叉和接触片移动，闭合直流电动机电源接线柱和直流电动机接线柱，同时小齿轮与飞轮啮合，直流电动机高速旋转，并带动发动机高速旋转，发动机起动，如图3-34所示。

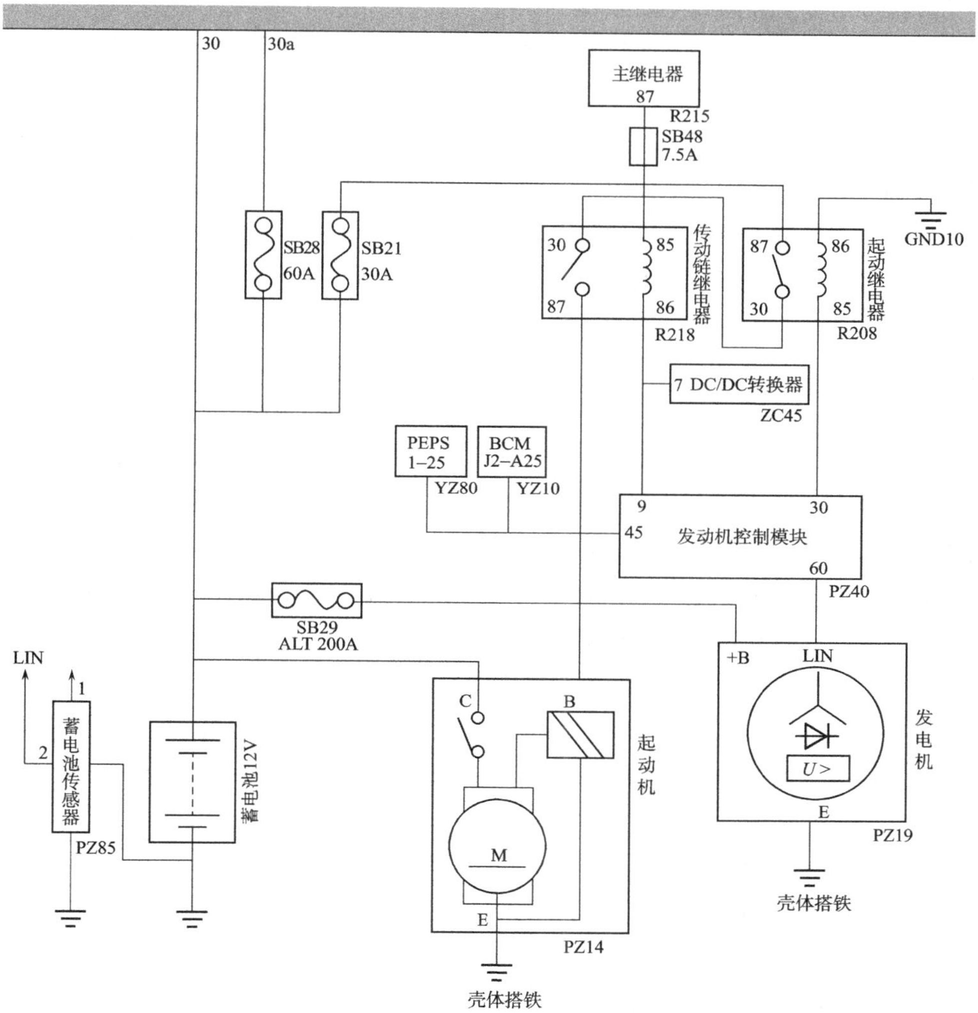

图3-34 长城哈弗M6汽车起动线路

三、起动系统常见故障诊断

起动系统的常见故障主要有起动机不转、运转无力、驱动齿轮啮合不良、起动机常转、起动机空转等。

1. 起动机不转故障

1）故障现象。起动发动机时，将点火开关转到"起动"或按下一键起动挡，起动机不运转。

2) 故障原因。起动机不转的故障原因可以归纳为三类,即电源及线路部分故障、起动继电器故障、起动机故障。

电源及线路部分的故障原因主要有蓄电池严重亏电,蓄电池正、负极桩上的电缆接头松动或接触不良,控制线路断路等。

起动继电器的故障原因主要是继电器线圈绕组烧毁或断路,继电器触点严重烧蚀或触点不能闭合。

起动机的故障原因主要是:起动机电磁开关触点严重烧蚀或两触点高度调整不当,从而导致触点表面不在同一平面内,使触盘不能将两个触点接通;换向器严重烧蚀,导致电刷与换向器接触不良;电刷弹簧压力过小或电刷卡死在电刷架中;电刷与励磁绕组断路或电刷搭铁;励磁绕组或电枢绕组有断路、短路或搭铁故障;电枢轴的铜衬套磨损过多,使电枢轴偏心或电枢轴弯曲,导致电枢铁心"扫膛"(电枢铁心与磁极发生摩擦或碰撞)。

3) 故障诊断方法。起动发动机的同时,接通前大灯或喇叭,观察灯光亮度和喇叭声响是否正常,如变弱,则检查蓄电池是否亏电,线路连接是否松动。短接起动机电磁开关与蓄电池正极接线柱,观察起动机运转情况,如运转正常,则检查点火开关。短接起动机开关接线柱,观察起动机运转情况,如运转正常,则检查起动机电磁开关。从车上拆下起动机,然后拆下起动机电刷,检查起动机电刷和换向器表面状况。换向器表面应无烧蚀现象,电刷在电刷架内应活动自如,无卡滞现象,电刷与换向器的接触面积不应小于4/5,电刷长度不应小于新电刷的2/3。若以上检测都正常,起动机仍不转,则故障为励磁线圈断路。若外部电路接触火花很大,则故障为励磁线圈或电刷架搭铁。确认并排除故障后,将起动机装回发动机,再次起动发动机,发动机能正常起动,确认系统正常,无故障。

2. 起动机运转无力故障

1) 故障现象。将点火开关旋至起动挡时,起动机能运转,但功率明显不足,时转时停。

2) 故障原因。蓄电池储存的电量不足或有短路故障,致使供电能力降低;起动机主回路接触电阻增大,使起动机工作电流减小。原因包括:蓄电池正、负极桩上的电缆紧固不良;起动机电磁开关触点与导电盘烧蚀;电刷与换向器接触不良或换向器烧蚀等;起动机磁场绕组或电枢绕组匝间短路,使起动机输出功率降低;起动机装配过紧或有"扫膛"现象。

3) 故障诊断方法。检查蓄电池是否亏电较多,可按喇叭和开前照灯试验。若喇叭音量小,前照灯灯光暗淡,则可能是蓄电池储存的电量不足或连接线松动而接触不良。如果蓄电池正常,用螺丝刀短接起动机的电源主接线柱和电动机主接线柱,观察短接处的火花强弱和起动机的运转情况:火花强,起动机运转正常,表明蓄电池到起动机之间的线路和起动机良好,故障出在电磁开关上;火花强,起动机运转无力,则可能是起动机内部绕组局部短路或有搭铁现象，也可能是阻力过大；火花弱，起动机运转无力，则可能是接线柱与接线头之间氧化、脏污或松脱，引起接触不良，也可能是电刷与换向器之间接触不良。

3. 起动机空转故障

1）故障现象。起动发动机时，起动机运转且转速很高，不能带动发动机曲轴运转。

2）故障原因。单向离合器打滑，拨叉脱落或变形，缓冲弹簧折断或太软，飞轮齿环有几个齿损坏，电磁开关行程调整不当，以致开关闭合时间过早或起动机固定螺钉松动等。

3）故障诊断。起动机空转时转速很高，可听到高速转动的"嗡嗡"声，但发动机不转，一般为单向离合器打滑，可检查单向离合器锁止力矩，并予以修理调整；起动机空转且伴有齿轮撞击声，可检查缓冲弹簧是否折断或过软，起动机电磁开关行程调整是否得当，起动机固定螺钉是否松动等，并根据情况予以修理；起动机空转，此时切断电源，摇转曲轴，使飞轮齿环转过一个角度，再起动，可以正常带动发动机运转，说明飞轮齿环连续几个齿有损坏。

4. 起动机异响

1）故障现象。起动发动机时，伴随着刺耳的异响声。

2）故障原因。电磁开关工作不良，蓄电池亏电，机械故障等。

3）故障诊断。起动机驱动小齿轮周期性地撞击飞轮齿环，发出"哒、哒……"声，一般是电磁开关的保持线圈或吸引线圈断路、短路或接触不良，蓄电池亏电。首先检查蓄电池是否亏电（按喇叭，开大灯，观察喇叭音响和灯光明亮程度是否正常），若蓄电池存电良好，则为电磁开关工作不良。用万用表检查电磁开关的保持线圈和吸引线圈是否短路、断路或接触不良。起动时起动机有"扫膛"现象，故障为转子轴向间隙过大，一般为铜套磨损或损坏。起动时有较大的响声并且转子转动无力，一般是装配过紧或转子轴弯曲等机械故障导致，此时必须将起动机解体检查并按规定装配。

知识过关

一、选择题

1. 起动机空转的原因之一是（　　）。

A. 蓄电池亏电　　　　　　　　B. 单向离合器打滑

C. 电刷过短　　　　　　　　　D. 以上答案都不对

2. 不会引起起动机运转无力的是（　　）。

A. 吸引线圈断路　　　　　　　B. 蓄电池亏电

C. 换向器脏污　　　　　　　　D. 电磁开关中接触片烧蚀、变形

3. 在判断起动机不能运转的过程中，在车上短接电磁开关端子 30 和端子 C 时，起

动机不运转，说明故障在（ ）。

A. 起动机的控制系统中　　　　　　B. 起动机本身

C. 不能进行区分　　　　　　　　　D. 以上答案都不对

4. 起动机进行全制动试验时，若转矩和电流值都小，则表明起动机（ ）。

A. 内部搭铁短路　　　　　　　　　B. 负载过小

C. 内部接触电阻过大　　　　　　　D. 负载过大

5. 起动机技术状态完好，其运转无力的原因是（ ）。

A. 蓄电池亏电　　　　　　　　　　B. 蓄电池没电

C. 蓄电池充足电　　　　　　　　　D. 以上答案都不对

6. 当起动机的两个主接线柱短接时，起动机能运转，说明（ ）正常。

A. 电磁开关　　　　　　　　　　　B. 直流电动机

C. 起动继电器　　　　　　　　　　D. 点火开关

7. 若起动机转动却并未与飞轮啮合，可能是（ ）。

A. 起动机驱动装置失效　　　　　　B. 控制线路电阻过大

C. 起动继电器发生故障　　　　　　D. 以上各项都对

8. 如果接地电路测试表明其电压降超过 0.2V，则故障可能是（ ）。

A. 起动电动机固定螺钉松动　　　　B. 蓄电池接地接触不良

C. 蓄电池接地电缆受损　　　　　　D. 以上各项都对

9. 下列选项中，可以防止起动电动机超速旋转的是（ ）。

A. 太阳轮　　　　　　　　　　　　B. 小驱动齿轮

C. 单向离合器　　　　　　　　　　D. 以上答案都不对

二、填空题

1. 起动系统常见的故障有_____、_____、_____等。

2. 起动机空转时转速很高，有高速转动的"嗡嗡"声，发动机不转，一般为_____打滑。

3. 起动机不转的故障可以归纳为三类，即电源及线路部分故障、_____故障、_____故障。

4. 起动机异响的故障原因有电磁开关工作不良、_____、_____等。

5. 起动机空转故障现象是起动机运转且转速很高，不能带动_____运转。

三、判断题

1. 当起动发动机时，可连续操作点火开关，直至起动为止。（ ）

2. 汽车起动机在全制动状态下，其输出转矩最大，但输出功率却为零。（ ）

3. 如果起动机电磁开关的保持线圈接地不良，起动机小齿轮无法推出。（ ）

4. 起动机的转速越高，流过电动机的电流就越大。（   ）
5. 从车上拆下起动机前应首先关断点火开关，拆下蓄电池搭铁电缆。（   ）
6. 起动机电缆线长度应尽可能短些。（   ）

四、简答题

1. 简述起动机空转的原因。
2. 简述起动机不转的故障诊断步骤。

任务实施

一、任务准备

1. 设备准备
1）带有消防设施的汽车维修工位。
2）哈弗 M6 故障汽车 1 辆。
2. 资料准备
哈弗 M6 汽车维修手册和工作手册。
3. 工具、量具准备
万用表、常规工具、连接导线。

二、起动系统检修（岗课融通内容）

1. 判断是否满足起动要求
1）随身携带智能钥匙。
2）调节座椅位置，采取正确的驾驶姿势。
3）确认已施加驻车制动，如图 3-35 所示。
4）确认换挡杆处于空挡（手动挡车辆）或 P 挡（自动挡车辆）。
5）踩下离合踏板（手动挡车辆）或制动踏板（自动挡车辆）。
6）按压点火开关，即可起动发动机。

紧急启动：智能钥匙亏电等情况造成车辆提示"钥匙是否在车内"时，将智能钥匙放入前排杯座内的标识上方，执行车辆正常起动操作，即可起动车辆。

如以上没有达到要求，需要检修相关电路。

2. 判断蓄电池是否正常

按喇叭或打开前照灯，若喇叭响声变小或前照灯灯光暗淡，说明蓄电池存电量过低或电源导线接触不良，需对蓄电池进行充电或重新连接接触不良的导线。

3. 判断起动控制电路是否正常

1）拆下控制接线端线束，一人起动发动机，另一人测量拔下的接线端子对搭铁间的电压。若有 12V 电压，说明起动机供电或内部存在故障；如无电压，说明故障在控制电路。

2）检查 SB48 7.5A 熔断器，如图 3-36 所示。

图 3-35　施加驻车制动

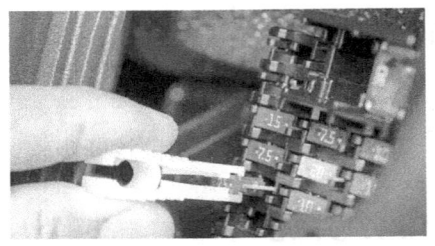

图 3-36　检查熔断器

3）检查 SB21 30A 熔断器。

4）检查起动继电器，如图 3-37 所示。

5）检查传动链继电器。

6）检查起动机插头安装情况。

7）检测线路之间的电阻。

8）检查起动机反馈电压线。

4. 判断起动机供电是否正常

1）用万用表检测起动机电源端，如图 3-38 所示。若有 12V 电压，说明供电正常；若无电，说明供电故障，检查线束是否接触不良或线束断路，必要时更换电缆。

2）用螺丝刀将电源接线柱与电动机接线柱接通。若起动机空转，则为正常；若起动机不转，则为直流电动机内部有故障，需更换起动机。

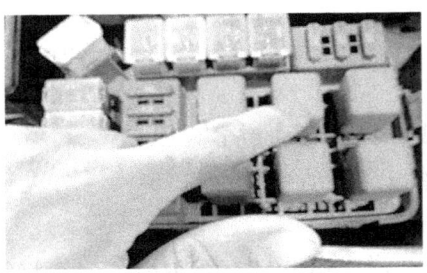

图 3-37　检查起动继电器

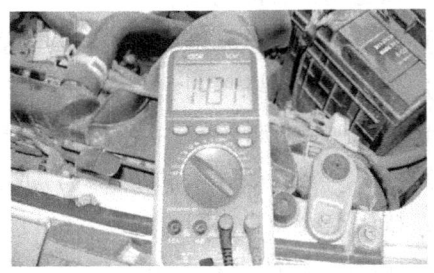

图 3-38　起动机电源电压测量

主题探究

在故障诊断作业中，需要维修人员相互配合。团队合作精神是高技能人才最重要的职业素养之一。

任务评价

起动系统检修评价标准

学习任务	起动系统检修		学时	2	
标准时间		开始时间		完成时间	
序号	操作步骤		扣分要求	操作记录	分值	自评/分

序号		操作步骤	扣分要求	操作记录	分值	自评/分
1	安全/7S/态度	□1. 能进行工位 7S 操作。 □2. 能进行设备和工具安全检查。 □3. 能进行车辆安全防护操作。 □4. 能进行工具清洁、校准、存放操作。 □5. 能进行"三不落地"操作。	未完成 1 项扣 3 分，扣分不超过 15 分		15	
2	专业技能	作业 1： □1. 判断是否满足起动要求。 □2. 判断蓄电池是否正常。 作业 2： □1. 测量控制接线端 12V 电压。 □2. 检查 SB48 7.5A 熔断器。 □3. 检查 SB21 30A 熔断器。 □4. 检查起动继电器。 □5. 检查传动链继电器。 □6. 检查起动机插头安装情况。 □7. 检测线路之间的电阻。 □8. 检查起动机反馈电压线。 作业 3： □1. 用万用表检测起动机电源 12V 电压。 □2. 用螺丝刀将电源接线柱与电动机接线柱接通。	未完成 1 项扣 5 分，扣分不超过 50 分		50	
3	工具及设备的使用能力	□1. 能正确使用维修工具。 □2. 能正确使用检测量具。	未完成 1 项扣 5 分，扣分不超过 10 分		10	
4	资料信息查询能力	□1. 正确使用维修手册查询资料。 □2. 正确使用用户手册查询资料。 □3. 在规定时间内查询所需资料。 □4. 正确记录所查询资料章节页码。 □5. 能正确记录所需维修信息。	未完成 1 项扣 5 分，扣分不超过 10 分		10	
5	数据判断和分析能力	□1. 能判断是否满足起动要求。 □2. 能判断起动控制电路是否正常。 □3. 能判断起动机供电是否正常。	未完成 1 项扣 5 分，扣分不超过 10 分		10	
6	表单填写与报告的撰写能力	□1. 字迹清晰。 □2. 语句通顺。 □3. 无错别字。 □4. 无涂改。 □5. 无抄袭。	未完成 1 项扣 1 分，扣分不超过 5 分		5	

项目拓展

一键起动系统

一、一键起动系统简述

1. 定义

汽车一键起动（passive entry & passive start，PEPS）即无钥匙进入及起动系统，该系统采用先进的无线射频识别技术，通过 PEPS 控制器驱动低频天线查找智能钥匙，并进行认证，认证通过后，可以开闭门锁及起动发动机。当车辆需要起动时，驾驶员持钥匙坐在车内，将车辆置于 P 挡或者 N 挡（手动挡置于空挡），在踩下刹车踏板或离合踏板的同时，按下一键起动按钮，车辆即被起动；再次按下起动按钮，车辆熄火。

2. 一键起动系统的组成

一键起动系统电路主要由一键起动控制单元（PEPS）、一键起动按钮、智能钥匙、室内外天线、电子转向锁（ESCS）、防盗控制模块（IMMO）、起动机、控制继电器、蓄电池、熔断器等组成。

二、一键起动系统常见故障

1. 智能钥匙亏电

检查智能钥匙电池是否亏电。如果智能钥匙在车内，仪表总显示"钥匙匹配错误"，或者智能钥匙出现遥控距离缩短、感应不灵敏等现象，很可能是智能钥匙亏电，起动系统感应不到钥匙发出的微弱电波，故不能正常工作。可将智能钥匙拿起放在起动按钮上，再按压按钮起动。如果智能钥匙亏电，应该尽快更换钥匙电池。

2. 操作不当

一键起动手动挡车脚踩离合长按起动按钮，如果不踩离合也会点不着火。踩离合的情况下，如果只是按一下按键而没有踩刹车，这时汽车会通电，但发动机不会起动。另外一种情况是按住的时间不够长，或者没有按到底，此时也不会起动车辆。起动前应该确保离合踩下，按动一键起动按钮 1~2s 便可起动车辆。

3. 电磁干扰

如果把车钥匙放在手机、电子计算机等电子设备旁边，钥匙的低强度无线电波受到干扰，或者附近有强烈无线电波存在，一键起动会出现"失灵"现象。

4. 蓄电池电压不足或损坏

检查蓄电池电压。蓄电池电压不足，带不动起动机工作，就无法正常起动车辆。蓄电池寿命到期也会使供电电压不足、电流减弱等导致无法起动。如果蓄电池电压不足，应该尽快对蓄电池进行补充电。如果还不能解决，需尽快更换蓄电池。

项目小结

1. 知识脉络

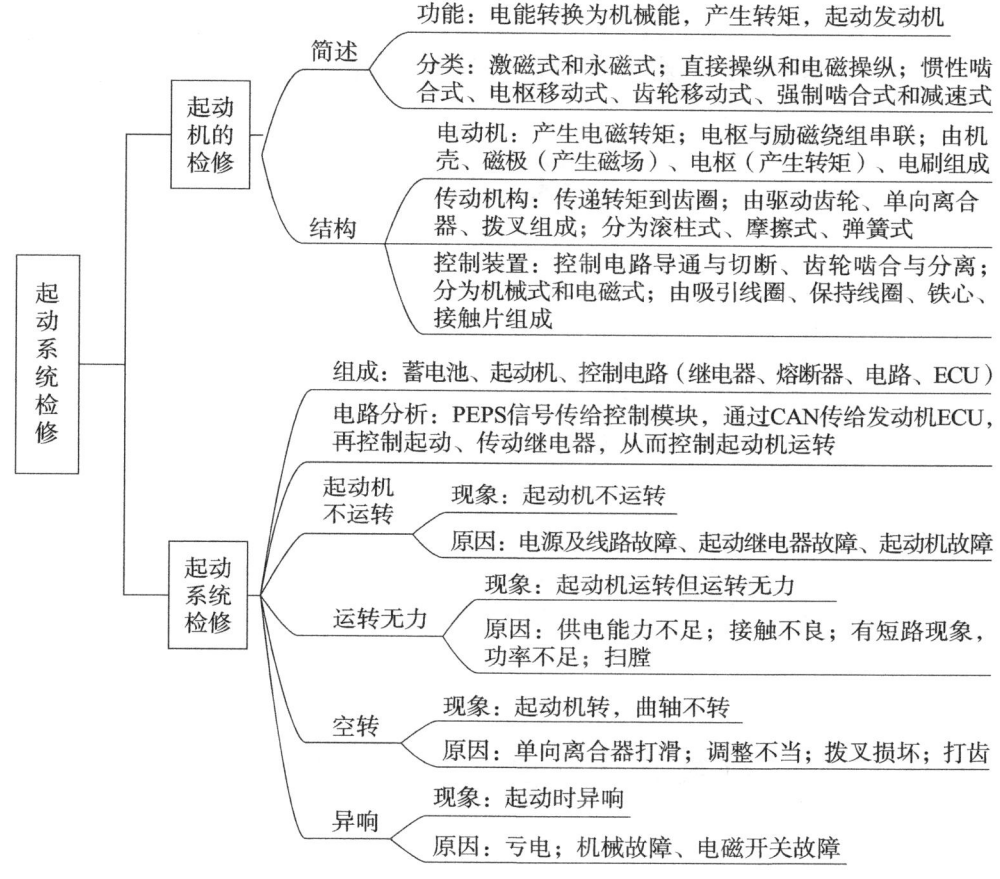

2. 主题探究

团队精神可以有效推动工作进度，促进事业发展，提高组织的整体效能。其核心是协同合作。要培养良好的团队精神，就要做到有大局观念，有规则意识，能主动做事，善于表达与交流，学会合作，懂得宽容等。

汽车起动系统的检修，需要维修人员的相互配合与协同操作，团队精神对维修质量会产生直接影响。在项目化学习过程中，如何才能更好地开展小组合作，发挥团队的力量？请与小组成员一起交流、探讨，并制定小组合作的基本要求。

项目 4　汽车照明、信号及仪表系统检修

项目描述

汽车照明、信号和仪表系统是汽车安全行驶的必备系统之一。照明系统主要用于夜间行车时照亮车前的道路和物体，确保行车安全。信号系统通过不同颜色的发光标志显示汽车工作状况，从而向行人、其他车辆传递信息。仪表和显示系统用于指示汽车及各系统的工作情况，主要包括各种指示仪表、指示灯及各种警报信号装置。通过本项目的学习，可掌握汽车照明、信号和仪表系统的主要组成部分的作用及工作原理，掌握该系统常见故障的诊断和排除方法，能正确分析相应的电路图。

任务 4.1　照明系统的拆检

任务导入

客户李先生开着一辆哈弗 M6 汽车来到 4S 店。李先生反映车辆一侧的前照灯和仪表板上指示灯正常点亮，另一侧的前照灯不亮。假设请你负责李先生车辆的接待工作，为李先生解释该车故障的可能原因，同时介绍长城哈弗 M6 汽车照明系统的组成和类型。

任务目标

素质目标：

1. 养成严谨的职业素养和认真负责的工作态度，具有良好的职业道德。
2. 养成浓厚的创新意识和创新能力，树立正确的人生观和价值观。

知识目标：

1. 能向客户描述照明系统的组成和作用。

2. 能向客户描述照明系统的工作过程。
3. 能够准确分析并避免工作中的不安全因素。

能力目标：

1. 能够了解各种常见维修工具和检测仪器的使用方法和技术特点。
2. 能够正确分析照明系统的电路图。
3. 能够操作和正确使用照明系统的各种灯具。
4. 能够拆装照明系统的零部件。

信息收集

汽车照明灯具按安装的位置可分为外部照明灯具和内部照明灯具。外部照明灯具包括前照灯、雾灯、倒车灯、牌照灯、防空灯等，内部照明灯具包括顶灯、仪表灯、踏步灯、行李厢灯和工作灯。

汽车照明信号及仪表系统检修

一、汽车照明系统简述

1. 外部照明灯具

1）前照灯。前照灯的主要用途是照明车前的道路和物体，确保行车安全，同时还可利用远近开关交替变换作为夜间超车信号。前照灯又称大灯，安装在汽车头部两侧，如图4-1所示。前照灯有两灯制和四灯制之分。装于外侧的两个前照灯应为近、远光双光束灯；装于内侧的两个前照灯应为远光单光束灯。

2）雾灯。前雾灯安装在汽车头部前照灯附近，一般比前照灯的位置稍低，如图4-2所示。它的作用是在有雾、下雪、大雨或尘埃弥漫等能见度较低的情况下照明道路和为迎面来车提供信号。

图4-1 汽车前照灯

图4-2 汽车前雾灯

3）倒车灯。倒车灯装在汽车的尾部，灯光为白色，如图4-3所示。它的作用是照亮车后的道路和告知其他车辆和行人车辆正在倒车或准备倒车。它兼有信号装置的作用。

4）牌照灯。牌照灯装于汽车尾部牌照位置的上方或左右两侧，灯光为白色，如图4-4所示。它的作用是照明车辆后牌照，确保行人在距车尾20m处能看清牌照上的文字及数字。它没有单独的开关控制，受示宽灯或前照灯开关控制。

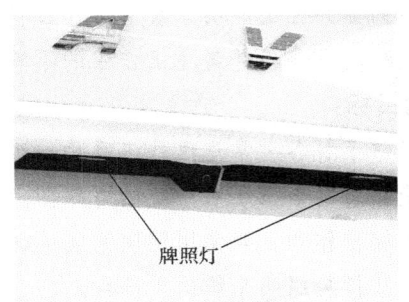

图 4-3 倒车灯　　　　　　图 4-4 牌照灯

5)防空灯。根据需要安装,在灯光管制时使用。

2. 内部照明灯具

1)顶灯。安装在驾驶室或车厢内顶部,为驾驶室或车厢内照明的灯具。顶灯灯光颜色一般为白色,如图 4-5 所示。

2)仪表灯。仪表灯安装于仪表盘内,用来照明汽车仪表。其灯光颜色为白色。

3)踏步灯。一般安装在汽车的上下车台阶的左右两侧。它的作用是照明车门的踏步处,方便乘客上下车。其灯光为白色。

4)工作灯。工作灯是车辆维修时可以移动使用的一种随车低压照明工具,电源来自汽车发电机或蓄电池。工作灯常常带有挂钩或夹钳,插头有点烟器式和两柱插头式两种。

5)行李厢灯。为照亮汽车行李厢的灯具,灯光为白色,如图 4-6 所示。

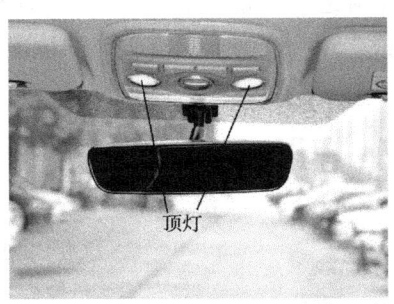

图 4-5 顶灯　　　　　　图 4-6 行李厢灯

二、汽车前照灯

1. 前照灯的要求

前照灯是汽车上最主要的照明灯具。前照灯的照明效果直接影响夜间行车驾驶的操作和交通安全,因此世界各国交通管理部门一般都以法律形式规定了汽车前照灯的照明标准,以确保夜间行车的安全。基本要求如下:前照灯应保证车前有明亮而均匀的照明,使驾驶员能看清车前 100m 以内路面上的任何障碍物(现在有些汽车的前照灯照明距离已超过200m）；应具有防止眩目的装置，确保夜间两车迎面相遇时，不使对方驾驶员因产生眩目而造成事故。

2. 前照灯的结构

前照灯主要由光源（灯泡）、反射镜、配光镜三部分组成。

（1）灯泡

目前，汽车前照灯用灯泡一般有充气灯泡、卤钨灯泡和高压灯泡三种，额定电压一般有6V、12V、24V 三种。灯泡的灯丝由功率大的远光灯丝和功率较小的近光灯丝组成，由钨丝制作成螺旋状，以缩小灯丝的尺寸，有利于光束的聚合。一般前照灯的灯泡是充气灯泡，如图4-7所示，即把玻璃泡内的空气抽出后，再充满惰性混合气体。近年来，国内外已在使用一种新型的卤钨灯泡，其结构如图4-8所示。我国目前生产的主要是溴钨灯泡。卤钨灯泡是利用卤钨再生循环反应的原理制成的。卤钨灯泡尺寸小，泡壳用耐高温、机械强度较高的石英玻璃制成，所以可充入压力较高的惰性气体。因为工作温度高，灯泡内的工作气压比其他灯泡高得多，故钨的蒸发也受到更为有力的抑制。高亮度弧光灯泡（高压灯泡）使用较少。

（2）反射镜

反射镜的作用是将灯泡的光线聚合并导向远方。反射镜一般用0.6~0.8mm 的薄钢板、玻璃、塑料压制而成。如图4-9所示，反射镜的表面为旋转抛物面，内表面镀银、铬或铝，然后抛光。由于镀铝的反射系数可为94%以上，机械强度也较好，所以现在一般采用真空镀铝。由于前照灯灯泡的亮度有限，如无反射镜，只能照清楚汽车灯前6m左右的路面；而有了反射镜之后，若灯丝位于焦点 F 上（图4-10），灯丝的绝大部分光线向后射在立体角范围内，经反射镜反射后将平行于主光轴的光束射向远方，使亮度增强几百倍甚至上千倍，从而将车前150m甚至400m内的路面照得足够清楚。

  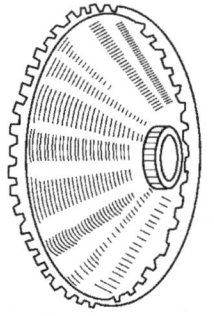

图4-7　充气灯泡　　图4-8　卤钨灯泡　　图4-9　反射镜

（3）配光镜

配光镜的作用是将反射镜反射出的平行光束进行折射，使车前路面和路线都有良好而均匀的照明。配光镜又称散光玻璃，是用透光玻璃压制而成的，是很多块特殊的棱镜和透镜的组合。其几何形状比较复杂，外形一般为圆形和矩形，工作原理如图 4-11 所示。为了弥补具有反射镜的前照灯光束太窄的缺点，现在的车辆上大部分采用了配光镜。

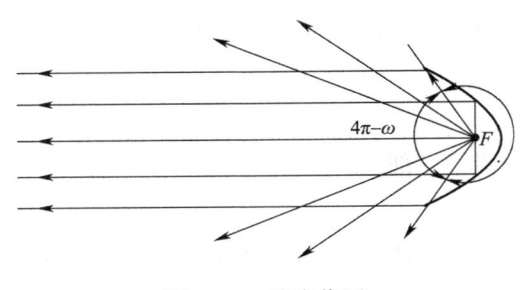

图 4-10 聚光作用

3. 前照灯的防眩目措施

为保障夜间会车安全，汽车前照灯必须具有良好的防眩目措施。目前国产汽车防眩目措施有三项，技术先进的轿车还有更严格的防眩目措施。

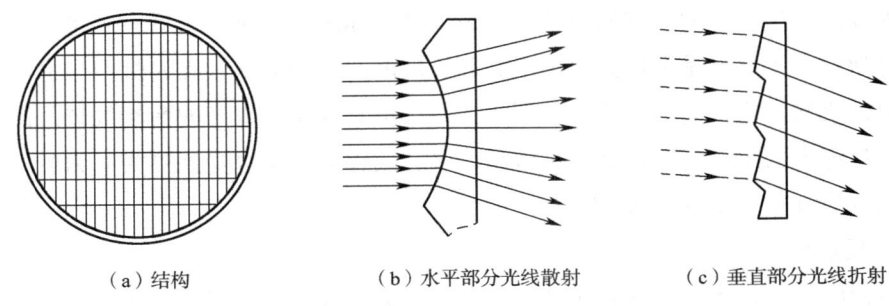

（a）结构　　　　（b）水平部分光线散射　　　　（c）垂直部分光线折射

图 4-11 配光镜的结构与工作原理

（1）采用远、近光束变换

为了防眩目，前照灯灯泡中装有远光与近光两根灯丝，由变光开关控制其电路。夜间在公路上行车且对面无来车时，使用远光灯，以增大照明距离，保证行车安全。夜间在公路上行车或会车、夜间在市区行车有路灯或尾随其他汽车行驶时，使用近光灯。

（2）近光灯丝加装配光屏

现代汽车前照灯的近光灯灯丝下方均装设了配光屏（又称遮光罩、护罩或光束偏转器），用于遮挡近光灯灯丝射向反射镜下半部的光线，消除反射后向上照射的光束，提高防眩目效果（图 4-12）。现代轿车的前照灯灯泡还在近光灯灯丝的前方装设了一个遮光罩，以遮挡近光灯灯丝的直射光线，防止眩目。

（3）采用不对称光形

为了达到既能防止眩目又能以较高车速会车的目的，我国汽车的前照灯近光采用 E 形不对称光形。

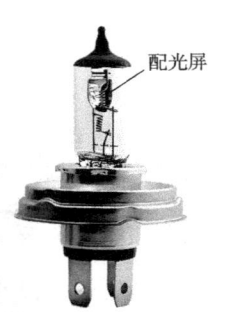

图 4-12 采用带配光屏的双丝灯泡

4. 前照灯的类型

前照灯的分类方法较多，通常按前照灯光学组件的结构分为可拆式前照灯、半封闭式前照灯、封闭式前照灯和投射式前照灯等。

（1）可拆式前照灯

可拆式前照灯由于反射镜和配光镜分别安装而构成组件，所以气密性差，反射镜易受湿气和尘埃污染而降低反射能力，严重降低照明效果，目前已很少采用。

（2）半封闭式前照灯

半封闭式前照灯总成如图 4-13 所示，其配光镜靠卷曲反射镜边缘上的牙齿而紧固在反射镜上，二者之间垫有橡皮密封圈，灯泡只能从反射镜后端装入。当需要更换损坏的配光镜时，应撬开反射镜外缘的牙齿，安装上新的配光镜后再将牙齿复原。这种灯具由于减少了对光学组件的影响因素，维修方便，所以得到广泛使用。

图 4-13　哈弗 M6 汽车半封闭式前照灯总成

（3）封闭式前照灯

封闭式前照灯（又叫真空灯），其反射镜和配光镜用玻璃制成一体，形成灯泡，里面充以惰性气体。灯丝焊在反射镜底座上，反射镜的反射面进行真空镀铝。由于封闭式前照灯完全避免了反射镜被污染及大气的影响，所以反射效率高，照明效果好，使用寿命长，很快得到普及。但当灯丝烧断后，需要更换整个总成，成本高，因此限制了它的使用范围。

（4）投射式前照灯

投射式前照灯的反射镜近似于椭圆形，它有两个焦点。在第一焦点处放置灯泡。第二焦点是由光线形成的，凸形配光镜聚成第二焦点，再通过配光镜将聚集的光投射到前方。投射式前照灯采用的灯泡为卤钨灯泡。第二焦点附近设有遮光板，可遮挡上半部分光，形成明暗分明的配光。由于它的这种配光特性，也可用于雾灯。

主题探究

养成绿色低碳的环保意识。现在汽车前照灯迭代更新较快，越来越多的新型前照灯正在应用，目标是更节能、更环保。

三、汽车雾灯

汽车雾灯又称防雾灯，按安装位置和功能不同可分为前雾灯和后雾灯，前雾灯一般为明亮的黄色，后雾灯则为红色。这是因为黄色光光波较长，具有良好的透雾性能。在有雾的天气，前后雾灯通常一起使用。

按照国标规定，家用车可以不配备前雾灯，但后雾灯至少要有一个。前雾灯的功率一般为 35W 左右。后雾灯功率较小，一般为 21W，以警示尾随车辆保持安全距离。后雾灯的标志和前雾灯有一点区别，前雾灯标志的灯光线条是向下的，后雾灯则是平行的，一般位于车内的仪表控制台上。由于防雾灯亮度高、穿透性强，不会因雾气而产生漫反射，所以正确使用能够有效预防事故的发生。

汽车雾灯的开启逻辑很特别,与远光灯和近光灯有所不同。一般车辆前雾灯开启时必须先打开示宽灯或者近光灯,而后雾灯必须在打开前雾灯后才能开启。

四、哈弗 M6 汽车照明系统分析

哈弗 M6 汽车照明系统由车身控制单元(BCM)控制,车外照明灯具主要有前组合灯、后组合灯、牌照灯、雾灯等,车内照明灯具主要有阅读灯、顶灯、行李厢灯及各种背景灯等,各种灯具装在各自所需照明的位置,并配以各自的控制开关、线路及熔断器等组成照明系统。灯光系统同时还有信号提示功能,产生光信号,向其他车辆的驾驶员和行人发出警示,以引起注意,确保车辆行驶的安全。哈弗 M6 汽车照明系统如图 4-14 所示。

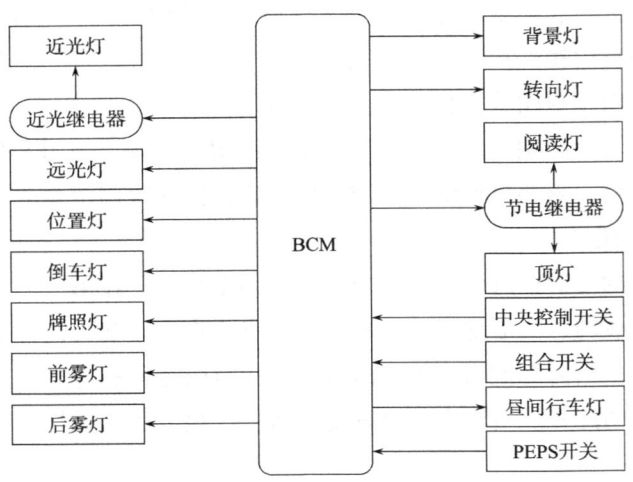

图 4-14 哈弗 M6 汽车照明系统

汽车的前照灯控制方式有传统继电器式和基于车身模块控制式两种。传统继电器式前照灯控制方式正被逐步淘汰。哈弗 M6 车型是通过车身控制模块(BCM)来控制前照灯的,照明系统电路如图 4-15 所示。

当车辆灯光总开关接通近光时,BCM 通过导线 J2-A9 和 J2-A22 同时接收到灯光总开关的搭铁信号,从而判断近光灯需要打开。BCM 通过内部的控制芯片控制近光灯导线 J1-A15 输出电流,从而使近光灯继电器吸合,此时左、右近光灯同时点亮。

当车辆变光开关远光接通时,BCM 通过导线 J2-A9、J2-A22 和 J2-A21 同时接收到变光开关的搭铁信号,从而判断远光灯需要打开。BCM 通过内部的控制芯片控制远光灯使能信号导线 J1-A7 输出信号给左右组合前灯模块,从而左、右远光灯同时点亮。

当车辆灯光总开关处于 OFF 时,BCM 接收到导线 J2-A23 的搭铁信号,从而判断前照灯关闭。

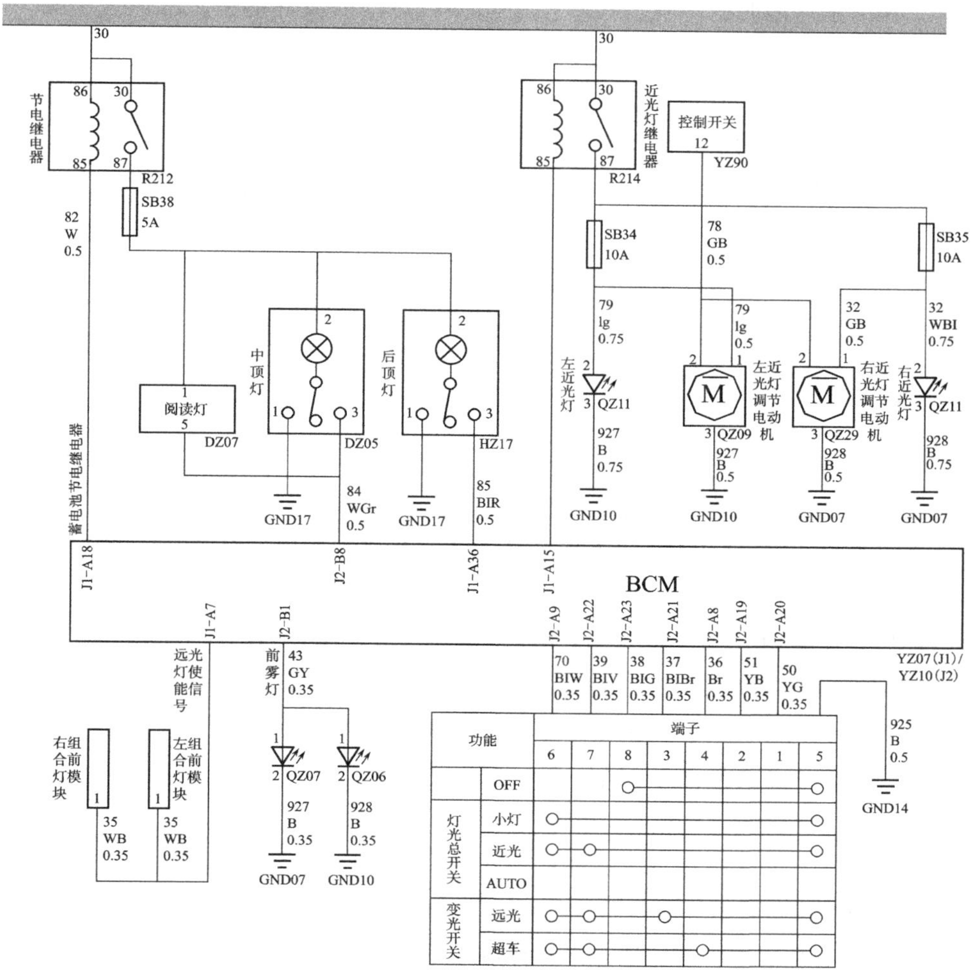

项目4 汽车照明、信号及仪表系统检修

图 4-15 哈弗 M6 汽车照明系统电路

知识过关

一、选择题

1. 能将反射光束扩展分配，使光形分布更适宜汽车照明的器件是（ ）。
A. 反射镜　　　　　B. 配光屏　　　　　C. 配光镜　　　　　D. 灯泡

2. 功率低、发光强度高、寿命长且无灯丝的汽车前照灯是（ ）
A. 投射式前照灯　　B. 封闭式前照灯　　C. 氙灯　　　　　　D. 灯泡

3. 四灯制前照灯的内侧两灯一般使用（ ）。
A. 双丝灯泡　　　　B. 单丝灯泡　　　　C. 两者都可　　　　D. 无要求

4. 更换卤素灯泡时，甲认为可以用手指接触灯泡的玻璃部位，乙认为不能。你认为（　　）。

　　A. 甲对　　　　　　　B. 乙对　　　　　　　C. 甲乙都对　　　　　D. 甲乙都错

5. 前照灯灯泡中的近光灯丝应安装在（　　）。

　　A. 反射镜的焦点处　　　　　　　　　B. 反射镜的焦点上方

　　C. 反射镜的焦点下方　　　　　　　　D. 无要求

6. 能将光束折射，以扩大光线照射的范围，使前照灯有良好的照明效果的是（　　）。

　　A. 反射镜　　　　　B. 配光镜　　　　　C. 灯泡　　　　　　D. 以上答案都对

二、填空题

1. 外部照明灯具包括_____、_____、_____、牌照灯和防空灯等。

2. 前照灯的主要用途是照明车前的_____，确保行车安全。

3. 雾灯灯光多为_____色，具有良好的透雾性能。前雾灯的功率一般为_____W左右。

4. 前照灯主要由_____、_____和_____三大光学组件组成。

5. 前照灯内有远光和_____两根灯丝，以满足_____要求。

6. 前照灯变光开关的作用是根据_____的需要，及时变换_____。

7. 汽车的倒车灯一般装于汽车_____部，为_____色。

三、判断题

1. 在调整光束位置时，对具有双丝灯泡的前照灯，应该以调整近光光束为主。（　　）

2. 氙灯由石英灯泡、变压器和电子控制器组成，没有传统的钨丝。（　　）

3. 更换卤素灯泡时，可以用手触摸灯泡部位。（　　）

4. 全封闭式前照灯的特点是将配光镜和反射镜制成一体，灯丝直接焊在反射镜上。

（　　）

5. 黄色灯光有较强的穿透力，多采用黄色灯泡或黄色散光玻璃，专用于雾天行车照明。（　　）

6. 现代汽车前照灯多采用充气灯泡。（　　）

7. 前后雾灯均属于照明用的灯具。（　　）

8. 牌照灯属于信号及标志用的灯具。（　　）

9. 前照灯应使驾驶员能看清车前100m或更远距离以外路面上的任何障碍物。

（　　）

四、简答题

1. 前照灯的防眩目措施有哪些？

2. 前照灯由哪几部分组成？

🔧 任务实施

一、任务准备

1. 设备准备

1）长城哈弗 M6 汽车 1 辆。

2）计算机、手机、平板计算机等信息化设备终端。

2. 资料准备

长城哈弗 M6 汽车维修手册和工作手册。

3. 工具、量具准备

示波器、常规工具、连接导线。

二、长城哈弗 M6 前照灯故障诊断（岗课融通内容）

1. 查找维修手册中的相关内容

1）打开维修手册目录。

2）从目录页找到灯光系统目录。

3）从灯光系统目录下找到组合前灯和近光灯。

4）以同样的方法进入子电路图目录，查找与组合前灯有关的电路图。

5）综合所有与转向灯/危险报警灯有关的电路图，分析其工作过程。

2. 相关元件的拆装

（1）组合前灯

1）组合前灯的拆卸。断开蓄电池负极，如图 4-16 所示；拆卸机舱格栅装饰板，如图 4-17 所示；拆卸前保险杠总成，如图 4-18 所示；拆卸翼子板装饰板；拆下组合前灯 4 个螺栓，如图 4-19 所示。

图 4-16 蓄电池负极拆卸

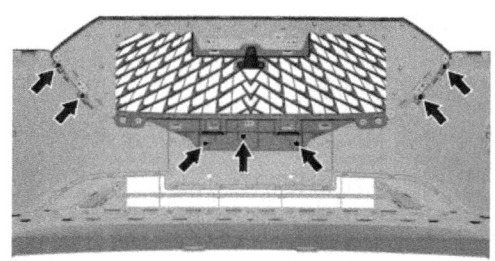

图 4-17 机舱格栅拆卸

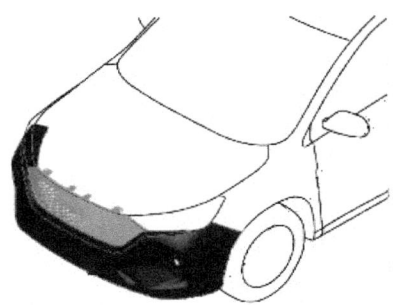
图 4-18 前保险杠总成

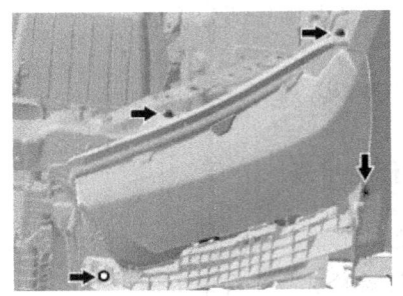
图 4-19 组合前灯螺栓

2) 组合前灯的安装。以与拆卸相反的顺序进行。

（2）灯光总开关

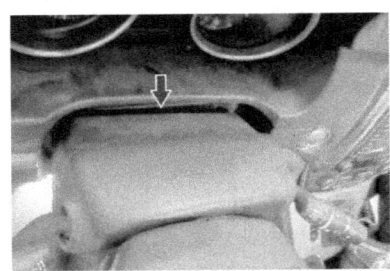
图 4-20 灯光总开关上护罩

1) 灯光总开关的拆卸。断开蓄电池负极；拆下灯光总开关上护罩，如图 4-20 所示；拆下 3 个螺钉，拆下灯光总开关下护罩，如图 4-21 所示；断开线束接插件；拆下 2 个螺钉，向左侧取下灯光总开关，如图 4-22 所示。

2) 灯光总开关的安装。以与拆卸相反的顺序进行。

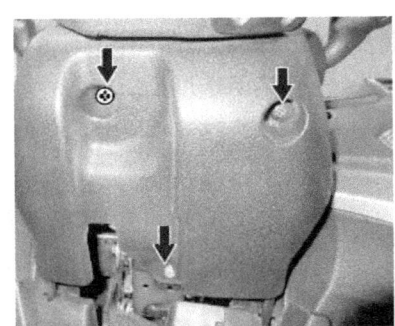
图 4-21 灯光总开关下护罩

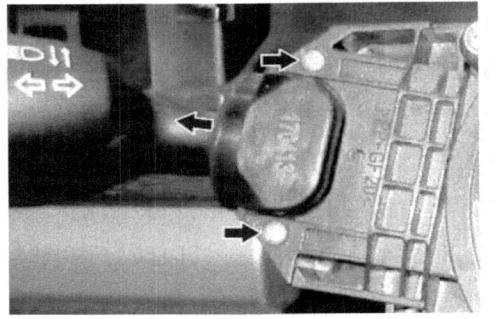
图 4-22 灯光总开关固定螺钉

3. 照明系统故障诊断

由于哈弗 M6 汽车的照明系统是通过车身控制模块（BCM）来控制远光、近光和雾灯的，故照明系统出现故障时，BCM 将以故障码的形式储存。照明系统常见的故障代码见表 4-1。

表 4-1 照明系统常见故障代码

序号	故障代码	故障描述	序号	故障代码	故障描述
1	B103694	灯光总开关输入信号错误	3	B101214	近光灯继电器短路到地或开路
2	B103894	变光灯开关输入信号错误	4	B101212	近光灯继电器短路到电源

续表

序号	故障代码	故障描述	序号	故障代码	故障描述
5	B101814	节电继电器短路到地或开路	8	B100911	前雾灯继电器对地短路
6	B101812	节电继电器短路到电源	9	B108512	行李厢灯短路到电源
7	B102611	牌照灯过载或者短路到地			

（1）B103694/B103894

故障代码 B103694/B103894 的含义是灯光总开关/变光灯开关输入信号错误。这类故障代码报码的条件是打开点火开关，打开转向灯开关，自动灯光系统工作异常。

故障可能原因：灯光总开关线束异常；灯光总开关损坏；BCM 局部故障。

故障的诊断步骤见表 4-2。

表 4-2　灯光开关 B103694/B103894 故障诊断步骤

步骤	操作	是	否
1	检查灯光总开关/变光灯开关线路是否有异常	正确安装线束，故障排除	转第 2 步
2	检查灯光总开关/变光灯开关是否损坏	更换灯光总开关/变光灯开关，故障排除	转第 3 步
3	更换 BCM，查看故障是否排除	故障排除	转第 4 步
4	用诊断仪读取车身控制器是否有故障代码	排除其他故障代码	故障排除

（2）B101212/B101214/B100911

故障代码 B101212 的含义是近光灯继电器对正极短路，B101214/B100911 的含义是近光灯继电器/前雾灯继电器短路到地或开路。故障代码报码的条件是打开点火开关，灯光总开关处于近光/前雾灯挡位，BCM 检测到近光灯/前雾灯继电器负载对正极短路或者负载过流/对地短路或开路。

故障可能原因：近光灯/前雾灯继电器负载线束发生对正极/对地短路；近光灯/前雾灯继电器负载过流。

近光灯/前雾灯继电器对正极短路/对地短路或开路故障的诊断步骤见表 4-3。

表 4-3　近光灯/前雾灯继电器 B101212/B101214/B100911 故障诊断步骤

步骤	操作	是	否
1	关闭所有负载用电器	转第 2 步	—
2	用诊断仪读取车身控制器是否有故障代码	转第 3 步	排查其他故障代码

续表

步骤	操作	是	否
3	检查近光灯/前雾灯继电器负载回路线束	检查线束并正确安装,转第5步	转第4步
4	检查近光灯/前雾灯继电器负载	更换近光灯/前雾灯继电器,转第5步	转第5步
5	清除故障代码,重起车辆并做检测,查看故障是否消除	故障排除,系统正常	重复第1步

（3）B101812/B101814

故障代码 B101812 的含义是节电继电器对正极短路，B101814 的含义是节电继电器短路到地或开路。故障代码报码的条件是打开点火开关，灯光总开关处于小灯、近光和远光挡位，BCM 检测到节电继电器负载对正极短路或者负载过电流/对地短路或开路。

故障可能原因：节电继电器负载线束发生对正极/对地短路；节电继电器负载过电流。

节电继电器对正极短路/对地短路或开路故障的诊断步骤见表 4-4。

表 4-4　节电继电器 B101812/B101814 故障诊断步骤

步骤	操作	是	否
1	关闭所有负载用电器	转第2步	—
2	用诊断仪读取车身控制器是否有故障代码	转第3步	排查其他故障代码
3	检查节电继电器负载回路线束	检查线束并正确安装,转第5步	转第4步
4	检查节电继电器负载	更换节电继电器,转第5步	转第5步
5	清除故障代码,重起车辆并做检测,查看故障是否消除	故障排除,系统正常	重复第1步

（4）B102611/B108512

故障代码 B102611/B108512 的含义是牌照灯过载或者短路到地/行李厢灯短路到电源。故障代码报码的条件是打开点火开关，灯光总开关处于小灯、近光和远光挡位，BCM 检测到牌照灯过载或者短路到地/行李厢灯短路到电源故障。

故障可能原因：牌照灯过载或者线束短路到地/行李厢灯线束发生对正极短路；牌照灯/行李厢灯负载过电流。

牌照灯过载或者短路到地/行李厢灯短路到电源故障的诊断步骤见表 4-5。

表 4-5 牌照灯/行李厢灯 B102611/B108512 故障诊断步骤

步骤	操作	是	否
1	关闭所有负载用电器	转第 2 步	—
2	用诊断仪读取车身控制器是否有故障代码	转第 3 步	排查其他故障代码
3	检查牌照灯/行李厢灯负载回路线束	检查线束并正确安装，转第 5 步	转第 4 步
4	检查牌照灯/行李厢灯负载	更换牌照灯/行李厢灯，转第 5 步	转第 5 步
5	清除故障代码，重起车辆并做检测，查看故障是否消除	故障排除，系统正常	重复第 1 步

主题探究

细节决定成败。前照灯检修过程中应养成严谨的工作作风，细微的错误会造成故障诊断的失败。任务实施过程中一定要认真仔细，严格按维修手册要求进行操作。

任务评价

长城哈弗 M6 照明系统故障诊断评价标准

学习任务		长城哈弗 M6 照明系统故障诊断		学时	2
标准时间		开始时间		完成时间	
序号		操作步骤	扣分要求	操作记录	分值	自评/分
1	安全/7S/态度	☐1. 能进行工位 7S 操作。 ☐2. 能进行设备和工具安全检查。 ☐3. 能进行车辆安全防护操作。 ☐4. 能进行工具清洁、校准、存放操作。 ☐5. 能进行"三不落地"操作。	未完成 1 项扣 3 分，扣分不超过 15 分		15	
2	专业技能	作业： ☐1. 能正确查询照明系统电路图。 ☐2. 能正确拆装组合前灯总成。 ☐3. 能正确拆装灯光总开关。 ☐4. 能正确读取故障代码。 ☐5. 能正确进行照明系统相关的故障诊断。	未完成 1 项扣 5 分，扣分不超过 50 分		50	

续表

学习任务		长城哈弗 M6 照明系统故障诊断		学时	2	
标准时间			开始时间		完成时间	
序号		操作步骤	扣分要求	操作记录	分值	自评/分
3	工具及设备的使用能力	□1. 能正确使用办公软件。 □2. 能正确操作计算机。	未完成 1 项扣 5 分，扣分不超过 10 分		10	
4	资料信息查询能力	□1. 能正确使用维修手册查询资料。 □2. 能正确使用用户手册查询资料。 □3. 能在规定时间内查询所需资料。 □4. 能正确记录所查询资料章节页码。 □5. 能正确记录所需维修信息。	未完成 1 项扣 5 分，扣分不超过 10 分		10	
5	数据判断分析能力	□1. 能分析照明系统电路图。 □2. 能分析照明系统电气设备定位图。 □3. 能分析照明系统相关故障。	未完成 1 项扣 5 分，扣分不超过 10 分		10	
6	表单填写与报告的撰写能力	□1. 字迹清晰。 □2. 语句通顺。 □3. 无错别字。 □4. 无涂改。 □5. 无抄袭。	未完成 1 项扣 1 分，扣分不超过 5 分		5	

任务 4.2　信号系统的拆检

任务导入

客户李先生开着一辆哈弗 M6 汽车来到 4S 店。李先生反映车辆在正常转弯行驶时，打开转向灯开关，左后转向灯不亮，仪表板上转向指示灯正常点亮。假设请你负责李先生车辆的接待工作，为李先生解释该车故障的可能原因，同时介绍长城哈弗 M6 汽车信号系统的组成和类型。

任务目标

素质目标：

1. 养成严谨的职业素养和认真负责的工作态度，具有良好的职业道德。
2. 养成爱岗敬业的精神和锐意创新的价值追求，树立正确的人生观和价值观。

知识目标：

1. 能向客户描述信号系统的组成和作用。

2. 能向客户描述信号系统的工作过程。
3. 能够准确分析并避免工作中的不安全因素。

能力目标：
1. 能够了解各种常见维修工具和检测仪器的使用方法和技术特点。
2. 能够正确分析信号系统的电路图。
3. 能够操作和正确使用信号系统的各种灯具。
4. 能够拆装信号系统的零部件。

信息收集

一、汽车信号系统的作用与组成

信号系统检修

信号系统是汽车安全行驶的必备系统之一，主要包括信号灯具、警报器、电喇叭和蜂鸣器等。汽车上的信号灯具按所处位置不同分为外部信号灯具和内部信号灯具两类。外部信号灯具包括示宽灯、转向信号灯、制动灯、危险报警灯、倒车灯等；内部信号灯具包括门灯、指示灯等。

1. 外部信号灯具

（1）示宽灯

示宽灯一般安装在车前和车尾两侧的边缘，如图 4-23 所示。某些大型汽车的中部、驾驶室外侧还增设了两个示宽灯，用来表示该车的存在和车体宽度。要求在距车 100m 处能确认该灯光信号。前示宽灯也称为小灯、示位灯，灯光一般为白色或琥珀色；后示宽灯也称为尾灯、行车灯，灯光多为红色。侧位灯光多为琥珀色。

（2）转向信号灯

转向信号灯安装在汽车的前后左右四角，如图 4-24 所示。其作用是在车辆起步、靠边停车、变更车道、超车和转弯时，发出明暗交替的闪烁信号，警示其他车辆和行人。前转向信号灯为橙色，后转向信号灯一般为红色或橙色。个别汽车还安装有侧转向灯。

 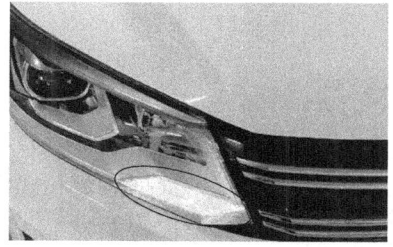

图 4-23 示宽灯　　　　　　　图 4-24 转向信号灯

（3）制动灯

制动灯俗称刹车灯，安装在车尾两侧，如图 4-25 所示，用来表明该车正在进行制动。国家标准规定其灯光为红色。要求白天距车尾 100m 处能确认制动灯灯光信号。部分轿车还加装有高位制动灯。

(4) 危险报警灯

危险报警灯安装位置如图 4-26 所示,是一种提醒其他车辆与行人注意本车发生了特殊情况的信号灯。车辆发生交通事故或道路堵塞被迫停在车道上时,可以发出警示灯光信号,提醒其他车辆采取安全措施,保证安全。

图 4-25 制动灯

图 4-26 危险报警灯

2. 内部信号灯具

(1) 报警及指示灯

指示灯一般安装在仪表盘上,如图 4-27 所示,用于指示有关照明、灯光信号及某些装置的工作情况,灯光的颜色根据需要可为白色、红色、绿色或蓝色。

(2) 门灯

门灯装于车厢内,如图 4-28 所示,用于指示车门关闭状况,灯光颜色为白色。

图 4-27 报警及指示灯

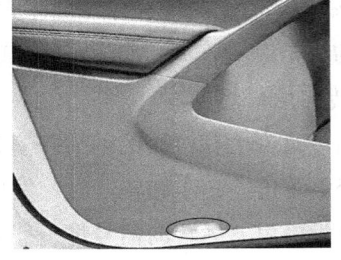
图 4-28 门灯

3. 汽车电喇叭

汽车上都装有喇叭,如图 4-29 所示。它的用途是在行车过程中根据需要和规定发出必需的声音信号,警示行人和其他车辆,以保证行车安全,同时还可用于催行与传递信号。

二、常用的汽车信号系统

图 4-29 汽车电喇叭

1. 转向灯与危险报警灯

转向灯在汽车起步、转弯、变更车道或靠边停车时使用。危险报警灯用于在车辆遇紧急情况时请求其他车辆避让。《机动车运行安全技术条件》（GB 7258—2017）规定，危险报警灯操纵装置不得受点火开关控制。

汽车转向及危险报警信号装置主要由电源、熔断器、闪光器、转向灯开关、转向灯等组成。

(1) 闪光器（转向继电器）

在转向或危险报警信号系统中，用于控制信号灯闪光频率的装置称为闪光器。闪光器串联在转向信号灯和转向指示灯电路中，转向时使转向信号灯和转向指示灯发出明暗交替的闪烁信号，还可以用于故障显示和危险报警信号。闪光器的种类繁多，晶体管式闪光器结构简单、体积小、闪光频率稳定、监控作用明显、工作时伴有响声，故被广泛使用。

(2) 转向灯开关

目前汽车上使用的转向灯开关有小型三位开关、扳柄式转向开关、自动控制开关三类。国产汽车使用的多为扳柄式转向开关。扳柄式转向开关装于转向柱上，使用方便，如图 4-30 所示。汽车转弯时，只要将手柄反向拨动，转动转向盘，自动复位撞销也随之转动，并能通过撞灭臂使转向灯一直接通，显示行驶方向。汽车转弯后，回转方向盘时，由于自动复位撞销碰触撞灭臂，拨动转向灯开关回到断开位置，转向灯和转向指示灯自动熄灭。汽车非转向行驶时，由于转向盘转向较小，自动复位撞销不超过撞灭臂位置，该装置不起作用。

(3) 危险报警灯开关

目前汽车上使用的危险报警灯开关有拔按式和按钮式两种，国产汽车一般使用的是按钮式，如图 4-31 所示。按钮式危险报警灯开关是独成一体的危险报警灯开关，一般安装在汽车的仪表盘上，标有红色三角符号。

图 4-30 转向灯开关

图 4-31 危险报警灯开关

2. 倒车信号系统

倒车信号装置包括倒车灯和倒车报警器。汽车倒车时，为了警示车后的行人和其他车辆注意避让，在汽车的后部装有倒车灯和倒车蜂鸣器（或倒车语音报警器），一般由装在变速器上的倒挡开关控制。当变速杆挂入倒挡时，在拨叉轴的作用下，倒挡开关接通倒车报警器和倒车灯电路，从而发出倒车声光信号。

（1）倒车灯

汽车的倒车灯一般安装于汽车尾部，为白色，如图4-32所示，近年生产的车辆一般仅安装一只。其作用是照亮车后路面，并警示车后行人和车辆，表示该车正在倒车。倒车信号线路较为简单，一般由倒车开关、倒车灯和熔断器组成。倒车灯开关控制倒车信号装置。倒车灯开关结构如图4-33所示。车辆未挂入倒挡时，钢球处于顶起位置；当车辆挂入倒挡时，钢球被松开，在弹簧的作用下触点闭合，将倒车信号接通。

图4-32 倒车灯

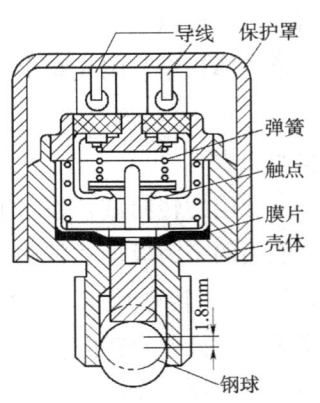
图4-33 倒车灯开关结构

（2）倒车报警器

现代许多汽车上除了装有倒车灯以外，还安装了倒车报警器。倒车报警器有倒车蜂鸣器和倒车语言报警器两种。

倒车蜂鸣器是一种间歇发声的音响装置。其发音部分是一只功率较小的电喇叭，控制电路是一个由无稳态电路和反相器组成的开关电路。

随着集成电路技术的发展，现在已经能将语音信号压缩存储于集成电路中，制成倒车语音报警器，在汽车倒车时，能重复发出"请注意，倒车"等声音，以此提醒车后行人或车辆避开而确保安全倒车。

3. 喇叭信号系统

汽车喇叭按发音动力的不同分为气喇叭和电喇叭两类；按外形分有螺旋形、盆形、筒形三类，如图4-34所示；按音频分有高音和低音两种。

盆形电喇叭的工作原理与螺旋形电喇叭相同，其结构如图4-35所示。电磁铁采用螺管式结构，铁心上绕有励磁线圈，上、下铁心间的间隙在线圈中间，所以能产生较大的吸力。它无扬声筒，而是将上铁心、膜片和共鸣板装在中心轴上。当电路接通时，励磁线圈产生吸力，上铁心被吸下，与下铁心撞击，产生较低的基本频率，并激励膜片及与膜片联成一体的共鸣板产生共鸣，从而发出比基本频率强得多且分布比较集中的谐音。为了保护触点，有的盆形电喇叭在触点之间并联了灭弧电容器。

（a）螺旋形电喇叭　　　　（b）盆形电喇叭　　　　（c）筒形电喇叭

图 4-34　三类汽车喇叭

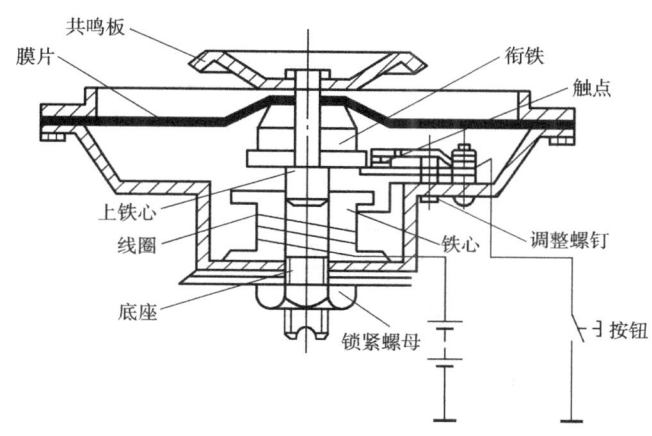

图 4-35　盆形电喇叭的结构

正常的电喇叭应发音清脆洪亮，无沙哑杂音，如不符合要求必须进行调整。螺旋形、盆形电喇叭的调整一般有铁心间隙调整和触点预压力调整两项，前者调整喇叭的音调，后者调整喇叭的音量。

（1）音调的调整

音调的高低取决于膜片振动的频率，改变铁心间隙可以改变膜片的振动频率，从而改变音调；松开锁紧螺母，旋转铁心，间隙减小时音调提高，间隙增大时音调降低。筒形、螺旋形电喇叭铁心间隙的调整部位和调整方法如图 4-36 所示。对图 4-36(a) 所示的电喇叭，应先松开锁紧螺母，然后转动衔铁，即可改变衔铁与铁心间隙 δ；对图 4-36(b) 所示的电喇叭，松开上、下调节螺母，即可使铁心上升或下降，从而改变铁心间隙；对图 4-36(c) 所示的电喇叭，可先松开锁紧螺母，转动衔铁加以调整，然后松开调节螺母，使弹簧片与衔铁平行后紧固。调整时，应使衔铁与铁心的间隙均匀，否则会产生杂音。

（2）音量的调整

音量的大小与通过线圈的电流大小有关，通过的工作电流大，喇叭发出的音量就大。线圈通过的电流大小可以通过改变喇叭触点的接触压力来调整（压力增大，通过线圈的电流增大，喇叭的音量增大，反之音量减小）。盆形电喇叭可通过调整螺钉来调整触点压力，进而实现对音量的调整。对图4-37所示的盆形电喇叭，可旋转音量调节螺钉调整音量（逆时针方向转动时音量增大）。调整时不可过急，一般每次转动调节螺钉不多于1/10圈。

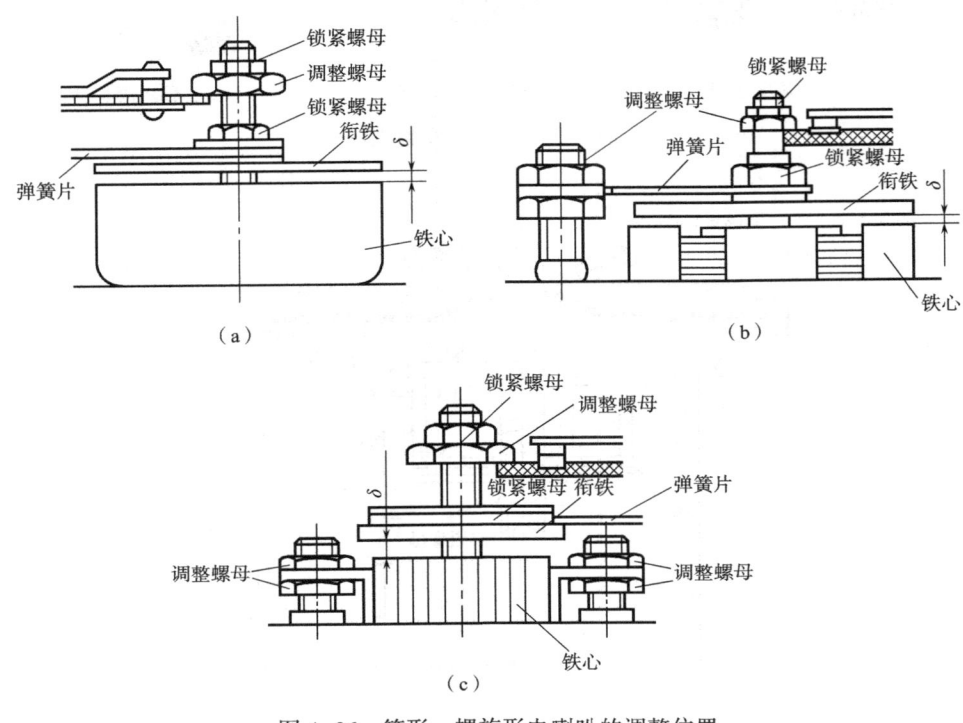

图4-36 筒形、螺旋形电喇叭的调整位置

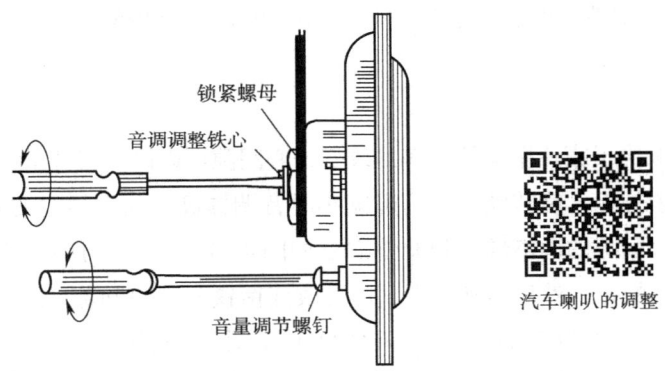

图4-37 盆形电喇叭音调和音量调整位置

三、哈弗M6汽车信号系统电路分析

1. 哈弗M6汽车转向灯电路分析

汽车的转向灯控制方式有传统闪光器式和基于车身模块控制式两种。哈弗M6车型

通过车身控制模块（BCM）控制转向灯，电路如图 4-38 所示。

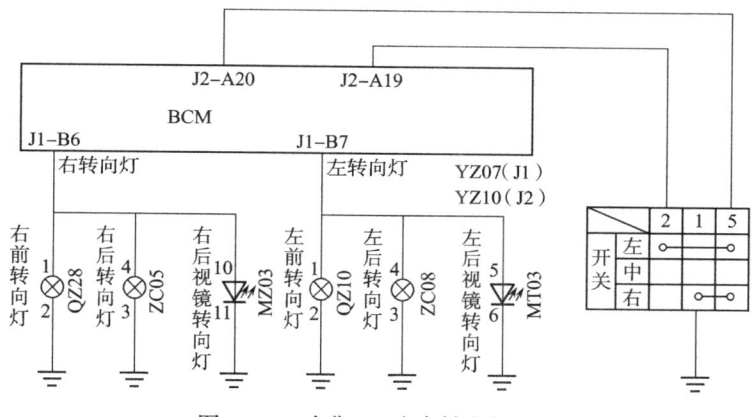

图 4-38 哈弗 M6 汽车转向灯电路

当车辆转向开关左位接通时，BCM 通过导线 J2-A19 接收到转向开关的搭铁信号，从而判断左转向灯打开。BCM 通过内部的控制芯片控制左转向灯导线 J1-B7 输出电流，从而左前、左后和左后视镜转向灯同时点亮。

当车辆转向开关右位接通时，BCM 通过导线 J2-A20 接收到转向开关的搭铁信号，从而判断右转向灯打开。BCM 通过内部的控制芯片控制右转向灯导线 J1-B6 输出电流，从而右前、右后和右后视镜转向灯同时点亮。

当车辆转向开关处于中位时，BCM 未接收到导线 J2-A19 和 J2-A20 的搭铁信号，从而判断转向灯关闭。

另外，BCM 还通过内部的控制芯片和 CAN 网络向仪表控制模块输出信号，仪表控制模块分别控制左、右转向指示灯的输出，在工作过程中同时检测转向灯输出电流。每个转向灯（包括左、右转向灯）都以并联的方式与 BCM 连接，当左侧或者右侧的某个转向灯有故障，BCM 通过检测电流的变化就可以进行相应的故障处理（存储并输出故障代码）。转向灯在正常工作时闪烁频率为 75~85 次/min，闪烁的时间占空比在 50% 左右（点亮和熄灭的时间相同）。转向灯的工作情况和工作频率通过 CAN 网络通信同步给仪表板，仪表板上的指示灯会以同样频率的闪烁告诉驾驶员，驾驶员得以知道转向灯的工作情况。

2. 哈弗 M6 汽车喇叭电路分析

为了得到较为和谐悦耳的声音，哈弗 M6 汽车上常装有两个不同音调（高、低音）的电喇叭，其中高音喇叭膜片厚、扬声筒短，低音喇叭则相反。哈弗 M6 汽车的喇叭电路如图 4-39 所示。

按下喇叭开关时，喇叭继电器线圈通电，继电器铁心产生电磁吸力，使继电器触点闭合，接通双音电喇叭，喇叭发音，同时 BCM 通过导线 J1-A10 接收到搭铁信号，从而得知喇叭处于工作状态。松开喇叭开关时，继电器线圈断电，铁心电磁吸力消失，触点

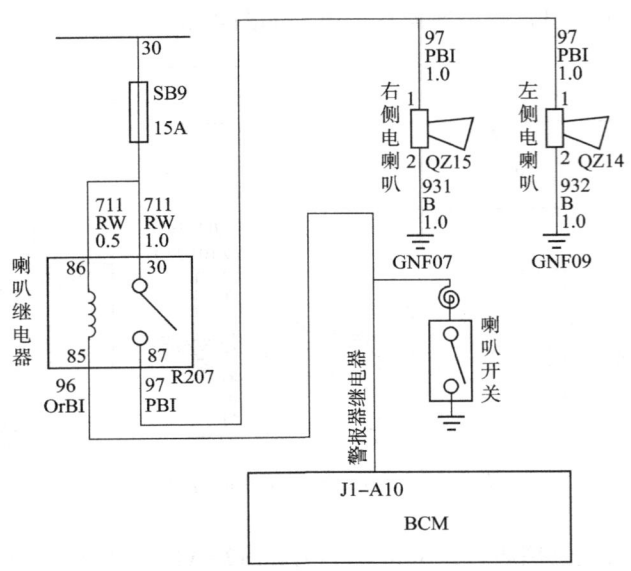

图 4-39 哈弗 M6 汽车喇叭电路

在自身弹力作用下张开，切断了电喇叭电路，电喇叭停止发音，同时 BCM 未获得导线 J1-A10 的搭铁信号，从而得知喇叭处于非工作状态。

知识过关

一、选择题

1. 喇叭音量的高低取决于（　　）。
   A. 电路电压大小　　　　　　　　　　B. 触点压力大小
   C. 音膜振动幅度大小　　　　　　　　D. 铁心间隙的大小

2. 控制转向灯闪光频率的是（　　）。
   A. 转向开关　　B. 点火开关　　C. 闪光器　　D. 变光开关

3. 安装喇叭继电器的目的是（　　）。
   A. 减小喇叭线圈的电流　　　　　　　B. 增加喇叭音量
   C. 延长喇叭的使用寿命　　　　　　　D. 保护喇叭按钮

4. 倒车灯的光色为（　　）色。
   A. 红　　B. 黄　　C. 白　　D. 橙

5. 既是信号灯又是照明灯的灯是（　　）。
   A. 前照灯　　B. 制动灯　　C. 转向灯　　D. 倒车灯

6. 液压制动系统的制动灯开关安装在（　　）。
   A. 制动灯附近　　B. 制动踏板上方　　C. 制动轮上　　D. 制动分泵上

7. 汽车的前雾灯为橙黄色，后雾灯为（　　）。
A. 白色　　　　　B. 黄色　　　　　C. 红色　　　　　D. 琥珀色
8. 车辆变换车道时，能够向其他车辆和行人提供警示的是（　　）。
A. 停车灯　　　　B. 尾灯　　　　　C. 示宽灯　　　　D. 转向灯

二、填空题

1. 汽车上信号装置的作用是通过声、光等信号向其他车辆的驾驶员和行人发出_____，以引起_____，确保车辆_____的安全。
2. 转向信号灯的闪烁频率一般为_____次/min。
3. 汽车的倒车灯一般装于汽车尾部，为_____色。
4. 喇叭的作用是在行车过程中，根据_____和_____发出必要的音响信号，警示_____和_____，以保证安全。
5. 喇叭继电器的作用是利用铁心线圈的_____电流控制触点的_____电流，从而保护方向盘按钮触点。
6. 音调的高低取决于膜片振动的_____，改变铁心间隙可以调节振动频率，从而改变音调。
7. 音量的大小与通过线圈的_____大小有关，可以通过改变喇叭触点的接触压力来调整。

三、判断题

1. 电喇叭音调调整是通过改变铁心间隙来改变喇叭的发音频率。（　）
2. 电喇叭音量调整是通过改变触点压力来改变音量。（　）
3. 电喇叭的音调大小取决于通过喇叭线圈中的电流大小。（　）
4. 电喇叭的音量可通过调整喇叭触点的接触压力改变其大小。（　）
5. 制动信号灯由制动信号灯开关控制，是与汽车的制动系统同步工作的。（　）
6. 汽车信号系统主要有示位灯、转向信号灯、后灯、制动灯和倒车灯。（　）
7. 制动信号灯由制动信号灯开关控制。（　）
8. 转向信号灯的闪光器闪烁频率一般为 80~150 次/min。（　）

四、简答题

1. 简述汽车电喇叭的调整方法。
2. 简述转向信号灯电路的组成。
3. 简述哈弗 M6 汽车的信号灯控制原理。

任务实施

一、任务准备

1. 设备准备

1）长城哈弗 M6 汽车 1 辆。

2）计算机、手机、平板计算机等信息化设备终端。

2. 资料准备

长城哈弗 M6 汽车维修手册和工作手册。

3. 工具、量具准备

示波器、常规工具、连接导线。

二、长城哈弗 M6 转向灯故障诊断（岗课融通内容）

1. 查找维修手册中相关内容

1）打开维修手册目录。

2）从目录页找到灯光系统目录。

3）从灯光系统目录下找到组合前灯和组合后灯。

4）以同样的方法进入子电路图目录，查找与转向灯有关的电路图。

5）综合所有与转向灯/危险报警灯有关的电路图，分析其工作过程。

2. 相关元件的拆装

（1）组合前灯（前转向灯）

1）组合前灯（前转向灯）的拆卸。断开蓄电池负极；拆卸机舱格栅装饰板；拆卸前保险杠总成；拆卸翼子板装饰板；拆下组合前灯 4 个螺栓。

2）组合前灯（前转向灯）的安装。以与拆卸相反的顺序进行。

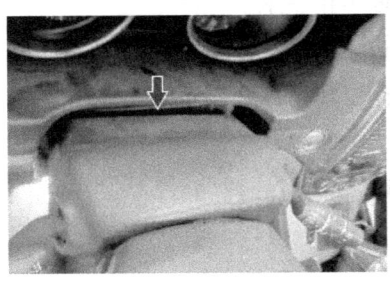

图 4-40 组合开关上护罩

（2）转向灯开关

1）转向灯开关（组合开关）的拆卸。断开蓄电池负极；拆下组合开关上护罩，如图 4-40 所示；拆下 3 个螺钉，拆下组合开关下护罩，如图 4-41 所示；断开线束接插件；拆下 2 个螺钉，向左侧取下灯光组合开关，如图 4-42 所示。

2）转向灯开关（组合开关）的安装。以与拆卸相反的顺序进行。

3. 转向灯故障诊断

由于哈弗 M6 汽车的转向灯系统是通过车身控制模块（BCM）来控制的，故转向灯系统出现故障时，BCM 将以故障码的形式储存。常见的故障代码见表 4-6。

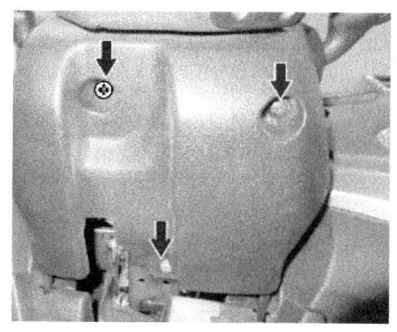

图 4-41　组合开关下护罩

图 4-42　组合开关固定螺钉

表 4-6　转向灯故障代码

序号	故障代码	故障描述	序号	故障代码	故障描述
1	B103794	转向灯开关输入错误	4	B102513	左转向灯开路
2	B102413	右转向灯开路	5	B102511	左转向灯过载或短路到地
3	B102411	右转向灯过载或短路到地			

（1）B103794

该故障代码的含义是转向灯开关输入错误。该故障代码报码的条件是打开点火开关，打开转向灯开关，转向灯系统工作异常。

故障可能原因：转向灯开关线束异常；转向灯开关损坏；BCM 局部故障。

转向灯开关输入错误故障的诊断步骤见表 4-7。

表 4-7　转向灯 B103794 故障诊断步骤

步骤	操作	是	否
1	检查转向灯开关线路是否有异常	正确安装线束，故障排除	转第 2 步
2	检查转向灯开关是否损坏	更换转向灯总开关，故障排除	转第 3 步
3	更换 BCM，查看故障是否排除	故障排除	转第 4 步
4	用诊断仪读取车身控制器是否有故障代码	排查其他故障代码	故障排除

（2）B102511/B102411

故障代码 B102511 的含义是左转向灯对地短路，B102411 的含义是右转向灯对地短路。故障代码报码的条件是打开点火开关，转向灯开关处于左/右位，BCM 检测到前后左/右转向灯负载对地短路或者负载电流过大。

故障可能原因：前后左/右转向灯负载线束发生对地短路；前后左/右转向灯负载电流过大。

左/右转向灯对地短路故障的诊断步骤见表 4-8。

表 4-8　转向灯 B102511/B102411 故障诊断步骤

步骤	操作	是	否
1	关闭所有负载用电器	转第 2 步	—
2	用诊断仪读取车身控制器是否有故障代码	转第 3 步	排查其他故障代码
3	检查左/右转向灯负载回路线束	检查线束并正确安装，转第 5 步	转第 4 步
4	检查左/右转向灯负载	更换左/右转向灯，转第 5 步	转第 5 步
5	清除故障代码，重起车辆并做检测，查看故障是否消除	故障排除，系统正常	重复第 1 步

（3）B102513/B102413

故障代码 B102513/B102413 的含义是左/右转向灯开路。故障代码报码的条件是打开点火开关，转向灯开关处于左/右位，BCM 检测到左/右转向灯负载开路。

故障可能原因：左/右转向灯负载线束发生故障开路；左/右转向灯负载损坏。

左/右转向灯开路故障的诊断步骤见表 4-9。

表 4-9　转向灯 B102513/B102413 故障诊断步骤

步骤	操作	是	否
1	关闭所有负载用电器	转第 2 步	—
2	用诊断仪读取车身控制器是否有故障代码	转第 3 步	排查其他故障代码
3	检查左/右转向灯负载回路线束	检查线束并正确安装，转第 5 步	转第 4 步
4	检查左/右转向灯负载	更换左/右转向灯，转第 5 步	转第 5 步
5	清除故障代码，重起车辆并做检测，查看故障是否消除	故障排除，系统正常	重复第 1 步

主题探究

精益求精的工匠精神要求从业者对每一道工序都要凝神聚力、追求极致。汽车转向灯系统故障诊断过程需要一丝不苟、精益求精，只有为了目标持续专注、不懈努力，才能抽丝剥茧地排除故障。

任务评价

长城哈弗 M6 转向灯故障诊断评价标准

学习任务		长城哈弗 M6 转向灯故障诊断		学时		2
标准时间			开始时间		完成时间	
序号		操作步骤	扣分要求	操作记录	分值	自评/分
1	安全/7S/态度	□1. 能进行工位 7S 操作。 □2. 能进行设备和工具安全检查。 □3. 能进行车辆安全防护操作。 □4. 能进行工具清洁、校准、存放操作。 □5. 能进行"三不落地"操作。	未完成 1 项扣 3 分，扣分不超过 15 分		15	
2	专业技能	作业： □1. 能正确查询转向灯电路图。 □2. 能正确拆装转向灯总成。 □3. 能正确拆装转向灯开关。 □4. 能正确读取故障代码。 □5. 能正确进行转向灯相关故障的诊断。	未完成 1 项扣 5 分，扣分不超过 50 分		50	
3	工具及设备的使用能力	□1. 能正确使用办公软件。 □2. 能正确操作计算机。	未完成 1 项扣 5 分，扣分不超过 10 分		10	
4	资料信息查询能力	□1. 能正确使用维修手册查询资料。 □2. 能正确使用用户手册查询资料。 □3. 能在规定时间内查询所需资料。 □4. 能正确记录所查询资料章节页码。 □5. 能正确记录所需维修信息。	未完成 1 项扣 5 分，扣分不超过 10 分		10	
5	数据判断分析能力	□1. 能分析转向灯电路图。 □2. 能分析转向灯系统电气设备定位图。 □3. 能分析转向灯相关故障。	未完成 1 项扣 5 分，扣分不超过 10 分		10	
6	表单填写与报告的撰写能力	□1. 字迹清晰。 □2. 语句通顺。 □3. 无错别字。 □4. 无涂改。 □5. 无抄袭。	未完成 1 项扣 1 分，扣分不超过 5 分		5	

任务 4.3　仪表与报警系统检修

任务导入

客户李先生开着一辆哈弗 M6 汽车来到 4S 店。李先生反映车辆在正常行驶时，系上安全带后，仪表板上主驾驶安全带指示灯常亮。假设请你负责李先生车辆的接待工作，为李先生解释该车故障的可能原因，同时介绍长城哈弗 M6 汽车仪表与报警系统的组成和功用。

任务目标

素质目标：
1. 养成严谨的职业素养和认真负责的工作态度，具有良好的职业道德。
2. 养成爱岗敬业的精神和锐意创新的价值追求，树立正确的人生观和价值观。

知识目标：
1. 能向客户描述仪表与报警系统的组成和作用。
2. 能向客户描述仪表与报警系统通用符号的含义。
3. 能够准确分析仪表与报警系统的常见故障。

能力目标：
1. 能够了解各种常见维修工具和检测仪器的使用方法和技术特点。
2. 能够正确分析仪表系统的电路图。
3. 能够拆装仪表与报警系统的零部件。
4. 能够对仪表与报警系统的常见故障进行诊断。

信息收集

仪表与报警系统
检修

一、汽车仪表系统

汽车仪表是为驾驶员提供汽车运行信息的重要装置，用来指示汽车运行与发动机的运转状况，以便及时发现问题、采取措施、避免事故，保证车辆正常运行。汽车仪表也是维修人员发现和排除故障的重要工具。

现代汽车电气仪表均集中安装在驾驶室转向盘仪表板上，常用的形式有组合式仪表板与组合仪表，哈弗 M6 汽车选用了组合仪表，如图 4-43 所示。一般车辆的组合仪表有水温表、燃油表、车速里程表和发动机转速表等。

1. 水温表

水温表用来指示发动机冷却液工作温度。水温表的工作电路由水温表和水温表传感器两部分组成，水温表安装在组合仪表内（图4-44），水温传感器安装在发动机气缸盖的冷却水套上。

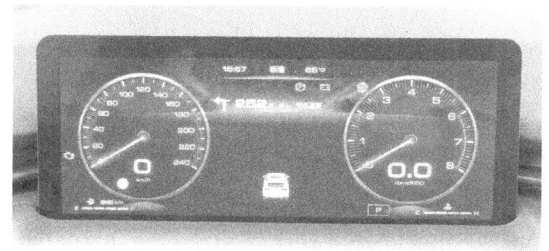

汽车仪表的组成

图4-43 哈弗M6汽车组合仪表

2. 燃油表

燃油表用于指示汽车燃油箱内的存油量，可以是指针的，也可以是数字显示的，如图4-45所示。燃油表由带稳压器的燃油指示表和油面高度传感器组成。

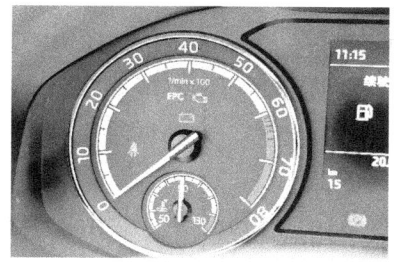

图4-44 水温表　　　　　　　图4-45 燃油表

3. 车速里程表

车速里程表是用来指示汽车行驶速度和累计行驶里程数的仪表，由车速表和里程表两部分组成，如图4-46所示。汽车车速里程表分为滚轮计数器和点距液晶屏式两种，普通车速表一般为磁感应式。

4. 发动机转速表

发动机转速表用于指示发动机的运转速度。发动机转速表有机械式和电子式两种（图4-47）。电子式转速表由于结构简单、指示精确和安装方便，所以被广泛应用。

图4-46 车速里程表　　　　　　图4-47 发动机转速表

电子转速表获取转速信号的方式有三种：从点火系统获取脉冲电压信号，从发动机的转速传感器获得转速信号，从发动机获取转速信号。汽油发动机电子转速表都以点火系统的初级电路为触发信号。

二、汽车报警系统

为了确保行车安全，现代机动车辆都安装有各种报警装置。汽车报警系统通常由报警灯和报警自动开关组成。当被监测的系统不正常时，报警开关自动接通，指示灯自动点亮，提醒驾驶员注意。常见的汽车报警灯有机油压力报警灯、水温报警灯、燃油不足报警灯、制动液不足报警灯、轮胎气压报警灯等。

报警灯一般安装在驾驶室内仪表盘上，在灯泡前有滤光片，以使灯泡发出黄光或红光。滤光片上一般标有符号，以示出报警内容。报警灯一般与报警开关串联后接在电路中。报警开关有很多种，其共同特点是都是一对受工作物质操纵的触点开关。

1. 机油压力报警灯

现代大多数汽车上配有一个红色的机油压力报警灯，用来表示机油压力安全值的情况，如图 4-48 所示。它由安装在发动机油道上的机油压力开关控制。当润滑系统机油压力降低或升高到允许限度时，报警灯即点亮，以便引起汽车驾驶员注意。

2. 水温报警灯

水温报警灯用来显示发动机内冷却液的温度，如图 4-49 所示。它由安装在发动机水道上的水温传感器控制。点火开关打开，车辆自检时，水温报警灯先点亮数秒然后熄灭。水温报警灯常亮，说明冷却液温度超过规定值或冷却液量不足，需立刻暂停行驶。

 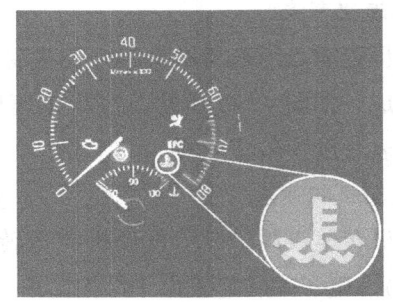

图 4-48　机油压力报警灯　　　　图 4-49　水温报警灯

3. 制动系统报警灯

制动系统的报警灯种类较多，功能也有较大区别，常见的有制动系统故障报警灯（图 4-50）、驻车制动报警灯（图 4-51）、ABS（制动防抱死系统）报警灯（图 4-52）、制动蹄片磨损报警灯（图 4-53）等。

制动系统故障报警灯有时与驻车制动报警灯合并，主要用来检测制动系统工作状况，当液面不足、驻车制动工作时亮起，警示驾驶员进行维护。ABS 报警灯用来显示

图 4-50 制动系统故障报警灯

图 4-51 驻车制动报警灯

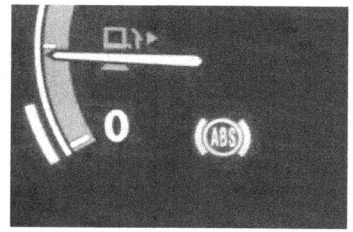

图 4-52 ABS 报警灯

图 4-53 制动蹄片磨损报警灯

ABS 的工作状态。当打开点火开关，车辆自检时，ABS 灯会点亮数秒，随后熄灭。如果未闪亮或者起动后仍不熄灭，表明 ABS 出现故障。制动蹄片磨损报警灯是近几年兴起的报警灯，主要指示制动蹄片磨损情况。刹车片的摩擦材料和金属衬铁之间嵌有报警线，当刹车片磨损到一定厚度时，报警线会磨损，报警线就会打开，制动蹄片磨损报警灯就会亮起。

4. 燃油不足报警灯

当燃油箱内燃油减少到某一规定值时，燃油不足报警灯点亮，如图 4-54 所示，以警示驾驶员注意。当点火开关打开，车辆进行自检时，该指示灯会短时间点亮，随后熄灭。如发动机正常运转后该指示灯点亮，则说明车内油量已不足。

5. 轮胎气压报警灯

轮胎气压报警系统用来在车辆行驶过程中检测轮胎的气压状态，当轮胎气压降低时，仪表板的报警信号灯点亮，向驾驶员发出警示，如图 4-55 所示。

图 4-54 燃油不足报警灯

图 4-55 轮胎气压报警灯

轮胎气压报警系统利用轮胎气压与轮胎弹性的相关性，根据制动防抱死系统的车轮传感器输出的轮胎信号计算出轮胎弹性，从而实现轮胎气压的正常监测。其根据轮胎的弹性变化计算出共振频率的变化，以此作为轮胎气压变化，向驾驶者发出低压警示。

车轮速度传感器把车轮速度信号传送给中央处理器进行波形整形处理，用于计算轮胎的共振频率，再根据该共振频率推算出轮胎扭转常数，即可检测出轮胎气压。

6. 其他报警、指示灯

汽车仪表板上除了上述报警灯外还有一些指示灯，如远光指示灯、示宽灯、转向灯、充电指示灯（蓄电池故障灯）、发动机故障指示灯、安全气囊故障指示灯等。

主题探究

自主创新是民族工业崛起的必由之路。从汽车传统仪表到液晶显示屏的发展，汽车的检测更加合理高效，由此可以看出创新十分重要。

三、哈弗 M6 汽车仪表、报警灯电路分析

哈弗 M6 汽车仪表是内带自检功能的智能型组合仪表。它既可以通过导线直接接收电子信号，也可以通过控制器局域网（CAN）总线与 ECM、PEPS、ESP、DCT 等系统相连接，如图 4-56 所示。

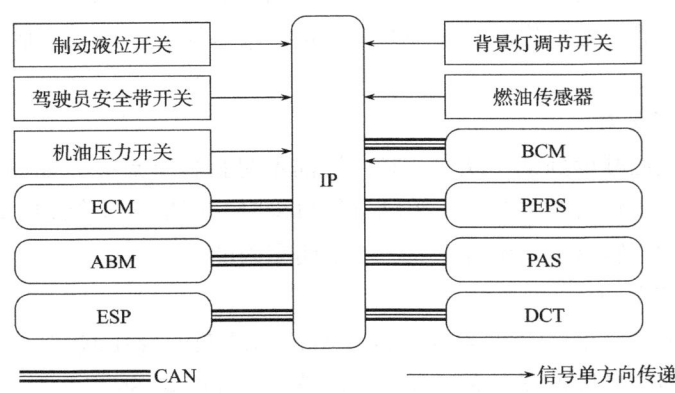

图 4-56 哈弗 M6 汽车仪表系统

CAN 为高速通信网络，使仪表能够与 ECM、BCM 及自动空调模块相互通信。组合仪表本身由量表、指示灯与报警灯组成。此外，还安装了信息中心。当点火开关打开时，仪表会执行显示测试，以确认报警灯或指示灯泡及监视系统能正常工作。哈弗 M6 汽车仪表工作原理如图 4-57 所示。

哈弗 M6 汽车机油压力指示灯的工作过程是：机油压力开关实时监测发动机主油道的机油压力，当机油压力过低时，机油压力开关导通，机油压力指示灯工作。

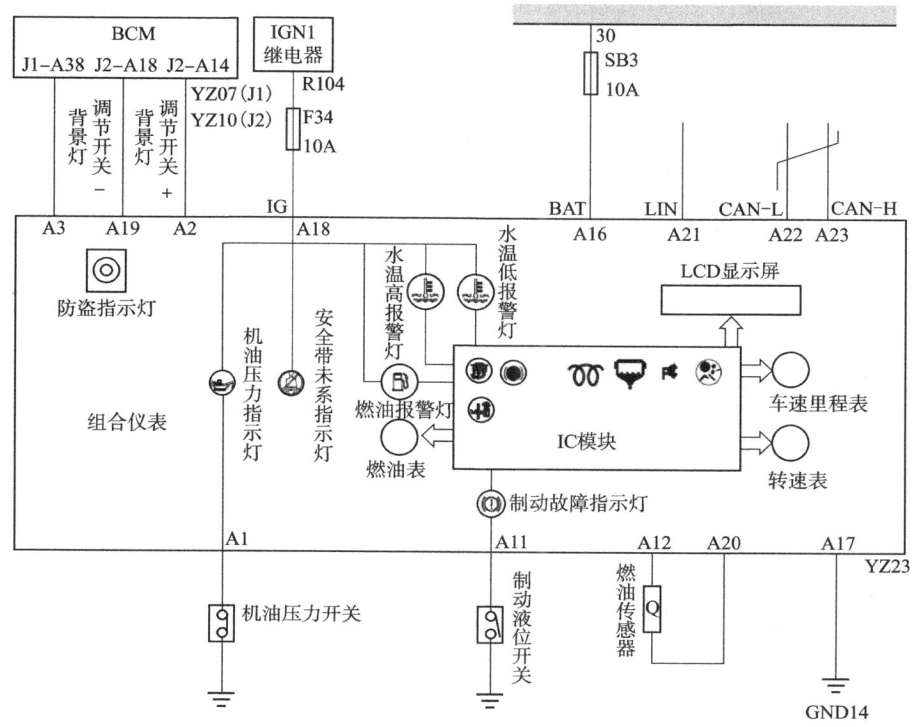

图 4-57 哈弗 M6 汽车仪表工作原理

哈弗 M6 汽车制动故障指示灯、燃油报警灯和燃油表的工作原理基本相同，都是通过导线直接接收电子信号，仪表模块通过相关运算直接控制相关指示灯工作。它们的工作过程是：制动液位开关、燃油传感器实时监测制动液位、燃油液位信号，当液位低于规定时，制动液位开关、燃油传感器把信号分别通过导线 A11、A12 和 A20 传递给仪表模块，模块根据信号控制制动故障指示灯、燃油报警灯和燃油表工作。

哈弗 M6 汽车的车速里程表、转速表、防盗指示灯、水温过高报警灯、水温过低报警灯、安全带未系指示灯的工作原理基本相同，即通过控制器局域网（CAN）总线与 BCM、ECM、PEPS、ESP 等系统模块相连，获得各自的信号，从而控制相关的仪表和指示灯。

知识过关

一、选择题

1. 若将负温度系数热敏电阻的水温传感器电源线直接搭铁，则水温表（　　）。

A. 指示值最大　　　　　　　　　　B. 指示值最小

C. 没有指示　　　　　　　　　　　D. 以上答案都不对

2. 如果通向燃油传感器的线路短路，则燃油表的指示值（　　）。
   A. 为零　　　　　　　　　　　　　B. 为 1
   C. 跳动　　　　　　　　　　　　　D. 以上答案都不对

3. 汽车发动机正常工作时，水温表指针应指在（　　）。
   A. 60~75　　　B. 75~85　　　C. 75~95　　　D. 85~100

4. 燃油压力表中指针的摆动角度取决于（　　）。
   A. 发动机转速　　　　　　　　　　B. 电热丝中的平均电流
   C. 电热丝中的最大电流　　　　　　D. 电热丝中的最小电流

二、填空题

1. 汽车电气仪表安装在驾驶室转向盘前面，常用的形式有_____仪表板和_____仪表。

2. 水温表用来指示发动机_____的工作温度。

3. 车速里程表是用来指示汽车_____和_____的仪表。

4. 发动机转速表用于指示_____的运转速度。

5. 报警信号系统通常由_____和_____组成，当被监测的系统不正常时，开关自动接通，指示灯自动点亮，提醒驾驶员注意。

6. 轮胎气压报警系统用来在车辆行驶过程中检测_____状态，当轮胎气压降低时，仪表板的报警信号灯点亮，向驾驶员发出警告。

三、判断题

1. 电热式水温表传感器在短路后，水温表将指向高温。　　　　　　　　　　（　　）
2. 电子仪表中的车速信号一般来自点火脉冲信号。　　　　　　　　　　　　（　　）
3. 电子仪表中的燃油传感器的参考电压为 12V。　　　　　　　　　　　　　（　　）
4. 当发动机的冷却液的温度高于 80℃时，水温报警灯点亮。　　　　　　　（　　）
5. 一般汽车充电指示灯亮表示发电机不对蓄电池充电。　　　　　　　　　　（　　）
6. 汽车上机油压力过低报警信号灯亮时，表明润滑系统机油压力高于允许值。
　　　　　　　　　　　　　　　　　　　　　　　　　　　　　　　　　　（　　）
7. 电磁式水温表由电磁式水温指示表和负温度系数的热敏电阻传感器组成。
　　　　　　　　　　　　　　　　　　　　　　　　　　　　　　　　　　（　　）
8. 现代汽车均采用组合式仪表板。　　　　　　　　　　　　　　　　　　　（　　）
9. 用热敏电阻测量冷却水温，温度升高时，电阻值也升高。　　　　　　　　（　　）
10. 仪表系统主要由仪表和传感器组成。　　　　　　　　　　　　　　　　　（　　）

四、简答题

1. 常见的汽车仪表有哪些？各自有何功能？

2. 车速表在汽车上有何作用？
3. 水温表的作用是什么？

任务实施

一、任务准备

1. 设备准备

1）长城哈弗 M6 故障汽车 1 辆。

2）计算机、手机、平板计算机等信息化设备终端。

2. 资料准备

长城哈弗汽车维修手册和工作手册。

3. 工具、量具准备

示波器、常规工具、连接导线。

二、长城哈弗 M6 汽车组合仪表故障诊断（岗课融通内容）

1. 查找维修手册中相关内容

1）打开维修手册目录。

2）从目录页找到组合仪表系统目录。

3）从组合仪表系统目录下找到组合仪表的拆卸与安装。

4）以同样的方法进入子电路图目录，查找与组合仪表有关的电路图。

5）综合所有与组合仪表系统有关的电路图，分析其工作过程。

2. 组合仪表的拆装

1）组合仪表的拆卸。断开蓄电池负极，如图 4-58 所示；将方向盘调整至最下端；分离 9 处卡接，拆下组合仪表面罩总成，如图 4-59 所示；拆下组合仪表 3 个固定螺钉，如图 4-60 所示；断开线束接插件，取下组合仪表。

2）组合仪表的安装。以与拆卸相反的顺序进行。

3. 组合仪表故障诊断

由于哈弗 M6 汽车的组合仪表系统通过仪表控制模块控制各个仪表、指示灯和报警灯，故组合仪表系统出现故障时，控制模块将以故障码的形式储存。常见的故障代码见表 4-10。此处仅对常见仪表、报警灯故障进行分析。

图 4-58　蓄电池负极拆卸

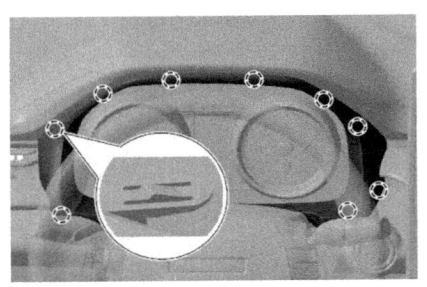 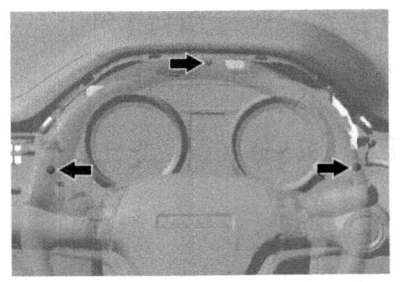

图 4-59　仪表面罩拆卸　　　　图 4-60　组合仪表固定螺钉

表 4-10　组合仪表常见故障代码

序号	故障代码	故障描述	序号	故障代码	故障描述
1	U110017	诊断电压过高	11	B120096	安全气囊故障指示灯失效
2	U110116	诊断电压过低	12	B120196	驾驶员安全带未系指示灯失效
3	U000188	CAN bus 节点离线	13	B120296	制动系统故障指示灯失效
4	U010087	与 ECM 失去通信	14	B120396	ABS 故障指示灯失效
5	U012287	与 ESP 失去通信	15	B120496	ESP 故障和动作指示灯失效
6	U100087	与 ABM 失去通信	16	B120596	ESP 关闭指示灯失效
7	U014687	与 GW 失去通信	17	B120696	胎压故障指示灯失效
8	U011187	与 Nextrac 失去通信	18	B121096	燃油传感器电路短路
9	U010187	与 TCU 失去通信	19	B121196	燃油传感器电路开路
10	U012887	与 EPB 失去通信			

（1）U110017/U110116

U110017/U110116 故障代码的含义是诊断电压过高/低。该故障代码报码的条件是打开点火开关，供电电压超过 16V 或低于 9V 持续 20s 以上。

故障可能原因：供电电压不正常。

故障的诊断步骤见表 4-11。

表 4-11　组合仪表 U110017/U110116 故障诊断步骤

步骤	操作	是	否
1	静止车辆 10min	转第 2 步	静车 10min
2	用诊断仪读取车身控制器是否有故障代码	转第 3 步	—
3	检查供电电压是否超过 16V	检测供电系统工作状态并更换组合仪表	转第 4 步

续表

步骤	操作	是	否
4	清除故障代码，重起车辆并做检测，查看故障是否消除	故障排除，系统正常	更换蓄电池

（2）U014687/U012287/U100087/U010187/U010087/U011187/U012887

故障代码 U014687/U012287/U100087/U010187/U010087/U011187/U012887 的含义是与网关/ESP/ABM/TCU/ECM/Nextrac/EPB 失去通信。故障代码报码的条件是连续 10 个周期未接收到网关/ESP/ABM/TCU/ECM/Nextrac/EPB 发送的信号。

故障可能原因：线束连接异常；网关/ESP/ABM/TCU/ECM/Nextrac/EPB 节点异常。

模块通信故障的诊断步骤见表 4-12。

表 4-12 模块通信故障诊断步骤

步骤	操作	是	否
1	静止车辆 10min	转第 2 步	静车 10min
2	用诊断仪读取车身控制器是否有故障代码	转第 3 步	排查其他故障代码
3	检查线束是否有断路和短接	更换线束	转第 4 步
4	检查网关/ESP/ABM/TCU/ECM/Nextrac/EPB 节点是否异常	更换网关/ESP/ABM/TCU/ECM/Nextrac/EPB，转第 5 步	转第 5 步
5	清除故障代码，重起车辆并做检测，查看故障是否消除	故障排除，系统正常	更换网关/ESP/ABM/TCU/ECM/Nextrac/EPB

（3）B120096/B120196/B120296/B120396/B120496/B120596/B120696

故障代码 B120096/B120196/B120296/B120396/B120496/B120596/B120696 的含义是安全气囊故障指示灯/驾驶员安全带未系指示灯/制动系统故障指示灯/ABS 故障指示灯/ESP 故障和动作指示灯/ESP 关闭指示灯/胎压故障指示灯失效。故障代码报码的条件是打开点火开关，持续 5s 检测到胎压故障指示灯 ADC 值异常。

故障可能原因：安全气囊故障指示灯/驾驶员安全带未系指示灯/制动系统故障指示灯/ABS 故障指示灯/ESP 故障和动作指示灯/ESP 关闭指示灯/胎压故障指示灯损坏。

指示灯失效类故障的诊断步骤见表 4-13。

表 4-13 指示灯失效类故障诊断步骤

步骤	操作	是	否
1	静止车辆 10min	转第 2 步	静车 10min
2	用诊断仪读取车身控制器是否有故障代码	转第 3 步	排查其他故障代码

续表

步骤	操作	是	否
3	清除故障代码，重起车辆并做检测，点亮安全气囊故障指示灯/驾驶员安全带未系指示灯/制动系统故障指示灯/ABS故障指示灯/ESP故障和动作指示灯/ESP关闭指示灯/胎压故障指示灯，查看故障是否消除	故障排除，系统正常	更换组合仪表

（4）B121096/B121196

故障代码 B121096/B121196 的含义是燃油传感器电路短/开路。故障代码报码的条件是打开点火开关，连续 10s 检测到主油箱阻值小于 10Ω/大于 1 000Ω。

故障可能原因：燃油传感器电路短/开路。

燃油传感器故障的诊断步骤见表 4-14。

表 4-14　燃油传感器故障诊断步骤

步骤	操作	是	否
1	静止车辆 10min	转第 2 步	静车 10min
2	用诊断仪读取车身控制器是否有故障代码	转第 3 步	排查其他故障代码
3	检查线束是否有断路和短接	更换线束	转第 4 步
4	检查燃油传感器接插件是否连接异常	重新连接接插件，转第 5 步	转第 5 步
5	清除故障代码，重起车辆并做检测，查看故障是否消除	故障排除，系统正常	更换燃油传感器

三、组合仪表的检查（课证融通内容）

1. 查找电路图

1) 打开维修手册目录。

2) 从目录页找到组合仪表系统目录。

3) 从组合仪表总成目录下找到组合仪表的组合仪表-1、组合仪表-2 电路图。

4) 打开组合仪表有关的电路图。

2. 组合仪表的检查

（1）安全带指示灯的检查

点火开关置于 ON 挡，如果没有佩戴驾驶席安全带，安全带未系指示灯根据车速点亮或闪烁，如图 4-61 所示。当车速低于 6km/h，安全带指示灯长亮；当车速高于

9km/h，指示灯闪烁；当车速高于20km/h，指示灯闪烁，并且蜂鸣器响约100s。

（2）驻车指示灯的检查

点火开关在START位置或ON位置，驻车制动器拉起1格以上时，驻车指示灯亮起（图4-62），指示灯工作正常；释放驻车制动器时，此指示灯熄灭。

图4-61 安全带未系指示灯

图4-62 驻车指示灯检查

（3）挡位指示灯的检查

起动发动机，踏下制动踏板，将挡位从P挡开始逐步换挡，观察挡位指示灯的点亮情况是否与所换挡位相对应（图4-63）。

（4）故障指示灯的检查

发动机、PEPS、ESP故障指示灯等检查方法基本相同。点火开关置于ON挡时，系统进入自检，指示灯点亮（图4-64），在发动机起动后几秒内熄灭。

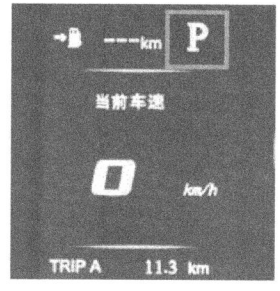

图4-63 挡位指示灯检查

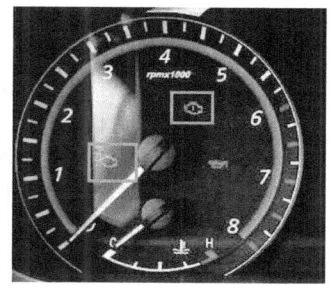

图4-64 故障指示灯检查

（5）充电、水温过高、机油压力燃油不足报警灯的检查

这类报警灯检查方法基本相同。点火开关置于ON挡时，系统进入自检，报警灯点亮（图4-65），在发动机起动或自检后熄灭。

（6）转向、危险报警、远光、雾灯指示灯的检查

这类指示灯检查方法基本相同。点火开关置于ON挡时，打开转向/危险报警/远光/雾灯开关，此时指示灯点亮（图4-66），相应的开关关闭后指示灯熄灭。

图 4-65 报警灯检查

图 4-66 灯光指示灯检查

任务评价

一、长城哈弗 M6 汽车组合仪表故障诊断评价标准

学习任务	长城哈弗 M6 汽车组合仪表故障诊断		学时		2
标准时间		开始时间		完成时间	
序号	操作步骤	扣分要求	操作记录	分值	自评/分
1	安全/7S/态度	□1. 能进行工位 7S 操作。 □2. 能进行设备和工具安全检查。 □3. 能进行车辆安全防护操作。 □4. 能进行工具清洁、校准、存放操作。 □5. 能进行"三不落地"操作。	未完成 1 项扣 3 分,扣分不超过 15 分		15	
2	专业技能	作业: □1. 能正确查询组合仪表电路图。 □2. 能正确拆装组合仪表总成。 □3. 能正确查找组合仪表故障代码。 □4. 能正确进行组合仪表相关的故障诊断。	未完成 1 项扣 5 分,扣分不超过 50 分		50	
3	工具及设备的使用能力	□1. 能正确使用办公软件。 □2. 能正确操作计算机。	未完成 1 项扣 5 分,扣分不超过 10 分		10	
4	资料信息查询能力	□1. 能正确使用维修手册查询资料。 □2. 能正确使用用户手册查询资料。 □3. 能在规定时间内查询所需资料。 □4. 能正确记录所查询资料章节页码。 □5. 能正确记录所需维修信息。	未完成 1 项扣 5 分,扣分不超过 10 分		10	

续表

学习任务		长城哈弗 M6 汽车组合仪表故障诊断		学时	2
标准时间			开始时间		完成时间	
序号	步骤	操作步骤	扣分要求	操作记录	分值	自评/分
5	数据判断分析能力	□1. 能分析组合仪表电路图。 □2. 能分析组合仪表系统电气设备定位图。 □3. 能够分析组合仪表相关故障。	未完成 1 项扣 5 分，扣分不超过 10 分		10	
6	表单填写与报告的撰写能力	□1. 字迹清晰。 □2. 语句通顺。 □3. 无错别字。 □4. 无涂改。 □5. 无抄袭。	未完成 1 项扣 1 分，扣分不超过 5 分		5	

二、组合仪表的检查评价标准（职业技能证书评价标准）

学习任务		长城哈弗 M6 汽车组合仪表的检查		学时	2
标准时间			开始时间		完成时间	
序号	步骤	操作步骤	扣分要求	操作记录	分值	自评/分
1	安全/7S/态度	□1. 能进行工位 7S 操作。 □2. 能进行设备和工具安全检查。 □3. 能进行车辆安全防护操作。 □4. 能进行工具清洁、校准、存放操作。 □5. 能进行"三不落地"操作。	未完成 1 项扣 3 分，扣分不超过 15 分		15	
2	专业技能	作业： □1. 能正确检查安全带指示灯、驻车指示灯工作是否正常。 □2. 能正确检查挡位指示灯工作是否正常。 □3. 能正确检查故障指示灯工作是否正常。 □4. 能正确检查充电、水温过高、机油压力燃油不足报警灯等工作是否正常。 □5. 能正确检查转向、危险报警、远光、雾灯指示灯等工作是否正常。	未完成 1 项扣 5 分，扣分不超过 50 分		50	
3	工具及设备的使用能力	□1. 能正确使用办公软件。 □2. 能正确操作计算机。	未完成 1 项扣 5 分，扣分不超过 10 分		10	

续表

学习任务	长城哈弗 M6 汽车组合仪表的检查		学时		2	
标准时间		开始时间		完成时间		
序号	操作步骤	扣分要求	操作记录	分值	自评/分	
4	资料信息查询能力	□1. 能正确使用维修手册查询资料。 □2. 能正确使用用户手册查询资料。 □3. 能在规定时间内查询所需资料。 □4. 能正确记录所查询资料章节页码。 □5. 能正确记录所需检查信息。	未完成 1 项扣 5 分，扣分不超过 10 分		10	
5	数据判断分析能力	□1. 能分析组合仪表电路图。 □2. 能分析组合仪表系统电气设备定位图。	未完成 1 项扣 5 分，扣分不超过 10 分		10	
6	表单填写与报告的撰写能力	□1. 字迹清晰。 □2. 语句通顺。 □3. 无错别字。 □4. 无涂改。 □5. 无抄袭。	未完成 1 项扣 1 分，扣分不超过 5 分		5	

项目拓展

智能驾驶座舱技术

传统的汽车座舱只能显示各种仪表工作状况，而智能座舱将车内空间变成了一个数字化平台。智能座舱的关键特征就反映在"智能"两字上。这类座舱中会安装多元显示器，操作也会从传统的按钮操作变成触碰或语音聊天操作。它还配有多种感应器和智能产品，根据驾驶员的习惯等给予驾驶员更舒适的驾驶感受。

智能座舱内有很多可供游戏娱乐的设计方案，可以让驾驶员在车里看电视剧、打游戏、视频聊天等。此外，还可以提供各种外部信息，如气温、到达站的情况、汽车充电桩部位、驾驶时间、交通路况，且能根据设施评估驾驶员的身心健康情况。

现阶段智能座舱的智能化还处于前期阶段，如果未来有一天智能座舱发展到智能化系统级别 level4 时，驾驶员就可以远距离操控驾驶车辆，让车辆自动寻找停车位泊车，或驾驶到指定位置。在驾驶环节，甚至还能够保证真正意义上的解放两手，汽车全自动安全驾驶到目的地。

项目4 汽车照明、信号及仪表系统检修

📖 项目小结

1. 知识脉络图

```
                    ┌─ 组成 ┬─ 外部照明：前照灯（照明道路和物体，确保行车安全，超车
                    │       │           信号）；雾灯（雨雾天道路照明；位置比前照灯低）；倒车
                    │       │           灯（白色，照明车后道路，兼起信号作用）；牌照灯（车尾
                    │       │           牌照上方，白色，照明车牌）
                    │       │
                    │       └─ 内部照明：顶灯（车厢内顶部，车厢内照明，白色）；仪表
                    │                   灯（仪表盘内，照明仪表，白色）；踏步灯（上下车台阶，
                    │                   上下车照明，白色）
                    │
            照明    │       ┌─ 要求：均匀明亮照明车前100m道路；防眩目
            系统    │       │
            拆检 ───┼─ 前照灯┼─ 结构：灯泡（充气、卤钨、高压三类）；反射镜（聚合灯
                    │       │          光）；配光镜（折射，均匀照明）
                    │       │
                    │       ├─ 防眩目措施：采用远近光；装配光屏；采用不对称光
                    │       │
                    │       └─ 类型：可拆卸式、半封闭式、封闭式、投射式
                    │
                    ├─ 雾灯 ┬─ 前雾灯：黄色，35W，可不配备
                    │       │
                    │       └─ 后雾灯：红色，至少一个，21W，信号灯具
                    │
                    └─ 哈弗M6┬─ 组成：前后组合灯、牌照灯、雾灯、顶灯、背景灯等
                      电路分析│
                             └─ 原理：灯光开关接通，BCM接收信号，输出信号控制继电
                                     器或组合灯模块，控制灯光

照明、信号
及仪表系统          ┌─ 组成 ┬─ 外部信号灯：示宽灯（车前、车尾两侧，前灯白色，后灯红色）；
  检修              │       │             转向灯（前后四角，前灯橙色，后灯红色或橙色）；制动灯（车
                    │       │             尾两侧，红色）；危险报警灯（与转向灯共用）
                    │       │
                    │       ├─ 内部信号灯：报警及指示灯（指示某些装置工作状态，白色、红
                    │       │             色、绿色、蓝色）；门灯（车厢内，白色，指示车门状态）
                    │       │
                    │       └─ 电喇叭：警示行人与车辆，保证行车安全，催行、传递信号
                    │
            信号    │       ┌─ 转向及危险报警灯：熔断器、闪光器、转向及危险报警灯开
            系统 ───┼─ 常用  │                   关、转向灯
            拆检    │  信号  │
                    │  灯具 ─┼─ 倒车信号：倒车灯（倒车灯开关、熔断器、倒车灯）；倒车报警
                    │       │            器（控制电路，电喇叭）
                    │       │
                    │       └─ 电喇叭：音调调整（膜片振动频率，改变铁心间隙）；音量调整
                    │                  （工作电流大小，改变触点压力）
                    │
                    └─ 哈弗M6信┬─ 转向灯电路：BCM接收转向灯开关搭铁信号，判断工作状
                      号系统电 │              态，控制转向灯输出电流，控制转向灯工作
                      路分析   │
                               └─ 喇叭电路：喇叭开关控制搭铁，控制继电器工作，从而控
                                           制喇叭工作，并把信号传给BCM

                    ┌─ 仪表系统：水温表（指示冷却液温度）；燃油表（指示油箱存油量）；车速
                    │           里程表（指示行驶速度和累积里程）；转速表（指示发动机转速）
                    │
            仪表    ├─ 报警系统：机油压力报警灯（红色，机油压力不足点亮）；水温报警灯（水
            与报 ──┤           温过高或冷却液不足点亮）；制动系统报警灯（驻车制动报警灯、ABS报
            警系            警灯、制动蹄片磨损报警灯）；燃油不足报警灯（燃油低于规定值点亮）；
            统检修          轮胎气压报警灯（轮胎气压过低时点亮）
                    │
                    └─ 哈弗M6 汽车仪表、报警灯电路分析：相关的报警灯传感器产生电信号，
                              传给组合仪表模块,模块直接控制相关指示灯工作
```

2. 主题探究

劳模精神的内涵是爱岗敬业、争创一流、艰苦奋斗、勇于创新、淡泊名利、甘于奉献。爱岗敬业、争创一流是劳模精神的本质特征，体现了劳模对国家、社会、职业的高度责任感、使命感和舍我其谁的主人翁精神。艰苦奋斗、勇于创新是劳模精神的品质，踏踏实实、奋发图强、勇于挑战、敢为人先。淡泊名利、甘于奉献是劳模精神的价值追求，彰显了劳模心甘情愿、默默坚守、全身心投入，不求声名和个人私利。

寻找你身边的企业劳动模范，在班级讲述他们的成长经历和主要事迹，一起来探寻劳模精神的真谛。

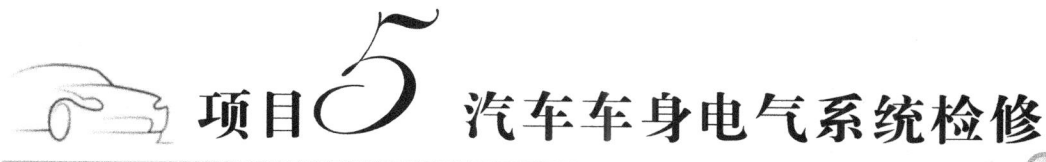

项目 5 汽车车身电气系统检修

项目描述

随着汽车辅助工业的发展和现代化技术在汽车方面的应用,现代汽车装用的车身电气设备逐渐增多,常用的车身电气设备有电动刮水器、电动车窗、电动座椅、安全气囊等。本项目主要介绍常见车身电气设备的结构、工作原理、保养及拆装方法。

任务 5.1 汽车电动车窗的检修

任务导入

客户张先生开着一辆长城哈弗 M6 汽车来到 4S 店,反映右后电动车窗不能正常升降,左前电动车窗升降过程中有异响。假设你是维修技术人员,请你负责该车辆的接待、维修工作,完成汽车电动车窗的初步检查,并对上述故障进行维修。

任务目标

素质目标:
1. 养成自觉遵守技术标准和规范操作的习惯,培养良好的职业道德。
2. 养成坚韧不拔的意志品质和无私奉献的职业情怀,培养精益求精的工匠精神。

知识目标:
1. 能描述汽车电动车窗的组成。
2. 能描述汽车电动车窗的工作过程。
3. 能根据电路图描述常见车型电动车窗电路工作原理。
4. 能描述电动车窗常见故障并能分析其原因。

能力目标：
1. 能够对汽车电动车窗进行检查维护。
2. 能查阅维修资料，分析长城哈弗 M6 汽车电动车窗的电路。
3. 规范地对电动车窗进行检修作业。

信息收集

汽车电动车窗的检修

一、电动车窗

1. 电动车窗的作用

电动车窗是指通过车载电源来驱动玻璃升降器，使升降器上下运动，带动车窗玻璃上下运动，达到车窗自动开闭的目的的装置。电动车窗可使驾驶员或者乘员坐在座位上，利用开关使车门玻璃自动升降，操作简便并有利于行车安全。

2. 电动车窗的类型

电动车窗分为普通电动车窗和一触式电动车窗。

普通电动车窗依靠手动控制车窗最终开合的程度。这种车窗相对一触式电动车窗成本较低，用在一些相对低端的车型上。

一触式电动车窗只需一次按下车窗控制按钮，车窗便会自动升起或降下，有"一键升降"功能。一触式电动车窗分一挡和二挡两种。第一挡位和普通电动车窗一样，按多少车窗就开或关多少。第二个挡位按一下后放开，窗户自动完全开启或者完全关闭，一般用于中高端车型上。

玻璃升降器是电动车窗的主要部件，根据机械升降机构不同的工作原理，玻璃升降器可分为三种形式，即绳轮式、交叉传动臂式（齿扇式）和齿条式。

（1）绳轮式电动车窗玻璃升降器

绳轮式电动车窗玻璃升降器在欧洲被广泛采用。它主要由摇窗电动机、绳索部件、卷丝筒、调整弹簧、支架机构、滑动支座等组成，如图 5-1 所示。当摇窗电动机顺时针或逆时针旋转时，电动机输出轴经蜗轮蜗杆减速带动卷丝筒正反向旋转，卷丝筒又带动与钢丝相连的滑动支座，使滑动支座沿着支架机构中的导槽上下运动，而滑动支座上固定着门窗玻璃，从而使玻璃上升或下降。为了提高该装置的机械效率，减少摩擦损耗至关重要，因此，在钢丝与导槽摩擦面上须涂上润滑脂，在支架上下端钢丝转向处装有工程塑料制的动滑轮，一方面减少钢丝运动时的摩擦，另一方面增大钢丝折弯的曲率半径，延长钢丝的使用寿命。调整弹簧的作用是消除钢丝使用中被拉长而造成的松弛现象，保证升降器可靠工作。

（2）交叉传动臂式电动车窗玻璃升降器

交叉传动臂式升降器的结构如图 5-2 所示。齿扇上连有螺旋弹簧，当车窗下降时螺旋弹簧收缩，吸收能量；当车窗上升时螺旋弹簧伸展，释放能量，以减轻电动机的负荷。于是，无论车窗上升还是下降，电动机的负荷基本相同。当电动机转动时，通过蜗轮蜗杆减速并改变旋转方向，使齿扇转动，带动车窗升降。

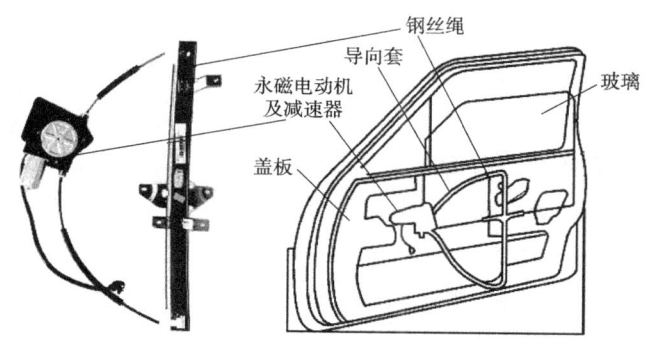

图 5-1　绳轮式电动车窗玻璃升降器

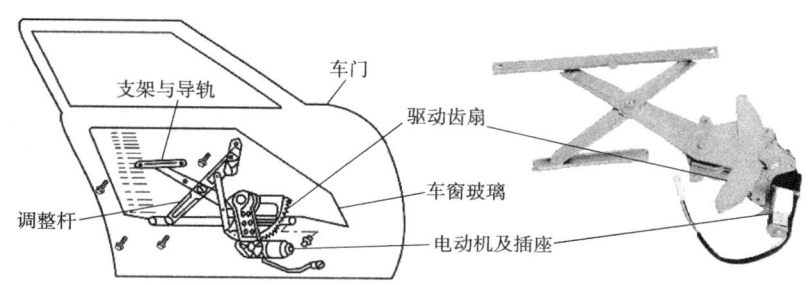

图 5-2　交叉传动臂式电动车窗玻璃升降器

（3）齿条式电动车窗玻璃升降器

齿条式升降器的结构如图 5-3 所示。车窗升降器采用柔性齿条和小齿轮。当电动机转动时，通过蜗轮蜗杆减速机构将动力传给小齿轮，小齿轮又使齿条移动，齿条通过拉绳带着车窗升降。

二、电动天窗

1. 电动天窗的作用

汽车天窗安装于车顶，能够有效地使车内空气流通，增加进入新鲜空气，也可以开阔视野及满足移动摄影摄像等需求。

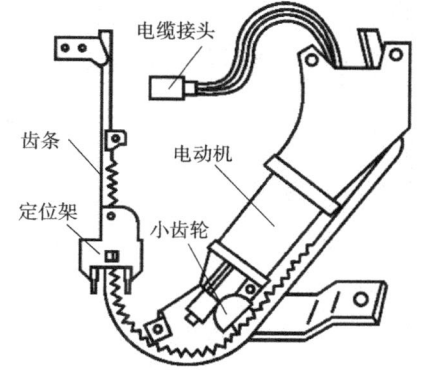

图 5-3　齿条式电动车窗玻璃升降器

汽车天窗可大致分为外滑式、内藏式、内藏外翻式、全景式和窗帘式等，主要安装于 SUV、轿车、MPV 等车型上。

（1）防夹功能

如果天窗在自动关闭过程中遇到障碍物，将停止关闭并返回一段距离。

注意：天窗在完全关闭的瞬间，如果有物体被卡住，防夹功能将不能发挥作用。

（2）自动关闭功能

行车中，当车速超过 100km/h，天窗将自动关闭。天窗在倾斜位置只能手动关闭。

（3）延时功能

天窗处于未完全关闭状态时能够实现延时功能。点火开关由 ON 模式切换至 LOCK 模式后，通常 40s 内仍可操纵天窗，但在天窗完全关闭后不可再进行操作。

2. 电动天窗的组成与原理

电动天窗主要由天窗组件、滑动机构、驱动机构和控制系统等组成。天窗组件包括天窗框架、天窗玻璃、遮阳板、导流槽、排水槽等，如图 5-4 所示。

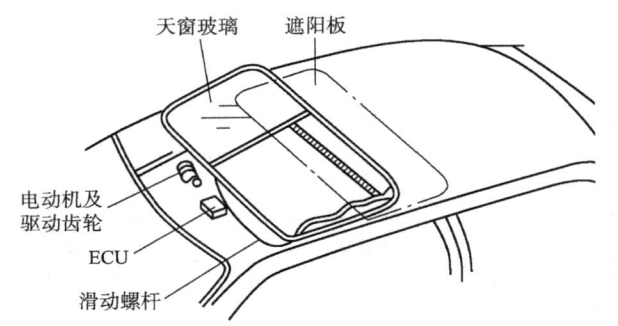

图 5-4　电动天窗的结构

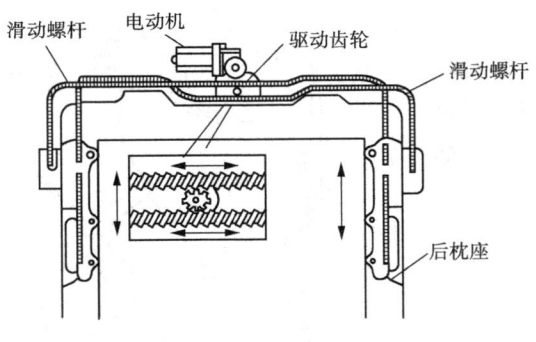

图 5-5　电动天窗执行机构原理

电动天窗执行机构主要由电动机、传动机构、滑动螺杆等组成，如图 5-5 所示。电动机通过传动机构带动天窗打开与关闭。

三、哈弗 M6 汽车电动车窗电路分析

1. 电动车窗的组成及原理分析

电动车窗系统由车窗、车窗玻璃升降器、电动机、继电器、开关和 ECU 等装置组成。电动车窗使用的电动机是双向的，每个车窗都装有一个电动机，有永磁型和双绕组串激型两种，通过开关控制它的旋转方向，使车窗玻璃上升或下降。

永磁型直流电动机通过改变电枢的电流方向来改变电动机的旋转方向，使车窗玻璃上升或下降。

双绕组串激直流电动机有两个绕向相反的磁场绕组，一个称为上升绕组，另一个称为下降绕组。给不同绕组通电，会产生方向相反的磁场，电动机的旋转方向也就不同，从而实现车窗上升或下降。

哈弗 M6 汽车电动车窗的电路如图 5-6 所示，左前车窗开关电源由 F38 号熔断器供电，由 UP、DOWN、AUTO 三个开关进行组合，向 CPU 输入 12V 信号，信号经 CPU 进行逻辑控制，再通过 2 个内置放大器控制车窗升降电动机正反转运行，实现车窗升降功能。

左前车窗具有防夹功能，其余三个车窗不具有防夹功能。驾驶员侧的车窗防夹功能是通过车门升降电动机的霍尔反馈信号线实现的。当一键升降反馈信号线断路时，车窗一键升降功能将变成点动升降功能。

通过电路图中 PCUT（儿童锁）开关的断开，使后排车门窗开关与电源切断，实现车窗锁止功能。

副驾驶侧车窗开关电源经 F38 号熔断器引出进行供电，副驾驶侧车窗及后排车窗开关接地都是通过开关再共用接地线，经 GND13 接地点接地。

（1）手动控制玻璃升降

持续按压或拉起车窗开关，但未达到压力点位置，车窗会持续打开或关闭，到达指定开启或关闭位置，松手即可。

（2）自动控制玻璃升降

按压或拉起车窗开关至超过压力点后松开，车窗会自动完全打开或关闭。若要车窗停止运行，需再次按压或拉起车窗开关。

（3）车窗锁止

按压车窗锁止开关后，车辆后排座电动车窗升降功能即被锁止，再次按压车窗锁止开关，后排座椅电动车窗升降功能恢复。

主题探究

车窗具有防夹功能是通过反馈信号实现闭环控制的，在学习过程中也需要不断通过考试和测评进行反馈，以了解学习效果。

2. 电动天窗的组成及原理分析

哈弗 M6 汽车的电动天窗电路如图 5-7 所示。该车电动天窗主要由天窗电动机模块和电动机组成。天窗电动机模块由 IGN1 提供电源，天窗电动机由 F14 提供电源，天窗开关与阅读灯集成在一个总成内，天窗开关信号由节电继电器提供，为 12V，经 1 号和 2 号控制线控制天窗的开启和关闭动作。电动机及电动机模块经 GND14 搭铁点搭铁。

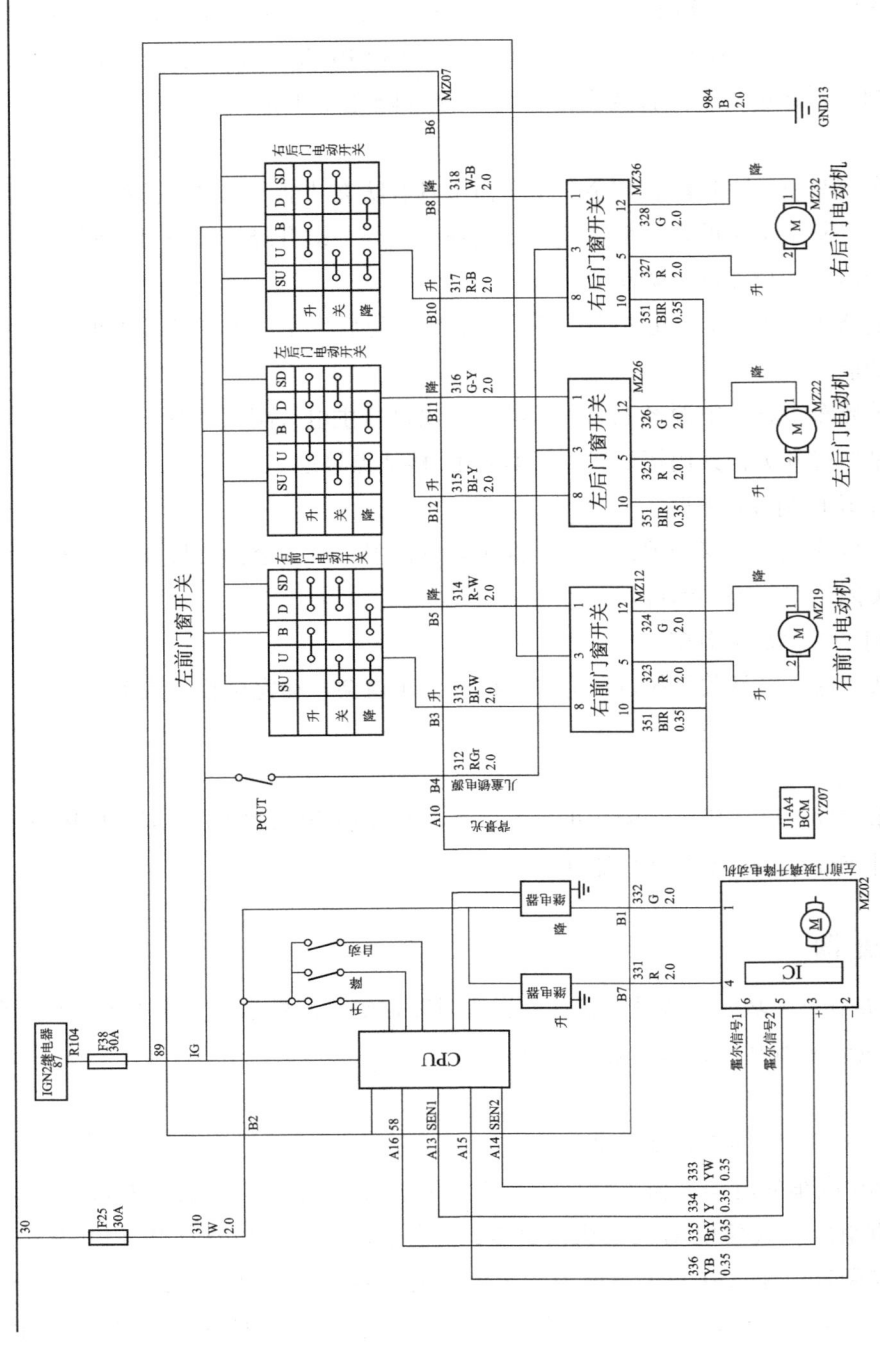

图 5-6 哈弗 M6 汽车电动车窗电路原理

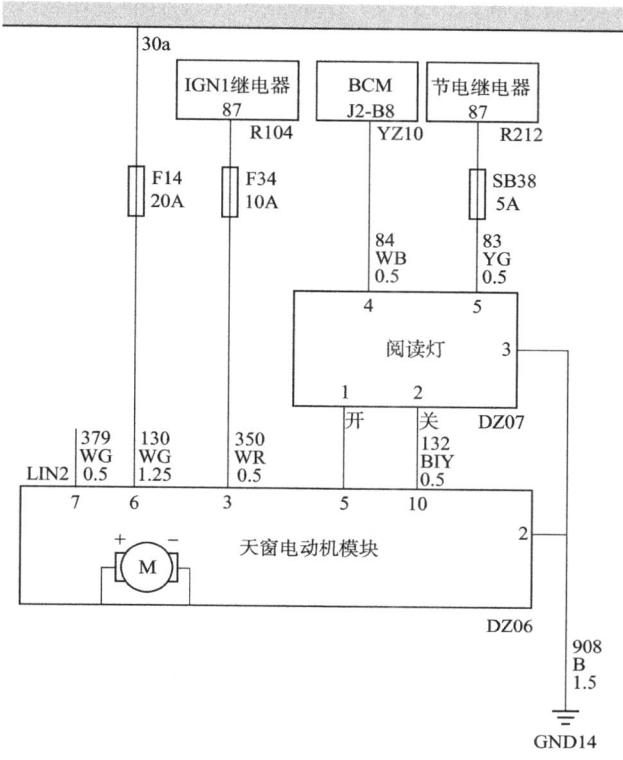

图 5-7 哈弗 M6 汽车电动天窗电路原理

四、常见故障诊断与排除

电动车窗和电动天窗系统常见故障有各挡都不工作、个别挡位不工作、车窗不能停在正确位置、运行中异响、卡顿等。

1. 所有电动车窗都不工作

1）故障现象。接通点火开关后，车窗开关无论置于哪一挡位，车窗均不工作。

2）故障原因。熔丝烧断；主驾驶位车窗开关总成有故障；线路断路或插接件松脱；BCM 损坏等。

3）诊断与排除。首先检查熔断器是否熔断，插接件是否松脱，线路有无断路；然后检查开关是否正常；最后排查 BCM 是否损坏。

2. 个别电动车窗不工作，天窗不能正常工作

1）故障现象。接通点火开关后，个别电动车窗不工作，其余正常。

2）故障原因。故障车窗的升降电动机控制线路断路或插接件松脱；机械传动部分故障，车窗玻璃脱落、卡滞；BCM 损坏等。

3）诊断与排除。如果操作升降功能，车窗电动机无响应，可先检查该挡位对应的线路是否正常，开关是否正常，电动机是否正常，再测试 BCM 是否正常。如果操作升

降功能，车窗电动机运转正常，但空转，应检查机械传动部分连接是否正常，车窗是否脱落、卡滞。

3. 车窗或天窗不能停在正确位置，防夹功能失效

1）故障现象。打开或关闭电动车窗、电动天窗时，不能停在正确位置，防夹功能失效。

2）故障原因。电动车窗或电动天窗卡滞；机械传动系统磨损过度；电动天窗、车窗运行位置与电子计算机匹配不一致；线路连接错误。

3）诊断与排除。首先检查车窗或天窗的安装是否正确，开关线路连接是否正确，再对电动车窗或电动天窗进行复位操作。防夹功能失效故障，首先检查霍尔信号反馈线路连接是否正常，再检查电动机霍尔传感器是否损坏。

4. 运行中异响、卡顿

1）故障现象。电动车窗或电动天窗在运行过程中有异响、卡顿现象。

2）故障原因。车窗或天窗的机械传动系统锈蚀、松旷、变形；车窗玻璃松脱；运行轨道中夹杂异物等。

3）诊断与排除。先检查安装状况，是否松旷，然后清理运行轨道中的杂物，并涂抹适量润滑油；再检查机械传动系统是否变形。

5. 天窗漏水

1）故障现象。车内天窗缝隙中渗水，或天窗轨道有积水现象。

2）故障原因。排水管堵塞；玻璃密封条和钣金有间隙；玻璃密封条和排水槽有缺陷，玻璃组合安装位置不当。

3）诊断与排除。首先，仔细观察天窗结构部件是否变形、橡胶条密封性及天窗关闭情况；然后，排查四角的排水孔有没有被杂质堵塞，若发现有堵塞的地方，用曲别针或其他简单工具就可清理干净，但注意不要用水冲，以免继续堵塞排水管道；最后，如果排水孔没有问题，就需要检查排水管与排水孔的接头位置是否松脱，或者将排水管取出检查，或拆卸汽车内部排水管的走线部位，排查相应的漏水情况，可以用气枪来疏通或者直接更换。

知识过关

一、选择题

1. 电动车窗中某个车窗的两个方向都不能运动的故障原因有（　　）。

A. 传动机构卡住　　　　　　　　　B. 搭铁不实

C. 车窗电动机损坏　　　　　　　　D. 熔丝被烧断

2. 下列选项，不是电动天窗组成部分的是（　　）。

A. 滑动机构　　　B. 驱动机构　　　C. 控制系统　　　D. ECU

3. 电动车窗系统是由车窗、车窗玻璃升降器、（　　）、开关等装置组成的。
   A. 喷水壶　　　　B. 胶条　　　　C. 电动机　　　　D. 插接器
4. 为车窗玻璃的升降提供动力的是（　　）。
   A. 电动机　　　　B. 车窗玻璃升降器　　C. 车窗玻璃　　　D. 控制开关
5. 电动车窗中的电动机一般为（　　）。
   A. 单向直流电动机　　　　　　　　B. 双向交流电动机
   C. 永磁双向直流电动机　　　　　　D. 以上答案都不对
6. 电动车窗的玻璃机械升降机构的结构形式一般有绳轮式、（　　）及液压式等。
   A. 按压式　　　　B. 电动式　　　　C. 托举式　　　　D. 交臂式

二、填空题

1. 电动车窗主要由车窗、_____、_____、继电器、开关等组成。
2. 电动车窗升降器主要有_____升降器及_____升降器等。
3. 在电动车窗总开关上装有_____开关，可切断分开的电路。
4. 电动天窗主要由_____、滑动机构、_____机构和控制系统等组成。
5. 电动天窗的开关可分为开关组和_____开关。

三、判断题

1. 电动车窗一般都装有两套开关，分开关由驾驶员控制，总开关由乘客操纵。
   　　　　　　　　　　　　　　　　　　　　　　　　　　　　　　　（　　）
2. 门控开关用来探测车门的开闭情况。　　　　　　　　　　　　　　（　　）
3. 电动车窗通过开关控制电动机的电流方向，使车窗升降。　　　　　（　　）
4. 电动车窗升降器常见的类型有钢丝滚筒式和交叉臂式。　　　　　　（　　）
5. 电动车窗的电动机是双向电动机。　　　　　　　　　　　　　　　（　　）

四、简答题

1. 电动车窗是如何工作的？
2. 简述电动天窗的组成。

任务实施

一、任务准备

1. 设备准备

1) 带有消防设施的汽车维修工位。
2) 长城哈弗 M6 故障汽车 1 辆。

2. 资料准备

长城哈弗汽车维修手册和工作手册。

3. 工具、量具准备

万用表、常规工具、连接导线。

二、电动车窗升降器拆装与检查（岗课融通内容）

1. 电动车窗升降器拆卸

1）将玻璃从下止点上升约230mm，调至初始装配位置，如图5-8所示。

2）关闭点火开关，如图5-9所示。

图5-8　上升玻璃车窗

图5-9　关闭点火开关

3）断开蓄电池负极，如图5-10所示。

4）拆卸前门内饰板，如图5-11所示。

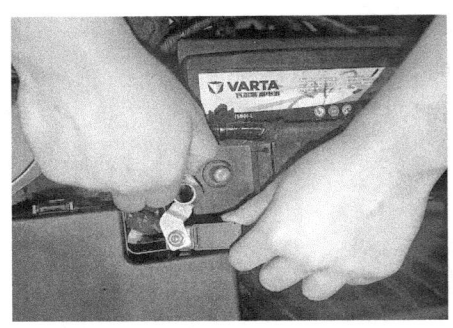

图5-10　断开蓄电池负极

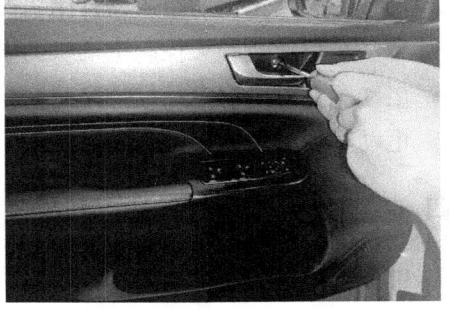

图5-11　拆卸前门内饰板

5）揭开前门防水膜，如图5-12所示。

6）拆卸前门玻璃，如图5-13所示。

7）断开线束插件。

8）拆下前门拉手盒安装支架2个固定螺栓、前门玻璃升降器5个固定螺栓，如图5-14所示。

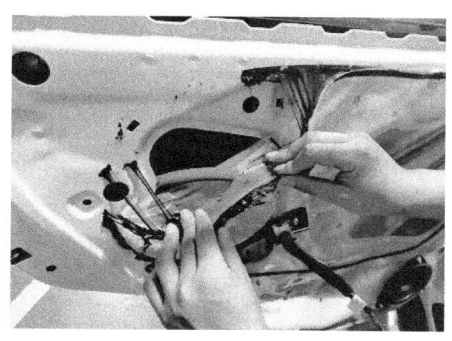
图5-12 揭开前门防水膜

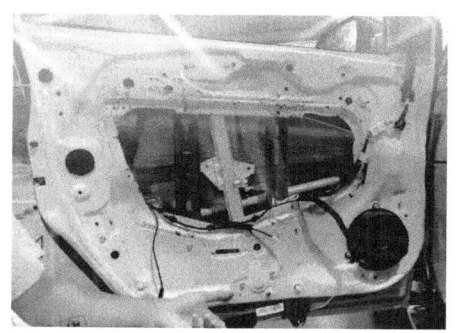
图5-13 拆卸前门玻璃

9）取下前门拉手盒安装支架，如图5-15所示。

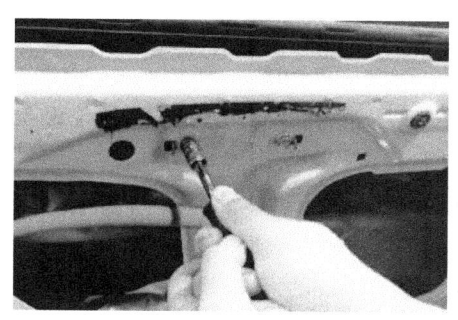
图5-14 拆拉手盒支架

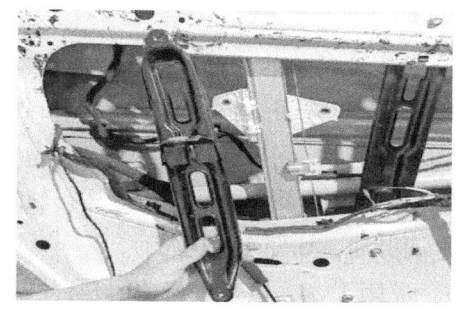
图5-15 取下拉手盒支架

10）取下前门玻璃升降器，如图5-16所示。

2. 电动车窗升降器安装

安装以与拆卸相反的顺序进行，如图5-17所示。

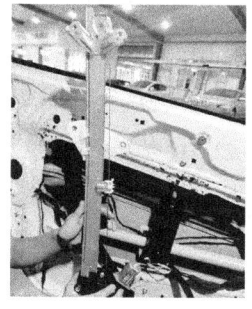
图5-16 取下玻璃升降器

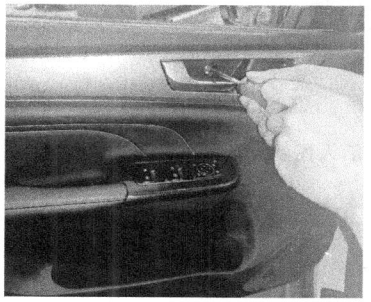
图5-17 电动车窗的安装

3. 电动车窗升降器初始化

在车辆断电或更换开关后，需要对车门升降进行初始化。要求车辆蓄电池电压大于11V。

1）将需要初始化的车门玻璃升窗到顶，并堵转2s，如图5-18所示。

2）上下自动升降一个循环，即可完成初始化，如图 5-19 所示。

图 5-18　玻璃升顶堵转　　　　　　图 5-19　上下升降循环

三、电动天窗检查与保养（课证融通内容）

1. 天窗开闭功能及运行状况检查

1）打开和关闭天窗，检查天窗在各个挡位运行过程中有无异响、卡滞现象，如图 5-20 所示。

2）完全打开天窗，检查天窗运行轨道是否有杂质、脏污，如有应清理干净，并涂抹适量润滑油，如图 5-21 所示。

3）关闭天窗，检查天窗关闭是否严密，查看是否有漏水痕迹，如图 5-22 所示。

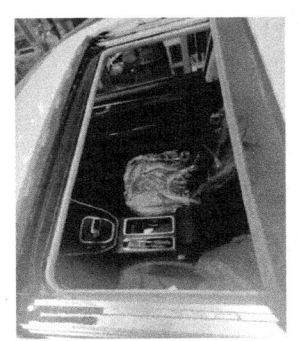

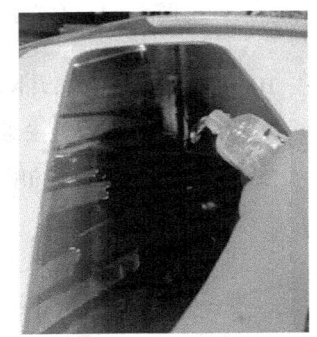

图 5-20　检查、清洁天窗轨道　　图 5-21　检查天窗运行状况　　图 5-22　检查天窗是否漏水

4）清理天窗轨道排水口，确保积水能够及时排出，如图 5-23 所示。

2. 遮阳板检查

1）天窗开启时，查看遮阳板是否一并自动打开一定程度，如图 5-24 所示。

2）手动开闭天窗遮阳板，观察有无卡滞、脱落或其他损坏情况，如图 5-25 所示。

3. 维修手册的使用

1）通过维修手册查询电动车窗及电动天窗位置复位方法。

2）通过维修手册查询电动车窗升降电动机更换方法。

3）通过维修手册查询电动车窗电路原理图。

项目 5　汽车车身电气系统检修

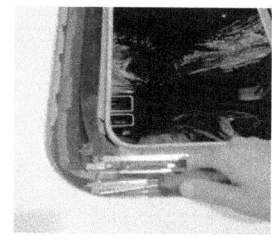  

图 5-23　清理天窗排水口　　图 5-24　检查遮阳板随动开启　　图 5-25　手动检查遮阳板

任务评价

一、电动车窗升降器的拆装与更换评价标准（赛课融通标准）

学习任务	电动车窗升降器的拆装与更换		学时	2
标准时间		开始时间	完成时间	

序号	操作步骤		操作标准	操作记录	分值	自评/分
1	检修前的基本检查	检查作业现场环境	检查、清洁彻底，记录清晰、准确		2	
		记录整车基本信息			3	
		作业前工具检查			2	
		故障现象的确认			5	
		作业前实施车辆防护			3	
2	电动车窗升降器的拆卸	将玻璃从下止点上升约230mm，调至初始装配位置	工具选择、使用正确；按维修工艺要求拆卸		4	
		关闭点火开关			4	
		断开蓄电池负极			4	
		拆卸前门内饰板			4	
		揭开前门防水膜			4	
		拆卸前门玻璃			4	
		断开线束插件			3	
		拆下前门拉手盒安装支架2个固定螺栓、前门玻璃升降器5个固定螺栓			7	
		取下前门拉手盒安装支架			3	
		取下前门玻璃升降器			3	
3	电动车窗升降器的安装	安装前门玻璃升降器	工具选择、使用正确；按维修工艺要求安装		4	
		安装前门拉手盒安装支架			4	
		安装前门拉手盒安装支架2个固定螺栓、前门玻璃升降器5个固定螺栓			4	
		连接线束插件			4	

续表

学习任务		电动车窗升降器的拆装与更换		学时	2	
标准时间			开始时间		完成时间	
序号		操作步骤	操作标准	操作记录	分值	自评/分
3	电动车窗升降器的安装	安装前门玻璃	工具选择、使用正确；按维修工艺要求安装		4	
		安装前门防水膜			4	
		安装前门内饰板			4	
		连接蓄电池负极电缆			4	
		打开点火开关			4	
		电动车窗升降器初始化操作			4	
4	场地恢复	正确摆放工具、量具，整理工作台、地面及工具、量具	现场5S管理		5	

二、电动车窗及天窗检查保养评价标准（职业技能证书评价标准）

学习任务		电动车窗及天窗检查保养		学时	2	
标准时间			开始时间		完成时间	
序号		操作步骤	扣分要求	操作记录	分值	自评/分
1	安全/7S/态度	□1. 能进行工位7S操作。 □2. 能进行设备和工具安全检查。 □3. 能进行车辆安全防护操作。 □4. 能进行工具清洁、校准、存放操作。 □5. 能进行"三不落地"操作。	未完成1项扣3分，扣分不超过15分		15	
2	专业技能	作业1： □1. 能正确检查车窗手动升降功能。 □2. 能正确检查车窗锁止功能。 □3. 能正确检查车窗自动升降功能。 □4. 能正确检查车窗自动升降暂停功能。 □5. 能正确对车窗进行初始化操作。 □6. 能正确检查车窗防夹功能。 作业2： □1. 能正确检查天窗开闭功能。 □2. 能正确检查天窗倾斜开闭功能。 □3. 能正确检查天窗遮阳板开闭功能。 □4. 能正确清理天窗轨道灰尘，疏通天窗排水孔。 □5. 能正确维护天窗运行轨道。 □6. 能正确检查天窗防夹功能。	未完成1项扣5分，扣分不超过50分		50	

续表

学习任务		电动车窗及天窗检查保养		学时		2
标准时间		开始时间		完成时间		
序号		操作步骤	扣分要求	操作记录	分值	自评/分
3	工具及设备的使用能力	□1. 能正确使用维修工具。 □2. 能正确使用吹尘气枪。	未完成1项扣5分，扣分不超过10分		10	
4	资料信息查询能力	□1. 能正确使用维修手册查询资料。 □2. 能正确使用用户手册查询资料。 □3. 能在规定时间内查询所需资料。 □4. 能正确记录所查询资料章节页码。 □5. 能正确记录所需维修信息。	未完成1项扣5分，扣分不超过10分		10	
5	数据判断和分析能力	□1. 能判断玻璃运行轨道是否正常。 □2. 能判断玻璃升降及天窗是否正常。 □3. 能判断车窗防夹功能是否正常。 □4. 能判断车窗及天窗运行有无异响。 □5. 能判断天窗是否存在排水堵塞。	未完成1项扣5分，扣分不超过10分		10	
6	表单填写与报告的撰写能力	□1. 字迹清晰。 □2. 语句通顺。 □3. 无错别字。 □4. 无涂改。 □5. 无抄袭。	未完成1项扣1分，扣分不超过5分		5	

任务5.2 中控门锁的检修

任务导入

客户王先生开着一辆长城哈弗M6汽车来到4S店，反映他的车中控门锁遥控器距离远时效果不佳，距离很近时车辆才会响应，而且时好时坏，车内按键功能正常，但左后门有时会出现卡滞现象。假设你是维修技术人员，请你负责该车辆的接待、维修工作，完成汽车中控门锁的初步检查，并对该故障进行维修。

任务目标

素质目标：
1. 养成自觉遵守技术标准和规范操作的习惯，培养良好的职业道德。
2. 养成预防为主的安全意识，培养精益求精的工匠精神。

知识目标：
1. 能描述中控门锁的组成。
2. 能描述中控门锁的工作过程。
3. 能根据电路图描述电路工作原理。
4. 能描述中控门锁常见故障并能分析其原因。

能力目标：
1. 能够对汽车进行检查维护。
2. 能查阅维修资料，对汽车中控门锁电路进行分析。
3. 规范地对中控门锁进行检修作业。

信息收集

一、中控门锁系统简述

中控门锁的检修

1. 中控门锁的作用

现代轿车多数都安装了中央集控门锁，它可使驾驶员更加方便安全地使用汽车。中控门锁可实现下列主要功能：

1）将驾驶员侧车门锁扣按下时，其他几个车门及行李厢门都能自动锁定；如用钥匙锁门，也可同时锁好其他车门和行李厢门。

2）将驾驶员侧车门锁扣拉起时，其他几个车门及行李厢门锁扣都能同时打开；用钥匙开门，也可实现该动作。

3）在车内个别车门需打开时，可分别拉开各自的锁扣。

4）配合防盗系统，实现防盗。

2. 中控门锁的类型

中控门锁按结构形式不同一般分为双向空气压力泵式和微型直流电动机式两种，按控制方式不同分为不带防盗系统的中控门锁和带防盗系统的中控门锁。

3. 中控门锁的组成

中控门锁主要由控制电路和执行机构等组成，如图 5-26 所示。控制电路主要由门锁控制开关、钥匙操纵开关、门锁总成、行李厢门锁、门锁控制器、定时装置和继电器等组成。

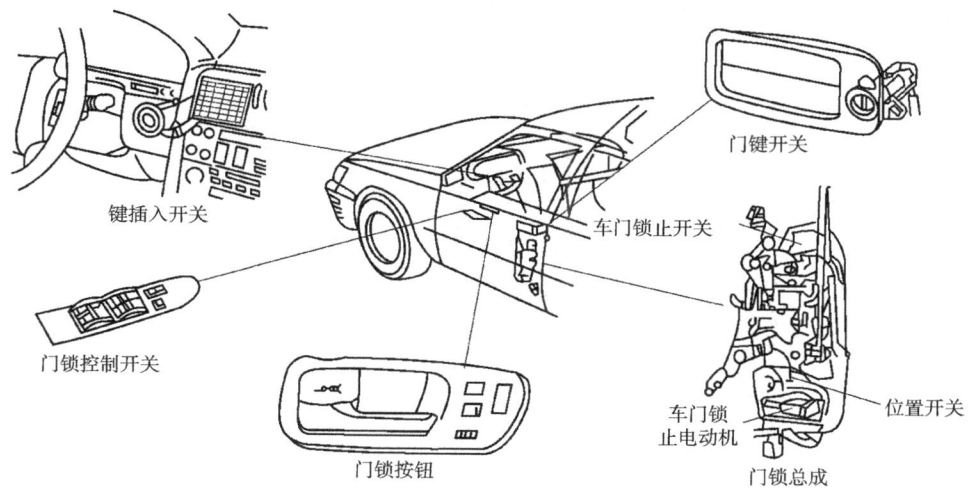

图 5-26 中控门锁的组成

(1) 门锁控制开关

门锁控制开关一般装在驾驶员侧前门内的扶手上,通过此开关可以同时锁止和打开所有车门。门锁控制开关实质上是一个电门开关,用来控制各车门和行李厢锁筒的锁止和开启。用钥匙拨动门锁锁心并使其转过一定的角度,即可接通门锁执行机构的电路,使电磁线圈产生吸力,将门锁锁止或开启。

(2) 门锁总成

门锁总成主要由门锁传动机构、门锁位置开关、外壳等组成,如图 5-27 所示。

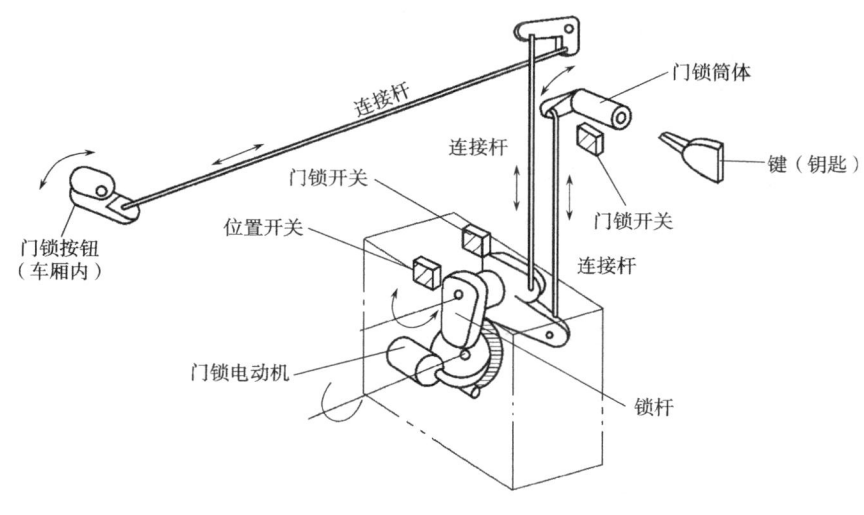

图 5-27 门锁总成

门锁传动机构主要由门锁电动机、齿轮和位置开关等组成,如图 5-28 所示。门锁电动机是门锁执行器,当门锁电动机转动时,蜗杆带动蜗轮转动,蜗轮推动锁杆,车门被锁上或打开,然后蜗轮在复位弹簧的作用下返回原位置,防止操纵门锁钮时电动机工作。

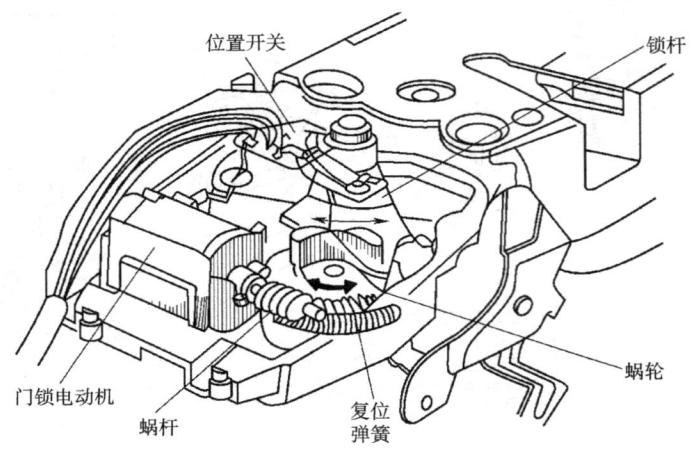

图 5-28 门锁传动机构

门锁位置开关位于门锁总成内,用来检测车门的锁紧状态,它由一个触点片和一个开关底座组成。当锁杆推向锁门位置时位置开关断开,推向开门位置时接通,即当车门关闭时此开关断开,当车门打开时此开关接通。图 5-29 所示为门锁位置开关在车门锁紧和打开时的状态。

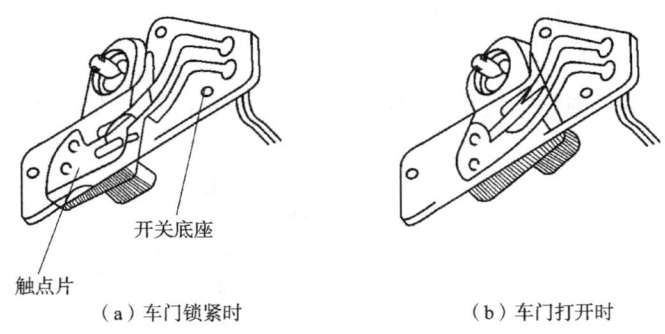

图 5-29 门锁位置开关

(3) 钥匙操纵开关

钥匙操纵开关装在每个车门的钥匙门上,当从外面用钥匙打开或关门时,钥匙控制开关便发出开门或锁门的信号给门锁控制 ECU 或门锁控制继电器。钥匙操纵开关如图 5-30 所示。

(4) 行李厢门开启器开关

行李厢门开启器开关一般位于仪表板下面或驾驶员座椅左侧车厢底板上,拉动此开关便能打开行李厢门,如图 5-31 所示。行李厢的钥匙门靠近其开启器,推压钥匙门,断开行李厢内主开关,此时再拉开开启器开关也不能打开行李厢门。将钥匙插进钥匙门内顺时针旋转打开钥匙门,主开关接通,便可用行李厢门开启器打开行李厢。

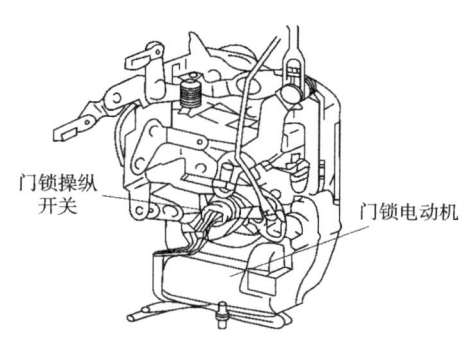

图 5-30 钥匙操纵开关

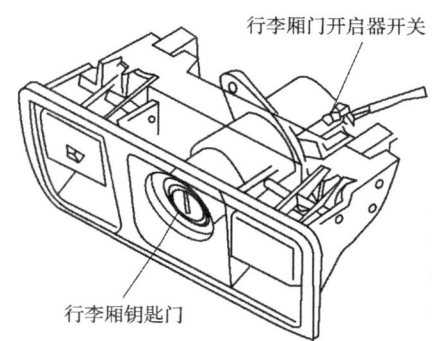

图 5-31 行李厢门开启器开关

（5）行李厢门开启器

行李厢门开启器装在行李厢门上，一般用电磁线圈代替电动机，由轭铁、插棒式可动铁心、电磁线圈和支架组成，如图 5-32 所示。当电磁线圈通电时，插棒式可动铁心将锁芯轴拉入并打开行李厢门。线路断路器用于防止电磁线圈因电流过大而过热。

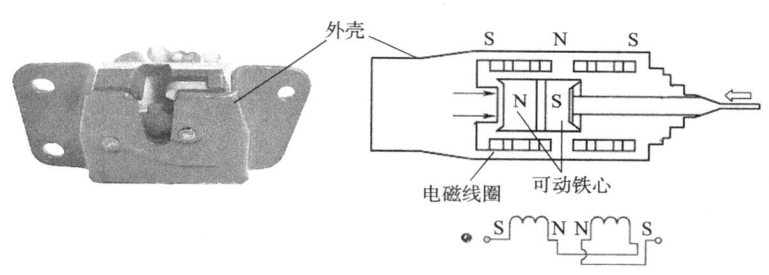

图 5-32 行李厢门开启器

（6）定时装置

其基本原理是利用电容器的充放电特性，控制执行机构的通电时间，使执行机构锁止或开启。电容器的电恰好放完，继电器的电流中断，从而丧失吸力，使触点断开。

（7）中央门锁执行机构

其作用是执行驾驶员的指令，将门锁锁止或开启。门锁执行机构常见的有电磁线圈式、电动机式和永磁型电动机式。

二、长城哈弗 M6 汽车中控门锁的组成与原理分析

长城哈弗 M6 汽车中控门锁主要由 BCM、门锁总成、行李厢门锁、门锁控制器、加油口盖电动机和继电器等组成。

长城哈弗 M6 汽车中控门锁的控制电路如图 5-33 所示。该车后背门、左前门、右前门、左后门、右后门的门锁均由 BCM 控制。

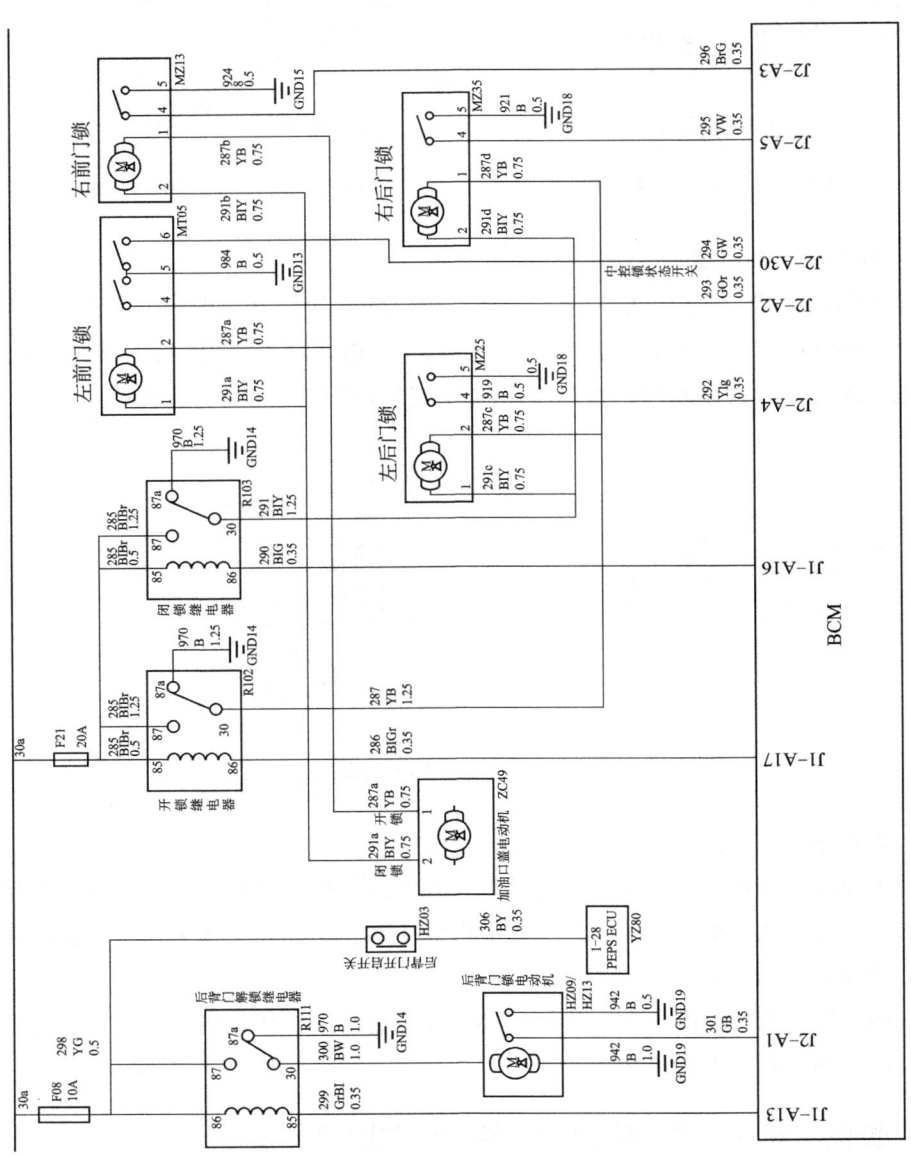

图 5-33 长城哈弗 M6 汽车中控门锁的控制电路

1. 后背门锁的工作原理

后背门解锁继电器控制信号由 BCM 控制，电源通过 F08 熔断器，经后背门继电器控制后背门锁电动机工作，经过 GND19 搭铁后回到蓄电池负极。后背门开启开关信号提供给 PEPS ECU。

2. 其他门锁的工作原理

左前、右前、左后、右后门锁控制信号均由 BCM 控制。其中，左前门锁中的 4 号线为微动开关控制信号线，BCM 发出 5V 信号，若此线路断路，则会导致仪表门控指示灯失效，电子门锁失效。左前门锁中 6 号线为中控锁状态开关，BCM 发出 5V 信号，若此线断路，则会导致后背门远距离无法遥控开启，遥控器一键锁车功能失效。

门锁电源通过 F21 熔断器，分别经开锁继电器及闭锁继电器到达四个车门锁。当车辆解锁时，电源通过开锁继电器经过四个车门锁电动机，通过闭锁继电器 30 端子，至 GND14 搭铁。当车门闭锁时，电源通过闭锁继电器经过四个车门锁电动机，通过开锁继电器 30 端子，至 GND14 搭铁。

主题探究

汽车门锁的开启与关闭有多种控制方式，各种控制方式可以实现相互兼容，互为补充，为驾乘人员更好地使用汽车提供了很好的体验。作为汽车维修技术人员，我们也要培养自己的兼容、包容能力，更好地与同事配合，完成复杂的系统工作，为社会创造更大的价值。

三、中控门锁系统常见故障诊断

中控门锁系统常见故障有所有车门锁止、解锁功能不工作，单个车门锁止、解锁功能不工作，车速闭锁功能不工作等。

（1）所有车门锁止、解锁功能不工作

常见的故障原因主要有电源继电器故障、BCM 故障、线束或插接件故障、中控锁开关故障等。

（2）单个车门锁止、解锁功能不工作

常见的故障原因主要有继电器故障、BCM 故障、线束或插接件故障、故障门锁对应的门锁总成损坏等。

（3）车速闭锁功能不工作

常见的故障原因有 BCM 故障、ESC 故障等。

知识过关

一、选择题

1. 门锁总成主要由门锁传动机构、门锁开关和（　　）等组成。
   A. 门锁把手　　　　B. 门锁壳体　　　　C. 门锁弹簧　　　　D. 儿童门锁

2. 门锁传动机构由电动机、（　　）和位置开关等组成。
   A. 皮带　　　　　　B. 钢球　　　　　　C. 轴承　　　　　　D. 齿轮

3. 中控门锁系统中的门锁控制开关用于控制所有门锁的开关，安装在（　　）。
   A. 驾驶员侧门的内侧扶手上　　　　　B. 每个门上
   C. 门锁总成中　　　　　　　　　　　D. 以上答案都不对

4. 通过（　　）可以同时锁上和打开所有的车门。
   A. 门锁控制开关　　　　　　　　　　B. 门锁位置开关
   C. 门锁总成　　　　　　　　　　　　D. 门锁传动机构

二、填空题

1. 中控门锁主要由_____机构和_____组成。

2. 门锁传动机构主要由门锁_____、齿轮和_____开关等组成。

3. 门锁控制开关一般装在驾驶员侧_____内的扶手上，可以同时_____和打开所有车门。

4. 长城哈弗 M6 汽车中控门锁主要由_____、_____总成、行李厢门锁、门锁控制器、加油口盖电动机和继电器等组成。

5. 中控门锁系统常见故障有_____车门锁止、解锁功能不工作，单个车门锁止、解锁功能不工作，_____闭锁功能不工作等。

三、判断题

1. 中控门锁系统中需要定时装置。（　　）
2. 汽车门锁的执行机构是电磁铁。（　　）
3. 门锁控制开关一般安装在司机侧前门内的扶手上。（　　）
4. 通过门锁控制开关可同时锁上和打开所有的车门。（　　）
5. 门锁系统防止钥匙遗忘功能可防止锁门时点火钥匙遗忘在车内。（　　）

四、简答题

1. 简述哈弗 M6 汽车中控门锁的电路。
2. 简述哈弗 M6 汽车中控门锁的组成。

任务实施

一、任务准备

1. 设备准备

1）带有消防设施的汽车维修工位。

2）长城哈弗 M6 故障汽车 1 辆。

2. 资料准备

长城哈弗汽车维修手册和工作手册。

3. 工具、量具准备

万用表、常规工具、连接导线。

二、中控门锁的检查（岗课融通内容）

1. 携带钥匙，检查门把手锁车与解锁功能

1）检查把手锁车功能，如图 5-34 所示。

2）检查把手解锁功能，如图 5-35 所示。

图 5-34 检查把手锁车功能

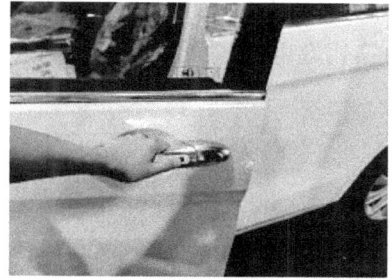
图 5-35 检查把手解锁功能

3）检查机械钥匙解锁与锁车功能，如图 5-36 所示。

2. 检查车门内把手解锁与锁止功能

1）检查车内把手锁车功能，如图 5-37 所示。

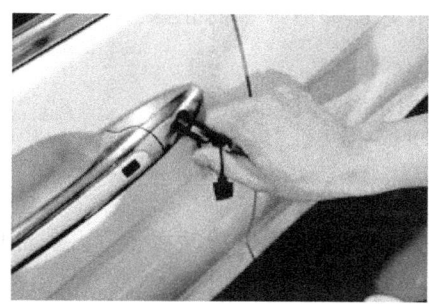
图 5-36 检查机械钥匙解锁与锁车功能

图 5-37 车内把手锁车

2)检查车内把手解锁功能,如图 5-38 所示。

3)检查车内中控一键锁车与解锁功能,如图 5-39 所示。

图 5-38　车内把手解锁

图 5-39　检查车内中控一键锁车与解锁

3. 检查智能钥匙功能

1)检查智能钥匙解锁功能,如图 5-40 所示。

2)检查锁车功能。

3)检查寻车功能。

4)检查后背门开启功能。

5)更换钥匙电池,如图 5-41 所示。

图 5-40　检查钥匙按键功能

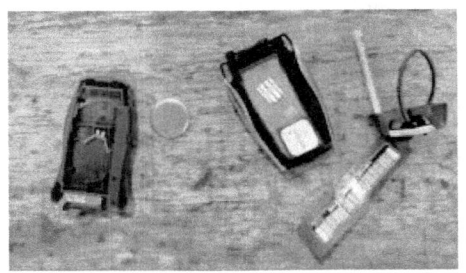

图 5-41　更换钥匙电池

4. 检查儿童锁

1)开启后排儿童锁开关,如图 5-42 所示。儿童锁为了防止误操作,一般设计成内置式,需用平口螺丝刀拧动进行调节。

2)检查车门内把手是否能够打开后门,如图 5-43 所示。

3)关闭后排座儿童锁。

5. 检查应急锁车与解锁功能

1)检查车门应急锁车功能。用机械钥匙按图示箭头方向转动应急锁孔,如图 5-44 所示。

2)检查后背门应急解锁功能。使用布包裹的平头螺丝刀,将后背门应急盖板撬下,沿箭头方向按压应急开启装置,即可开启后背门,如图 5-45 所示。

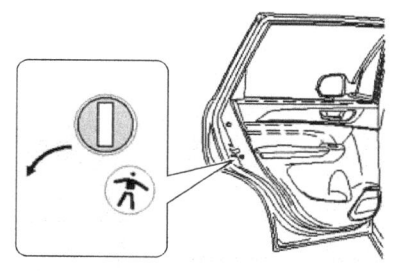

图 5-42 开启儿童锁

图 5-43 检查后门内把手开门功能

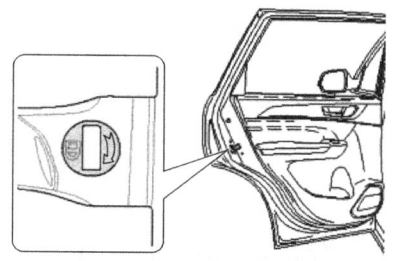

图 5-44 车门应急锁车

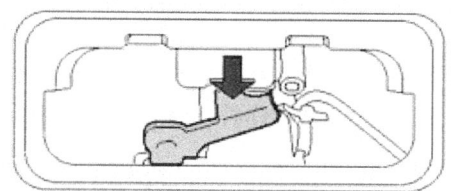

图 5-45 后背门应急解锁

3）检查发动机关闭解锁功能。发动机关闭后，所有车门及后背门自动解锁。

4）检查门锁自动回防功能。所有车门及后背门锁止时，触摸车门把手上的解锁传感器或按压钥匙解锁按钮成功解锁车门后，若在 30s 内点火开关和所有车门及后背门状态未发生变化，则所有车门及后背门将自动锁止。

5）检查车门防误锁功能。驾驶员侧车门处于锁止状态，在关闭最后一个车门时，所有锁止车门将自动解锁。

三、中控门锁的拆装（课证融通内容）

1. 前门锁芯拆卸

1）断开蓄电池负极，如图 5-46 所示。

2）拆卸前门内护板，如图 5-47 所示。

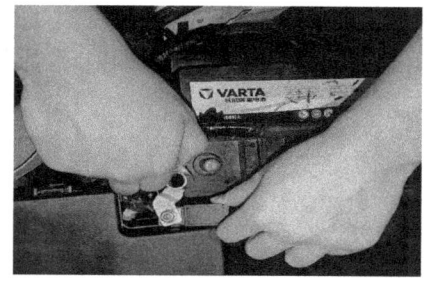

图 5-46 断开蓄电池负极

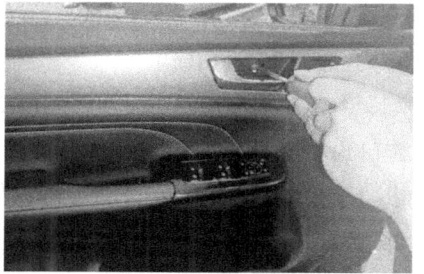

图 5-47 拆卸前门内护板

3）拆卸前门防水膜，如图 5-48 所示。

4）取下门锁安装堵盖，如图 5-49 所示。

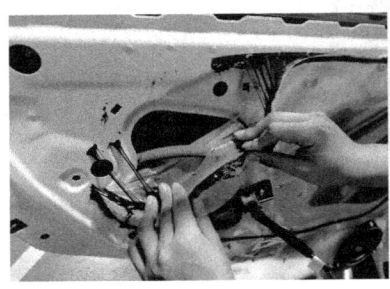

图 5-48　拆卸前门防水膜

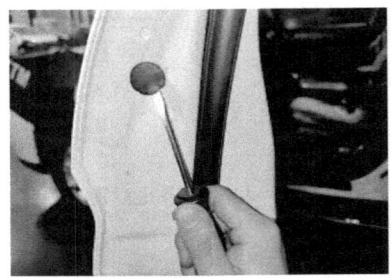

图 5-49　取下门锁安装堵盖

5）松开锁芯紧固螺钉，如图 5-50 所示。

6）断开前门锁芯连杆，如图 5-51 所示。

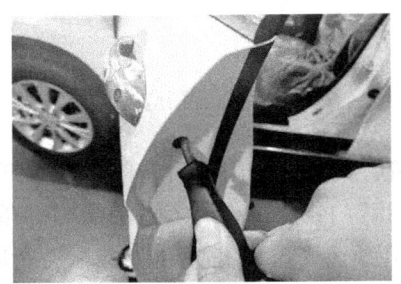

图 5-50　松开锁芯紧固螺钉

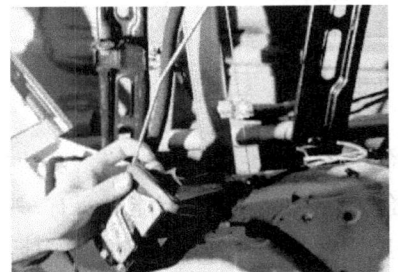

图 5-51　断开前门锁芯连杆

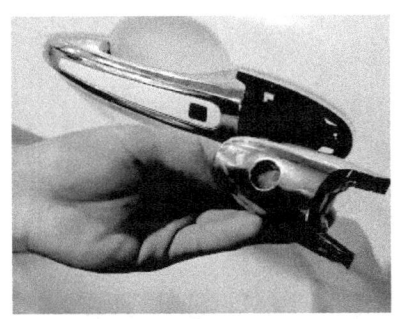

图 5-52　取下前门锁芯

7）取下前门锁芯，如图 5-52 所示。

2. 前门外把手拆卸

1）断开门把手电子模块连接线束插件，如图 5-53 所示。

2）取下前门外把手，如图 5-54 所示。

3）取下前门把手垫片，拆下前门外把手骨架紧固螺钉，如图 5-55 所示。

4）分离拉线，取下前门外把手骨架，如图 5-56 所示。

3. 前门内把手拆卸

1）拆下前门内把手 4 颗固定螺钉，如图 5-57 所示。

2）取下前门内把手。

4. 中控门锁安装

1）按照与拆卸相反的顺序安装前门内把手，如图 5-58 所示。

项目 5　汽车车身电气系统检修

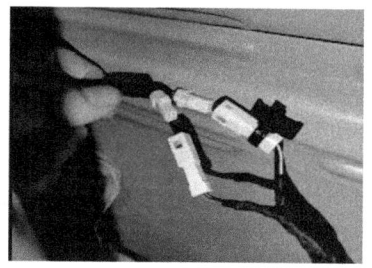

图 5-53　断开线束插件

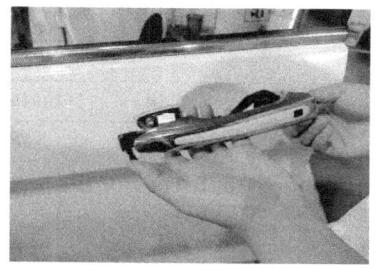

图 5-54　取下前门外把手

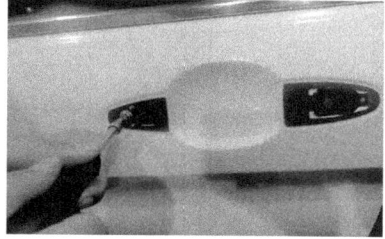

图 5-55　拆卸外把手螺钉

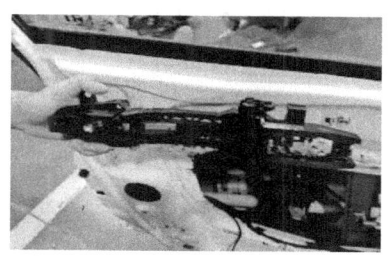

图 5-56　取下外把手骨架

车门内把手的拆卸

图 5-57　拆下固定螺钉

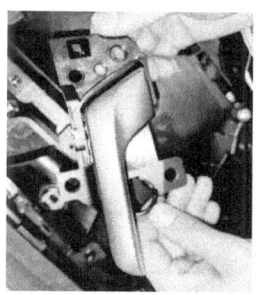

车门内把手的安装

图 5-58　安装内把手

2）按照与拆卸相反的顺序安装前门外把手。

3）按照与拆卸相反的顺序安装前门锁芯。

任务评价

一、中控门锁拆装与更换评价标准

学习任务		中控门锁拆装与更换		学时	2
标准时间		开始时间		完成时间	
序号	操作步骤		操作标准	操作记录	分值	自评/分
1	检修前的基本检查	检查作业现场环境	检查、清洁彻底，记录清晰、准确		2	
		记录整车基本信息			3	

· 181 ·

续表

学习任务		中控门锁拆装与更换		学时	2	
标准时间		开始时间		完成时间		
序号		操作步骤	操作标准	操作记录	分值	自评/分
1	检修前的基本检查	作业前工具检查	检查、清洁彻底，记录清晰、准确		2	
		故障现象的确认			5	
		作业前实施车辆防护			3	
2	中控门锁的拆卸	断开蓄电池负极	工具选择、使用正确；按维修工艺要求拆卸		2	
		拆卸前门内护板			2	
		拆卸前门防水膜			3	
		取下门锁安装堵盖			3	
		松开锁芯紧固螺钉			3	
		断开前门锁芯连杆			3	
		取下前门锁芯			3	
		断开门把手电子模块连接线束插件			3	
		取下前门外把手			3	
		取下前门把手垫片			3	
		拆下前门外把手骨架紧固螺钉			3	
		分离拉线，取下前门外把手骨架			3	
		拆下前门内把手固定螺钉			3	
		取下前门内把手			3	
3	中控门锁的安装	安装前门内把手	工具选择、使用正确；按维修工艺要求安装		3	
		安装前门内把手固定螺钉			3	
		安装前门外把手骨架，连接拉线			3	
		安装前门外把手骨架紧固螺钉			3	
		安装前门把手垫片			3	
		安装前门外把手			3	
		连接门把手电子模块连接线束插件			3	
		安装前门锁芯			3	
		安装前门锁芯连杆			3	
		紧固锁芯紧固螺钉			3	
		安装门锁安装堵盖			3	
		安装前门防水膜			3	
		安装前门内护板			2	
		连接蓄电池负极			2	

续表

学习任务		中控门锁拆装与更换		学时		2
标准时间			开始时间		完成时间	
序号		操作步骤		操作标准	操作记录	分值	自评/分
4	场地恢复	正确摆放工具、量具，整理工作台、地面及工具、量具		现场5S管理		5	

二、中控门锁的检查与保养评价标准（职业技能证书评价标准）

学习任务		中控门锁的检查与保养		学时		2
标准时间			开始时间		完成时间	
序号		操作步骤	扣分要求	操作记录	分值	自评/分
1	安全/7S/态度	□1. 能进行工位7S操作。 □2. 能进行设备和工具安全检查。 □3. 能进行车辆安全防护操作。 □4. 能进行工具清洁、校准、存放操作。 □5. 能进行"三不落地"操作。	未完成1项扣3分，扣分不超过15分		15	
2	专业技能	作业： □1. 携带钥匙，触摸车门把手，对车门进行解锁和锁止。 □2. 能正确检查遥控钥匙对车辆的解锁和锁止功能。 □3. 能正确检查遥控钥匙寻车按钮，查看寻车功能。 □4. 能正确检查遥控钥匙后背门控制按钮，检查后背门解锁功能。 □5. 能正确撬开钥匙后盖，进行电池更换操作。 □6. 能正确检查车门中控按钮解锁和锁止车门功能。 □7. 能正确检查车门内把手解锁车门功能。 □8. 能正确使用机械钥匙检查车门解锁功能。 □9. 能正确检查后背门把手解锁功能。 □10. 能正确检查后排车门儿童锁功能。 □11. 能正确检查发动机关闭时车门及后背门自动解锁功能。	未完成1项扣5分，扣分不超过50分		50	

续表

学习任务		中控门锁的检查与保养		学时	2
标准时间		开始时间		完成时间	
序号		操作步骤	扣分要求	操作记录	分值	自评/分

序号		操作步骤	扣分要求	操作记录	分值	自评/分
2	专业技能	□12. 能正确检查车门自动回防功能。 □13. 能正确检查车门防误锁功能。	未完成 1 项扣 5 分，扣分不超过 50 分		50	
3	工具及设备的使用能力	□1. 能正确使用维修工具。 □2. 能正确使用维修量具。	未完成 1 项扣 5 分，扣分不超过 10 分		10	
4	资料信息查询能力	□1. 能正确使用维修手册查询资料。 □2. 能正确使用用户手册查询资料。 □3. 能在规定时间内查询所需资料。 □4. 能正确记录所查询资料章节页码。 □5. 能正确记录所需维修信息。	未完成 1 项扣 5 分，扣分不超过 10 分		10	
5	数据判断和分析能力	□1. 能判断遥控钥匙是否正常。 □2. 能判断车门锁开锁功能是否正常。 □3. 能判断车门锁锁止功能是否正常。 □4. 能判断寻车及其他门锁功能是否正常。	未完成 1 项扣 5 分，扣分不超过 10 分		10	
6	表单填写与报告的撰写能力	□1. 字迹清晰。 □2. 语句通顺。 □3. 无错别字。 □4. 无涂改。 □5. 无抄袭。	未完成 1 项扣 1 分，扣分不超过 5 分		5	

任务 5.3　电动刮水器的检修

任务导入

客户王先生开着一辆哈弗 M6 汽车来到 4S 店，反映他的车刮水器各个挡位均无法正常运行，喷水挡也无法工作。假设你是维修技术人员，请你负责该车辆的接待、维修工作，完成汽车刮水器及清洗器的初步检查，并对上述故障进行维修。

任务目标

素质目标：
1. 养成自觉遵守技术标准和规范操作的习惯，培养良好的职业道德。
2. 养成预防为主的安全意识，培养精益求精的工匠精神。

知识目标：
1. 能描述汽车刮水器和洗涤器的组成。
2. 能描述汽车刮水器、洗涤器和雨量自动感应系统的工作过程。
3. 能描述常见车型刮水器及洗涤器电路图。
4. 能描述汽车刮水器、洗涤器的常见故障并能分析其原因。

能力目标：
1. 能够对汽车刮水器和洗涤器进行检查维护。
2. 能查阅维修资料，对哈弗M6汽车刮水器和洗涤器电路进行分析。
3. 规范地对刮水器和洗涤器进行检修作业。

信息收集

一、电动刮水系统

电动刮水器的检修

1. 刮水器的作用

汽车刮水器用来清除风窗玻璃上的雨水、雪或者尘土，以确保驾驶员有良好的视线。

2. 刮水器的类型

按驱动装置不同，刮水器有真空式、气动式和电动式三种。目前，真空式和气动式已被淘汰，电动式刮水器应用最为广泛，因此本任务提及的刮水器都属于电动式刮水器。不同车型的刮水及清洗系统在设计、布置上有较大的差别，有些两厢轿车、商务车和运动型多用途车上还有一个独立运行的后刮水和清洗系统。

按传动装置不同，刮水器有拉杆传动式、柔性齿条式两种，其中拉杆传动式应用最为广泛，本任务将以拉杆传动式刮水器为例进行介绍。

3. 电动式刮水器的组成和工作原理

电动式刮水器主要由电动机和一套传动机构组成，如图5-59所示。刮水器电动机旋转时，通过蜗杆蜗轮减速，使与蜗轮上的曲柄相连的拉杆做往复运动，通过和拉杆相连的左、右刮水器臂做往复摆动运动，带动刮水器橡胶片刷去风窗玻璃上的雨水、雪或灰尘。

（1）刮水器电动机

刮水器电动机现多用永磁型电动机，它的磁极为铁氧体永久性磁铁。刮水器电动机通常采用改变两电刷间串联的导体数的方法对刮水器进行调速。

永磁型刮水器电动机的结构如图5-60所示，主要由外壳及磁铁总成、电枢、电刷安装板及复位开关、输出齿轮及蜗轮、输出臂等组成。通电时电枢转动，经蜗轮和输出齿轮及输出轴，把动力传给输出臂。永磁型刮水器电动机使用带有一个低速电刷和一个高速电刷的永磁型电动机，电刷把蓄电池与电动机内部的线圈连接起来，两个电刷提供两种不同的电动机转速，与接地电刷相对的是低速电刷，高速电刷与低速电刷之间呈一定转角。

图 5-59　电动式刮水器的组成

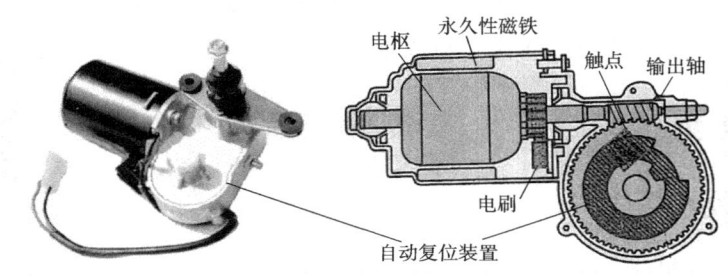

图 5-60　刮水器电动机总成

主题探究

自主创新是民族工业崛起的必由之路。中华人民共和国成立初期我国的电动机完全依靠进口，电动机技术发展缓慢。近年来，我国电动机技术已实现弯道超车，国产电动机已达到世界先进水平。

（2）自动复位装置

当刮水器停止工作时，为了避免刮水片停在风窗玻璃中间，影响驾驶员的视线，要求刮水器橡胶片能够自动复位，即不管在什么时候关闭刮水器开关，刮水器橡胶片都能自动停止在风窗玻璃的下部。图 5-61 为刮水器橡胶片自动复位装置的示意图。

当电源开关接通，把刮水器开关拉到Ⅰ挡（低速挡）时，电流方向为蓄电池正极→电源开关→熔断器→电刷 B_3→电枢绕组→电刷 B_1→接线柱②→接触片→接线柱③→搭铁→蓄电池负极，形成回路，电动机以低速运转。当刮水器开关拉到Ⅱ挡时，电流方向为蓄电池正极→电源开关1→熔断器2→电刷 B_3→电枢绕组→电刷 B_2→接线柱④→接触片→接线柱③→搭铁→蓄电池负极，形成回路，电动机以高速运转。

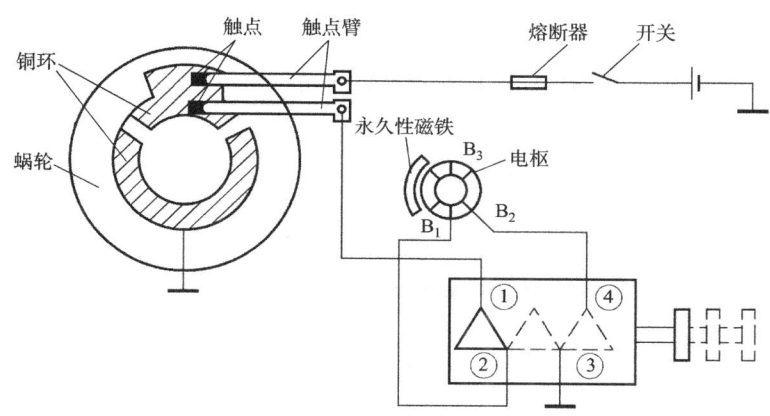

图 5-61 刮水器橡胶片自动复位装置

当刮水器开关推到 0 挡（停止）时，如果刮水器橡胶片没有停到规定位置，由于触点与铜环接触，则电流继续流入电枢，其电路为蓄电池正极→开关→熔断器→电刷 B_2→电枢绕组→电刷 B_1→接线柱②→接触片→接线柱①→触点臂→铜环→搭铁→蓄电池负极，电动机以低速运转，直至蜗轮旋转到图 5-61 所示的特定位置，电路中断。由于电枢的惯性，电动机不可能立即停止转动，而是以发电机的方式运行，因为此时电枢绕组通过触点臂与铜环接通而短路，电枢绕组产生很大的反电动势，产生制动力矩，电动机迅速停止转动，使橡胶片复位到风窗玻璃的下部。

(3) 电动刮水器间歇控制

间歇式电动刮水器是普通电动刮水器的改进型。汽车在毛毛细雨或雾天、小雪天气行驶时，风窗玻璃上的微量水分和灰尘会形成发黏的覆盖层。因此，现代汽车上一般都增设了电子间歇控制系统，刮水器每刮一次停止 2~12s，周期性自动停止和刮拭。目前刮水器的间歇控制都是通过电子振荡电路和自动复位装置共同作用完成的。

二、玻璃洗涤装置

1. 玻璃洗涤装置的作用

为了消除附着在玻璃上的灰尘污物，现代汽车上增设了玻璃洗涤器，与刮水器配合工作，更好地完成刮水工作，并获得更好的刮水效果，保持驾驶员的良好视野。

2. 玻璃洗涤装置的组成与工作原理

玻璃洗涤装置由洗涤液罐、洗涤液泵、聚氯乙烯软管、刮水器开关、三通、喷嘴等组成，如图 5-62 所示。洗涤液泵由永磁直流电动机和离心式叶片泵组成（图 5-63），喷射压力为 70~88kPa。喷嘴安装在风窗玻璃下面，方向可以调整，使洗涤液喷射在玻璃的适当位置。

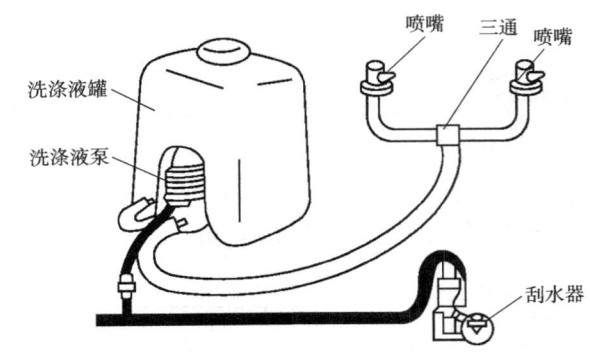

图 5-62 风窗玻璃洗涤装置

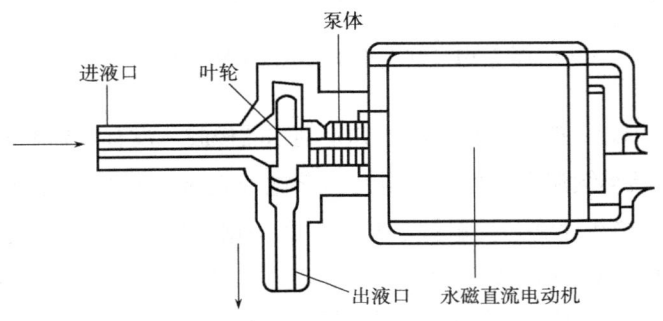

图 5-63 洗涤装置电动机与洗涤液泵总成

三、自动雨滴感知型刮水器

电动式刮水器虽然能够实现间歇控制，但不能随雨量的变化及时调整刮水频率。雨滴感知型刮水器能根据雨量的大小自动调节刮水器的刮水频率，使驾驶员始终保持良好的视线。

1. 雨滴感知型刮水器的组成

雨滴感知型刮水器主要由雨滴传感器、间歇刮水放大器、刮水器电动机三部分组成，如图 5-64 所示。

2. 雨滴感知型刮水器的工作原理

雨滴感知型刮水器控制系统原理如图 5-65 所示。工作时，雨滴下落撞击到传感器上而产生电压信号，电压值与撞击能量成正比。电压信号经过放大后送入电动式刮水器电路，对刮水器的充电电路进行 20s 的定时充电，电容器电压上升。该电压输入比较电路，比较电路将其与基准电压 U_0 比较。当电容器电压达到 U_0 时，比较电路向刮水器电动机发出信号，使其工作一次。当雨量大时，压电元件产生的电信号强，充电电路电压达到基准电压 U_0 所需时间短，刮水器工作间歇时间短；当雨量小时，压电元件产生的电压小，充电电路电压达到基准电压 U_0 所需时间长，刮水器的工作间歇时间就长；当雨量很小，雨滴传感器没有电压信号输出时，只有定电流电路对充电电路进行充电，

20s 后充电电路的输出电压达到基准电压 U_0，刮水器动作一次。这样，雨滴感知型刮水器就把刮水器的间歇时间控制在 0~20s，以适应不同雨量的需要。

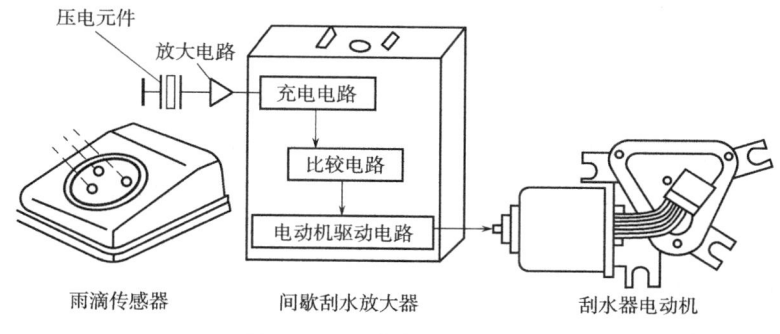

图 5-64 雨滴感知型刮水器

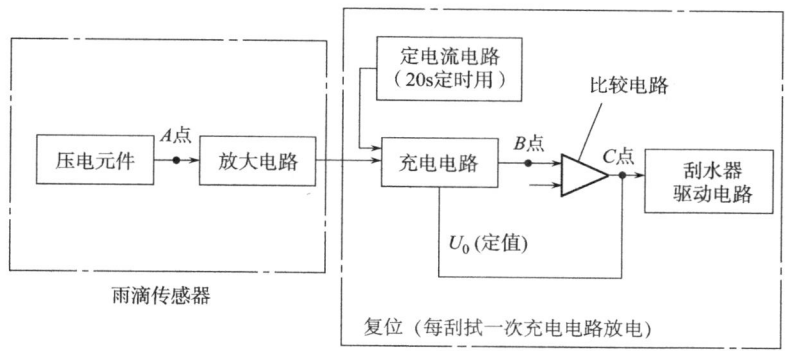

图 5-65 雨滴感知型刮水器控制系统原理

四、刮水系统和玻璃洗涤装置常见故障

刮水系统和玻璃洗涤装置常见故障有各挡都不工作、个别挡位不工作、刮水片不能停在正确位置、所有喷嘴都不工作或个别喷嘴不工作等。

1. 各挡都不工作

1）故障现象。接通点火开关后，刮水器开关无论置于哪一挡位，刮水器均不工作。

2）故障原因。熔丝烧断；刮水器电动机或刮水器开关有故障；机械传动部分故障；线路断路或插接件松脱。

3）故障诊断与排除。首先检查熔断器是否熔断，插接件是否松脱，线路有无断路；然后检查开关是否正常；最后检查电动机及机械传动部分。

2. 个别挡位不工作

1）故障现象。接通点火开关后，刮水器个别挡位（低速、高速或间歇挡）不工作，其余正常。

2）故障原因。刮水器电动机或开关有故障；间歇继电器有故障；线路断路或插接件松脱。

3) 故障诊断与排除。如果是高速或低速挡位不工作，可先检查该挡位对应的线路是否正常，开关是否正常，再检查电动机电刷。如果是间歇挡不工作，应检查刮水器开关的间歇挡、所在线路及间歇继电器是否正常。

3. 刮水片不能正确复位

1) 故障现象。开关断开或间歇工作时，刮水片不能停在风窗底部。

2) 故障原因。自动复位装置损坏；刮水器开关损坏；刮水臂调整不当；线路连接错误。

3) 故障诊断与排除。首先检查刮水臂的安装是否正确，开关线路连接是否正确，再检查自动复位装置的触片和滑片接触是否良好。

4. 所有喷嘴都不工作或个别喷嘴不工作

1) 故障现象。打开喷水开关后所有喷嘴都不工作或个别喷嘴不工作。

2) 故障原因。洗涤电动机或开关损坏；线路断路或插接件松脱；洗涤液液面过低或连接管脱落；喷嘴堵塞。

3) 故障诊断与排除。如果所有喷嘴都不工作，先检查洗涤液液面和连接管是否正常，然后检查洗涤液泵电动机电路及插接件是否有断路及松脱处，最后检查开关和电动机是否正常。如果个别喷嘴不工作，则是喷嘴堵塞或输液管路出现问题。

知识过关

一、选择题

1. 间歇式电动刮水器每次刮拭后间歇（　　）。
   A. 1~2s　　　　B. 5~13s　　　　C. 2~12s　　　　D. 5~15s

2. 洗涤泵使用间歇时间不得少于（　　）。
   A. 3s　　　　B. 4s　　　　C. 5s　　　　D. 6s

3. 电动刮水器无法清除风窗玻璃上的（　　）。
   A. 雨水　　　　B. 雪　　　　C. 尘土　　　　D. 油渍

4. 下列选项中，不属于雨滴感知型刮水器组成的是（　　）。
   A. 雨滴传感器　　　　　　　　　　B. 间歇刮水放大器
   C. 刮水器电动机　　　　　　　　　D. 雨刮挡位开关

二、填空题

1. 刮水器按驱动装置不同，可分为_____、_____和_____三种。

2. 电动式刮水器主要由_____和一套_____机构组成。

3. 刮水器电动机现多用_____式电动机，主要由外壳及_____总成、电枢、电刷安装板及复位开关、输出齿轮及蜗轮、输出臂等组成。

三、判断题

1. 目前汽车上应用最为广泛的刮水器是真空式。（　）
2. 现在汽车上仅配置前玻璃刮水器。（　）
3. 电动式刮水器的动力源是刮水器电动机。（　）
4. 目前汽车上使用的刮水器电动机都是直流串励式电动机。（　）
5. 不管在什么时候关闭刮水器开关，刮水片都能停在风窗玻璃的上部。（　）

任务实施

一、任务准备

1. 设备准备

1）带有消防设施的汽车维修工位。

2）哈弗 M6 故障汽车 1 辆。

2. 资料准备

长城哈弗汽车维修手册和工作手册。

3. 工具、量具准备

万用表、常规工具、连接导线。

二、电动刮水器的拆装与更换（岗课融通内容）

1. 拆卸左前、右前刮水器臂端盖

1）选用一字螺丝刀，用胶布将螺丝刀头部包好，如图 5-66 所示。

2）正确使用工具拆卸左前、右前刮水器臂端盖，如图 5-67 所示。

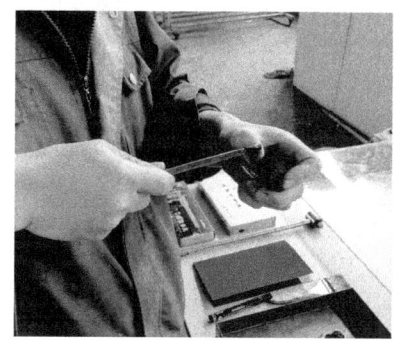

图 5-66　螺丝刀处理

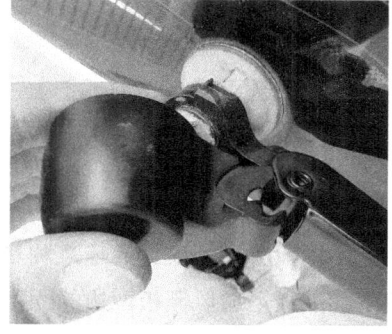

图 5-67　拆卸刮水器臂端盖

2. 拆卸刮水器臂和刮水片总成

1）选用 14mm 套筒和棘轮扳手拆卸左前刮水器臂的锁止螺母，如图 5-68 所示。

2）用一定的力按下刮水器臂下端，拆下左前刮水器臂和刮水片总成，如图 5-69 所示。

图 5-68　拆卸锁止螺母

图 5-69　取下刮水片总成

3）同样的方法拆卸右前刮水器臂和刮水片总成。

4）拆卸刮水片。按下锁止卡扣（图 5-70），向上推下刮水片（图 5-71）。

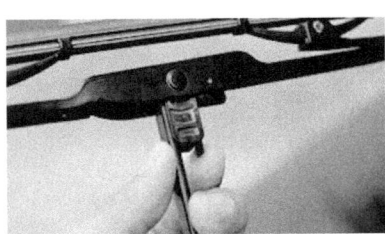
图 5-70　按下锁止卡扣

图 5-71　取下刮水片

3. 拆卸发动机盖至前围上密封条

用螺丝刀拆卸密封条（图 5-72）和防尘装置（图 5-73）。

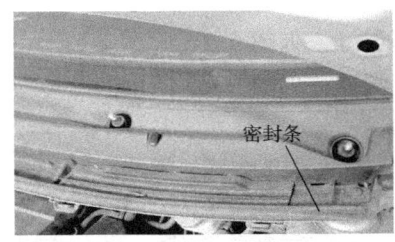
图 5-72　密封条位置

图 5-73　取下防尘装置

拆卸时注意密封条上的卡扣不要掉落。

4. 拆卸右前、左前围板上的通风栅板

1）按下前围板上通风栅板两边的固定卡扣的锁芯，取下固定卡扣，如图 5-74 所示。

2）依次拆下右前、左前围板上的通风栅板，如图 5-75 所示。

在拆卸时不要碰到风窗玻璃，以免造成不必要的损失。

5. 拆卸刮水器电动机线束及线束连接器

1）松开刮水器电动机线束固定卡夹，如图 5-76 所示。

图 5-74 卡扣位置

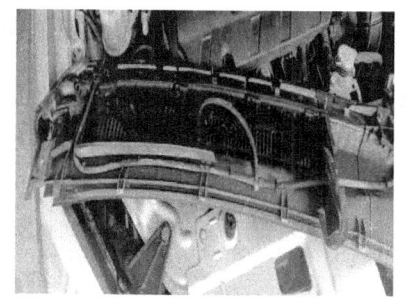
图 5-75 取下通风栅板

2）按下线束连接器锁舌，断开刮水器电动机线束连接器，如图 5-77 所示。

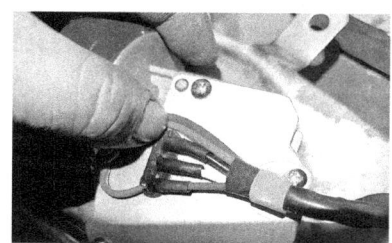
图 5-76 固定卡位置

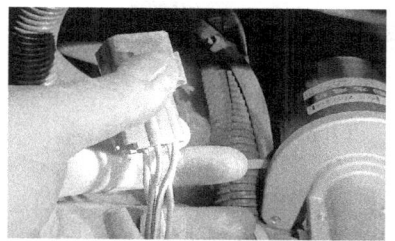
图 5-77 拆卸连接器

6. 拆卸风窗玻璃刮水器电动机及连杆总成

1）选用 10mm 套筒和棘轮扳手拆下 2 个固定螺栓。

2）拆下风窗玻璃刮水器电动机及连杆总成，如图 5-78 所示。

7. 安装刮水系统组件

1）安装刮水器电动机及连杆总成。

2）安装风窗玻璃刮水器电动机线束连接器。插接刮水器电动机线束连接器，并卡上线束连接器固定卡夹，确保连接牢固。

3）安装左前、右前围板上通风栅板。安装发动机盖至前围上密封，并卡上卡扣。

4）安装右前、左前刮水器臂和刮水片总成。安装左前、右前刮水器臂端盖，如图 5-79 所示。

图 5-78 拆卸总成

图 5-79 安装刮水器

刮水片的更换

三、玻璃洗涤装置检查保养（课证融通内容）

1. 刮水器与洗涤装置的工作状况检查

1）打开刮水器和洗涤开关（图5-80），检查刮水器高速、低速和间歇挡位工作状况。

2）检查洗涤装置喷射位置与刮拭状况（图5-81）。

洗涤检查

图5-80 打开刮水器和洗涤开关　　　图5-81 喷射状况检查

2. 洗涤系统检查与调整

1）检查添加洗涤液的液面，如图5-82所示；检查洗涤管路有无泄漏。

2）检查调整喷嘴喷射位置，如图5-83所示；调整刮水臂位置。

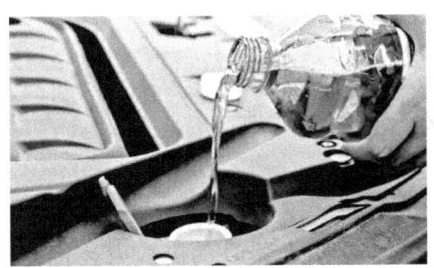
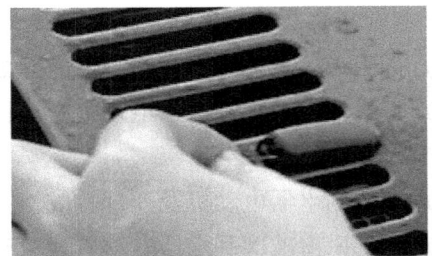

图5-82 添加洗涤液　　　图5-83 喷射位置调整

3）使用冰点测试仪正确测量洗涤液冰点，如图5-84所示。

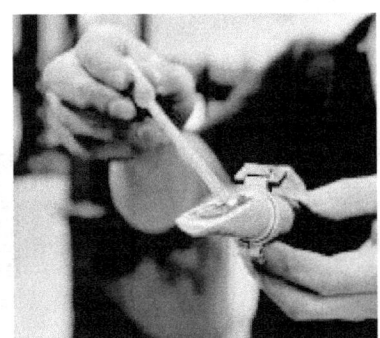
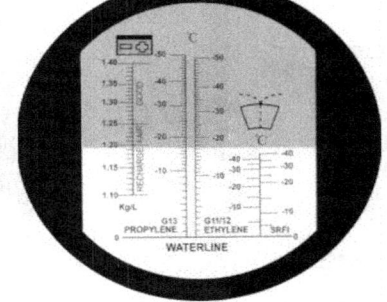

图5-84 冰点的测量

4）清洁更换刮水器刮片（见刮水器的更换）。

3. 维修手册的使用

1）通过维修手册查询刮水器臂调整方法。

2）通过维修手册查询刮水器刮水片更换方法。

3）通过维修手册查询洗涤液冰点测量方法。

任务评价

一、电动刮水器的拆装与更换评价标准

学习任务		电动刮水器的拆装与更换		学时	2	
标准时间		开始时间		完成时间		
序号		操作步骤	操作标准	操作记录	分值	自评/分
1	检修前的基本检查	检查作业现场环境	检查、清洁彻底，记录清晰、准确		2	
		记录整车基本信息			3	
		作业前工具检查			2	
		故障现象的确认			5	
		作业前实施车辆防护			3	
2	电动刮水器的拆卸	拆卸左前、右前刮水器臂端盖	工具选择、使用正确；按维修工艺要求拆卸		5	
		拆卸刮水器臂和刮水片总成			10	
		拆卸发动机盖至前围上密封			5	
		拆卸右前、左前围板上通风栅板			5	
		拆卸刮水器电动机线束及线束连接器			5	
		拆卸风窗玻璃刮水器电动机连杆总成			10	
3	电动刮水器的安装	安装刮水器电动机及连杆总成	工具选择、使用正确；按维修工艺要求安装		10	
		安装风窗玻璃刮水器电动机线束连接器；插接刮水器电动机线束连接器，卡上线束连接器固定卡夹，确保连接牢固			10	
		安装左前、右前围板上通风栅板；安装发动机盖至前围上密封，并卡上卡扣			10	
		安装右前、左前刮水器臂和刮水片总成，安装左前、右前刮水器臂端盖			10	
4	场地恢复	正确摆放工具、量具，整理工作台、地面及工具、量具	现场5S管理		5	

二、洗涤系统检查保养评价标准（职业技能证书评价标准）

学习任务		洗涤系统检查保养		学时	2	
标准时间		开始时间		完成时间		
序号	操作步骤		扣分要求	操作记录	分值	自评/分
1	安全/7S/态度	□1. 能进行工位 7S 操作。 □2. 能进行设备和工具安全检查。 □3. 能进行车辆安全防护操作。 □4. 能进行工具清洁、校准、存放操作。 □5. 能进行"三不落地"操作。	未完成 1 项扣 3 分，扣分不超过 15 分		15	
2	专业技能	作业 1： □1. 能正确检查添加洗涤液。 □2. 能正确检查洗涤管路。 □3. 能正确检查调整喷嘴。 □4. 能正确调整刮水器臂。 □5. 能正确调配洗涤液。 □6. 能正确测量洗涤液冰点。 □7. 能正确清洗风窗玻璃。 □8. 能正确清洁更换刮水器刮水片。 作业 2： □1. 能正确设置刮水器维修位置。 □2. 能正确操作大灯清洗系统。 □3. 能正确操作洗涤系统。 □4. 能正确操作刮水洗涤系统。 作业 3： □1. 能正确查询刮水器臂调整方法。 □2. 能正确查询刮水器刮水片更换方法。 □3. 能正确查询刮水器维修位置设置方法。 □4. 能正确查询洗涤液冰点测量方法。	未完成 1 项扣 5 分，扣分不超过 50 分		50	
3	工具及设备的使用能力	□1. 能正确使用维修工具。 □2. 能正确使用冰点测试仪。 □3. 能正确使用喷嘴调试工具。	未完成 1 项扣 5 分，扣分不超过 10 分		10	
4	资料信息查询能力	□1. 正确使用维修手册查询资料。 □2. 正确使用用户手册查询资料。 □3. 在规定时间内查询所需资料。 □4. 正确记录所查询资料章节页码。 □5. 正确记录所需维修信息。	未完成 1 项扣 5 分，扣分不超过 10 分		10	

续表

学习任务		洗涤系统检查保养		学时	2	
标准时间		开始时间		完成时间		
序号		操作步骤	扣分要求	操作记录	分值	自评/分
5	数据判断和分析能力	□1. 能判断刮水器刮水片是否正常。 □2. 能判断洗涤液冰点是否正常。 □3. 能判断刮水器臂位置是否正常。 □4. 能判断洗涤清洗功能是否正常。 □5. 能判断洗涤喷水功能是否正常。	未完成1项扣5分，扣分不超过10分		10	
6	表单填写与报告的撰写能力	□1. 字迹清晰。 □2. 语句通顺。 □3. 无错别字。 □4. 无涂改。 □5. 无抄袭。	未完成1项扣1分，扣分不超过5分		5	

任务 5.4 电动后视镜的检修

任务导入

客户王先生开着一辆长城哈弗 M6 汽车来到 4S 店，反映他的车电动后视镜在调整时噪声较大，有时无响应。假设你是维修技术人员，请你负责该车辆的接待，完成该车后视镜的修复工作。

任务目标

素质目标：
1. 养成自觉遵守技术标准和规范操作的习惯，培养良好的职业道德。
2. 养成爱岗敬业的精神和锐意创新的价值追求，培养精益求精的工匠精神。

知识目标：
1. 能描述汽车电动后视镜的组成。
2. 能描述汽车电动后视镜的工作过程。
3. 能根据电路图描述常见车型电动后视镜电路工作原理。
4. 能描述汽车电动后视镜常见故障并能分析其原因。

能力目标：
1. 能够对汽车电动后视镜进行检查维护。
2. 能查阅维修资料，对长城哈弗 M6 汽车电动后视镜电路进行分析。
3. 规范地对电动后视镜进行检修作业。

信息收集

一、电动后视镜系统

1. 后视镜的作用

电动后视镜的检修

为了便于驾驶员调整后视镜的角度，现代汽车普遍安装有电动后视镜，驾驶员可方便地随时调节左、右后视镜的角度，如图5-85所示。有些车型在后视镜上还安装有转向灯和配有电动后视镜电动折叠功能。

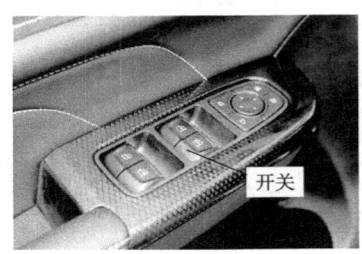

图5-85 电动后视镜及控制开关

2. 电动后视镜系统的组成

电动后视镜由控制开关和电动后视镜总成组成。电动后视镜总成内有两个电动机与相应的传动机构，通过开关电路控制两个电动机，可使电动后视镜镜面产生上、下、左、右四个角度的运动。在车门内主驾玻璃升降开关总成上有电动后视镜的控制按键，可根据调整需要，选择左前或右前倒车镜，然后进行方向控制。

电动后视镜总成由镜面玻璃（反射面）、双电动机、连接件、传动机构与壳体等组成。控制开关由旋转开关、摇动开关及线束等组成，如图5-86所示。

电动后视镜支承在两个调整枢轴上，直流电动机通过蜗轮蜗杆减速后驱动枢轴，枢轴把蜗轮的旋转运动转化为上下运动。弹簧圈用来夹紧枢轴。当从枢轴侧加力时，弹簧张开，使齿轮的螺纹转动，从而防止枢轴爪损坏。电动后视镜也可以实现手动调整。

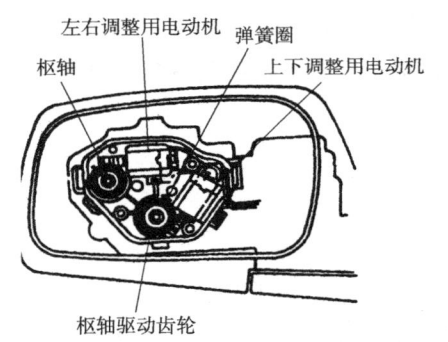

图5-86 电动后视镜电动机

二、长城哈弗M6汽车电动后视镜的组成和原理分析

长城哈弗M6汽车电动后视镜系统主要由BCM、主驾玻璃升降开关总成、左外后视镜和右外后视镜等组成。

长城哈弗M6汽车电动后视镜的控制电路如图5-87所示。该车的左前、右前、左后、右后门窗玻璃的升降均由主驾玻璃升降开关总成控制。

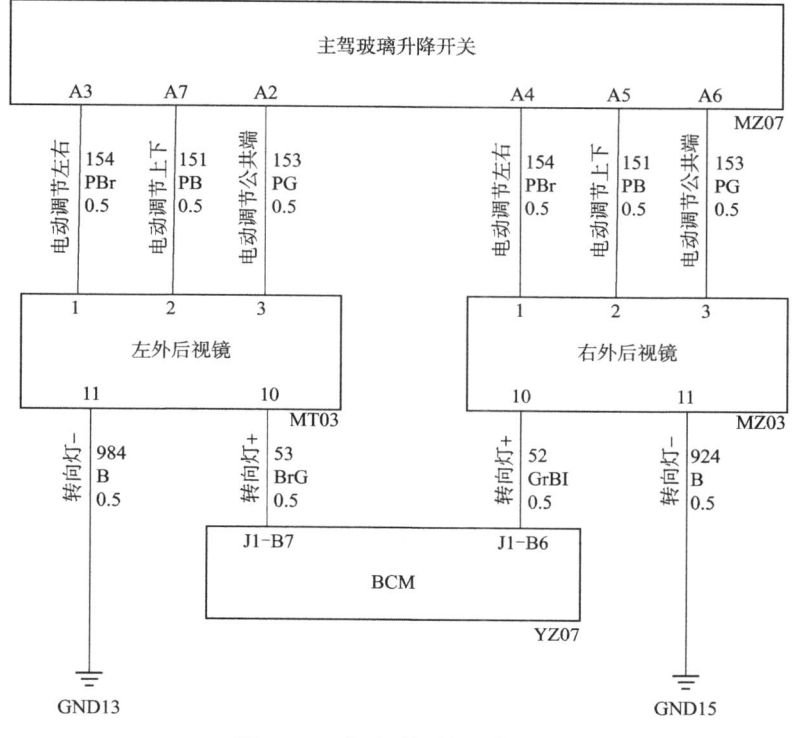

图 5-87 电动后视镜电路原理

电动后视镜镜面方向调整由三根线来控制，三根线分别为电动调节公共端线、电动调节上下线、电动调节左右线。主驾玻璃升降开关内的芯片发出控制信号，三根线中的两根线交替变换正负极，实现四个方向的控制。左、右侧后视镜控制方式一致。

主题探究

后视镜控制线路的设计，利用三根线实现两个电动机的正反转控制，充分考虑了共享、节约的理念，我们在工作、生活中也要树立厉行节约的理念和绿色、低碳、共享的环保意识。

三、电动后视镜常见故障诊断

电动后视镜是车身两侧外凸最多的部件，易被外力损坏，不管是使用中还是停放时，都要估计好安全距离。一旦电动后视镜外壳出现破损，应及时更换，避免影响行车安全。

操纵控制开关时，镜面不能达到所需的位置，或镜面不工作，应先检查线路的通断，再检查双电动机的工作情况和传动机构是否磨损、损坏等，必要时换新件。

电动后视镜如有故障，直接表现为后视镜不能被操纵，此时可以进行如下检查：

1) 检查中央控制盒内的插片式熔断器或过载保护断路器。

2）用万用表测试电动后视镜开关性能。

3）如果开关完好，可用 12V 电源的跨接线检查电动机的工作情况，接线变换极性时电动机应反转。

4）如果电动机工作正常，而后视镜仍不运转，应检查连接后视镜控制开关与车门或仪表板件的接地情况。

知识过关

一、选择题

1. 电动后视镜中，可以控制电动后视镜的展开或收回的装置为（ ）。
   A. 折回电动机及驱动器　　　　　　B. 调整电动机和驱动器
   C. 折回开关　　　　　　　　　　　D. 以上答案都不对

2. 电动后视镜的调整电动机采用（ ）型，可以正反向转动。
   A. 交流型　　　　　　　　　　　　B. 直流型
   C. 绕线型　　　　　　　　　　　　D. 以上答案都不对

二、填空题

1. 电动后视镜由_____开关和_____总成组成。
2. 电动后视镜总成由镜面玻璃反射面、_____、连接件、_____与壳体等组成。
3. 长城哈弗 M6 汽车电动后视镜系统主要由_____、玻璃升降开关总成、左外后视镜和右外后视镜等组成。

三、判断题

1. 每个电动后视镜都有一个可逆电动机和驱动器。（ ）
2. 每个电动后视镜的镜片后面都有四个电动机来实现后视镜的调整。（ ）
3. 内后视镜一般装在驾驶室内的前上方，用于驾驶员观察车内部的情况或者透过后车窗观察汽车后方的道路状况。（ ）
4. 左、右后视镜装在车门或前立柱附近，用于驾驶员观察道路两侧后方情况。（ ）
5. 电动后视镜垂直方向的倾斜运动由一个永磁电动机控制，水平方向的倾斜运动由另一个永磁电动机控制。（ ）

任务实施

一、任务准备

1. 设备准备

1）带有消防设施的汽车维修工位。

2）长城哈弗 M6 故障汽车 1 辆。

2. 资料准备

长城哈弗汽车维修手册和工作手册。

3. 工具、量具准备

万用表、常规工具、连接导线。

二、内后视镜检查与更换（岗课融通内容）

1. 防眩目功能检查

手动调节后视镜后侧把手，可减弱后方车辆前照灯的反光，如图 5-88 所示。

2. 内后视镜拆卸

1）拆卸固定螺钉，如图 5-89 所示。

图 5-88 手动防眩目调节

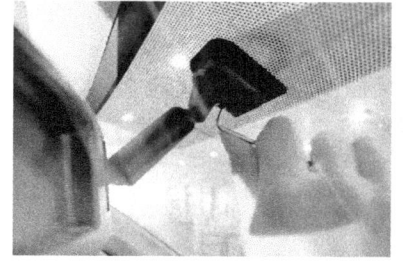
图 5-89 内后视镜拆卸

内后视镜拆卸

2）沿导轨向上取下内后视镜。

3. 内后视镜安装

1）沿导轨向下安装内后视镜，如图 5-90 所示。

图 5-90 内后视镜安装

内后视镜安装

2）安装固定螺钉。

三、电动外后视镜检查与更换（课证融通内容）

1. 电动外后视镜检查

1）打开点火开关，如图 5-91 所示。

2）操作后视镜调节开关，分别检查左右外侧后视镜上下左右调节功能，如图 5-92 所示。

图 5-91　打开点火开关

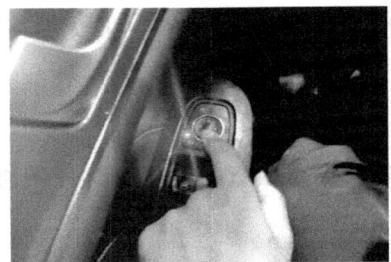
图 5-92　调节功能检查

2. 电动外后视镜拆卸

1）断开蓄电池负极，如图 5-93 所示。
2）拆卸前门内护板，如图 5-94 所示。
3）断开线束接插件。

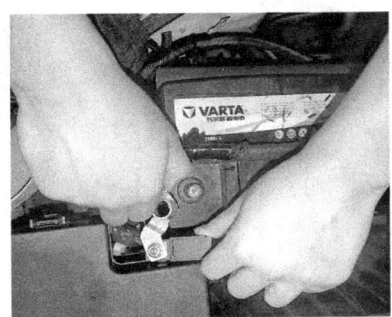
图 5-93　断开蓄电池负极

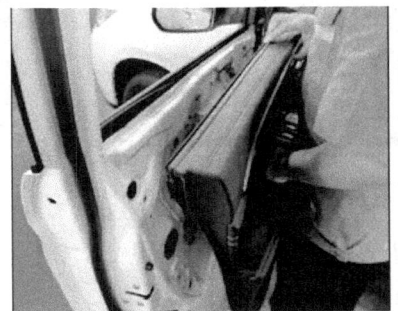
图 5-94　拆卸前门内护板

4）拆卸后视镜 3 个固定螺钉，如图 5-95 所示。
5）取下外后视镜。

3. 电动外后视镜安装

按照与拆卸相反的顺序安装，如图 5-96 所示。电动外后视镜装复后，检查手动折叠功能是否正常，通电检查调节功能是否正常。

外后视镜拆卸

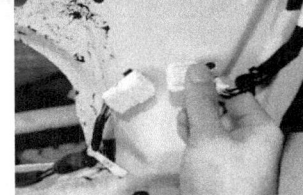
外后视镜安装

图 5-95　外后视镜拆卸　　　　　　图 5-96　外后视镜安装

4. 维修手册的使用

1）通过使用手册查询电动后视镜调整方法。

2）通过维修手册查询电动后视镜更换方法。

任务评价

一、内后视镜检查与更换评价标准

学习任务		内后视镜的检查与更换		学时	2	
标准时间		开始时间		完成时间		
序号		操作步骤	操作标准	操作记录	分值	自评/分
1	检修前的基本检查	检查作业现场环境	检查、清洁彻底，记录清晰、准确		2	
		记录整车基本信息			3	
		作业前工具检查			2	
		故障现象的确认			5	
		作业前实施车辆防护			3	
2	内后视镜的检查	检查外观有无破损	工具选择、使用正确；按维修工艺要求拆卸		10	
		检查固定是否牢固			10	
		检查防眩目调节功能是否正常			10	
3	内后视镜的拆卸	拆卸固定螺钉	工具选择、使用正确；按维修工艺要求安装		10	
		沿导轨向上取下内后视镜			10	
4	内后视镜的安装	沿导轨向下安装内后视镜			15	
		安装固定螺钉			15	
5	场地恢复	正确摆放工具、量具，整理工作台、地面及工具、量具	现场5S管理		5	

二、电动外后视镜检查与更换评价标准（职业技能证书评价标准）

学习任务		电动外后视镜检查与更换		学时	2	
标准时间		开始时间		完成时间		
序号		操作步骤	扣分要求	操作记录	分值	自评/分
1	安全/7S/态度	□1. 能进行工位7S操作。 □2. 能进行设备和工具安全检查。 □3. 能进行车辆安全防护操作。 □4. 能进行工具清洁、校准、存放操作。 □5. 能进行"三不落地"操作。	未完成1项扣3分，扣分不超过15分		15	

续表

学习任务		电动外后视镜检查与更换		学时		2
标准时间			开始时间		完成时间	
序号	操作步骤		扣分要求	操作记录	分值	自评/分
2	专业技能	作业： □1. 能正确检查外后视镜调节功能。 □2. 能正确拆卸外后视镜。 □3. 能正确安装外后视镜。 □4. 能正确检查外后视镜手动折叠功能。	未完成1项扣10分，扣分不超过50分		50	
3	工具及设备的使用能力	□1. 能正确使用拆装工具。 □2. 能正确使用检修工具。	未完成1项扣10分，扣分不超过10分		10	
4	资料信息查询能力	□1. 能正确使用维修手册查询资料。 □2. 能正确使用用户手册查询资料。 □3. 能在规定时间内查询所需资料。 □4. 能正确记录所查询资料章节页码。 □5. 能正确记录所需维修信息。	未完成1项扣5分，扣分不超过10分		10	
5	数据判断和分析能力	□1. 能判断防眩目功能是否正常。 □2. 能判断后视镜调节功能是否正常。 □3. 能判断后视镜折叠功能是否正常。	未完成1项扣5分，扣分不超过10分		10	
6	表单填写与报告的撰写能力	□1. 字迹清晰。 □2. 语句通顺。 □3. 无错别字。 □4. 无涂改。 □5. 无抄袭。	未完成1项扣1分，扣分不超过5分		5	

任务5.5　电动座椅的检修

任务导入

客户张先生开着一辆长城哈弗M6来到4S店，反映电动座椅调节功能失效。假设你是维修技术人员，请你负责该车辆的接待、维修工作，完成汽车电动座椅的初步检查，并对上述故障进行维修。

任务目标

素质目标：

1. 养成自觉遵守技术标准和规范操作的习惯，培养良好的职业道德。
2. 培养服务他人的责任意识和无私奉献的职业情怀，培养精益求精的工匠精神。

知识目标：

1. 能描述汽车电动座椅的组成。
2. 能描述汽车电动座椅的工作过程。
3. 能根据电路图描述常见车型电动座椅的运行原理。
4. 能描述电动座椅常见故障并能分析其原因。

能力目标：

1. 能够对汽车电动座椅进行检查维护。
2. 能查阅维修资料，对长城哈弗 M6 汽车电动座椅电路进行分析。
3. 规范地对电动座椅进行检修作业。

信息收集

一、电动座椅系统

电动座椅的检修

1. 电动座椅的作用

电动座椅以电动机为动力，通过传动装置和机构调节座椅的位置，为驾驶员或乘客提供不易疲劳、舒适又安全的乘坐位置。电动座椅一般可以完成多个位置和角度的调节，如座椅升降、座椅前后调节、靠背俯仰角度调节等。此外，某些汽车电动座椅还具有电动按摩、电动通风、电动加热、腰部调节等功能。

2. 电动座椅的类型

电动座椅按有无电子调节系统分为带电子控制系统的电动座椅和不带电子控制系统的座椅。

按照电动座椅电动机数目和调节方式不同，电动座椅一般有四向、六向、八向调节等。

3. 电动座椅的组成

以配有座椅位置和角度调节功能的电动座椅为例，一般由调节开关、双向直流电动机、传动和执行机构等组成，如图 5-97 所示。

（1）调节开关

调节开关的作用是接通或者断开电动座椅调节电动机电路，驾驶员通过操作调节开关将电动座椅调节到便于驾驶的位置，其按键一般安装在座椅坐垫靠近车门的一侧。

（2）双向直流电动机

双向直流电动机的作用是为电动座椅的调节机构提供动力。此类电动机多采用双向电动机，即电动机电枢旋转方向随着电流方向的改变而改变，使电动机按不同的电流方

 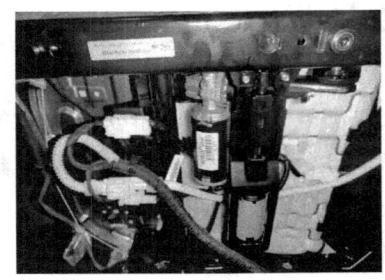

（a）调节开关　　　　　　　　（b）电动机及传动机构

图 5-97　电动座椅调节开关、电动机及传动机构

向正转或反转，达到调节的目的。电动机数量取决于电动座椅类型，如有六个调节方向的座椅通常装有三个电动机进行调节。

（3）传动机构和执行机构

其作用是将电动机动力传递给座椅调节装置，使其完成座椅的调整；把电动机的旋转运动变为座椅的上下、前后移动或靠背的倾斜摆动等。机构中的蜗轮蜗杆具备较大的传动比，且具有很好的自锁性能。

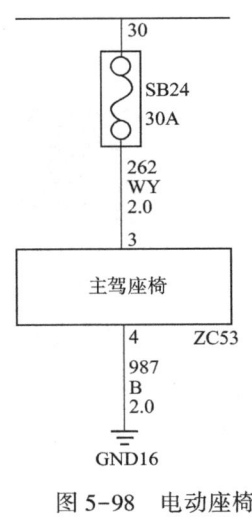

图 5-98　电动座椅电路原理

二、长城哈弗 M6 汽车电动座椅的组成和工作原理

哈弗 M6 汽车电动座椅主要由前端高度调节电动机、后端高度调节电动机、前后调节电动机和开关总成等组成。

电动座椅的电路原理如图 5-98 所示。电动座椅的电源为 30 线，经过保险 SB24，给座椅开关和电动机供电，在 GND16 搭铁点搭铁。

主题探究

汽车的座椅可以通过调节前后位置、俯仰角度、高低等实现对于不同身高、驾驶习惯、胖瘦驾驶员的兼容，保障了安全驾驶对于乘坐舒适性的基本要求。作为维修技术人员，我们在学好一种车型维修方法的基础上，也要积极学习其他车型的相关技术，培养和锻炼自己精益求精、触类旁通的工匠精神。

三、电动座椅的常见故障诊断

1. 故障分析

常见故障：座椅完全不能动作或某个方向不能动作。座椅完全不能动作的主要原因有：熔断器熔断、线路断路、座椅开关故障等。某个方向不能动作的主要原因有：该方向对应的电动机损坏、开关损坏、对应的线路断路等。

2. 故障诊断步骤

如果座椅完全不能动作，首先检查熔断器是否熔断；若熔断器良好，则应检查所在线路及其插接件是否正常；最后检查开关。对于有存储功能的电动座椅系统，还应检查其控制单元（ECU）的电源电路及其搭铁线是否正常。如果是某个方向不能动作，可以先检查所在线路是否正常，再检查开关和电动机。

知识过关

一、选择题

1. 下列选项中，不是电动座椅组成部分的是（　　）。
   A. 手调旋钮　　　　　　　　B. 双向电动机
   C. 传动装置　　　　　　　　D. 座椅调节器
2. 为电动座椅的调节机构提供动力的是（　　）。
   A. 调节开关　　B. 双向直流电动机　　C. 传动机构　　D. 执行机构
3. 接通或者断开电动座椅调节电动机电路的是（　　）。
   A. 调节开关　　B. 双向直流电动机　　C. 传动机构　　D. 执行机构
4. 装有四个双向电动机的座椅可以调整（　　）个方向。
   A. 2　　　　　　B. 4　　　　　　C. 6　　　　　　D. 8

二、填空题

1. 电动座椅由若干_____、_____和座椅调节器、控制开关等组成。
2. 电动座椅一般由_____开关、_____电动机、传动和执行机构等组成。
3. 长城哈弗 M6 汽车电动座椅主要由_____高度调节电动机、_____高度调节电动机、_____调节电动机和开关总成等组成。

三、判断题

1. 电动座椅中的电动机是直流电动机。（　　）
2. 电动座椅既要满足操作安全要求，也要满足乘员的舒适性和安全性的要求。（　　）
3. 传动机构的作用是将电动机动力传递给座椅调节装置，使其完成座椅的调整。（　　）

🛠 任务实施

一、任务准备

1. 设备准备

1）带有消防设施的汽车维修工位。

2）长城哈弗 M6 故障汽车 1 辆。

2. 资料准备

长城哈弗汽车维修手册和工作手册。

3. 工具、量具准备

万用表、常规工具、连接导线。

二、电动座椅的检查与拆装（岗课融通内容）

1. 电动座椅调节功能检查

1）检查座椅前后位置调节功能，如图 5-99 所示。

2）检查座椅高度调节功能，如图 5-100 所示。

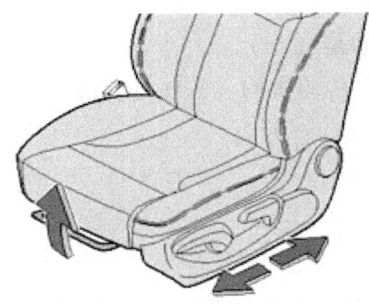
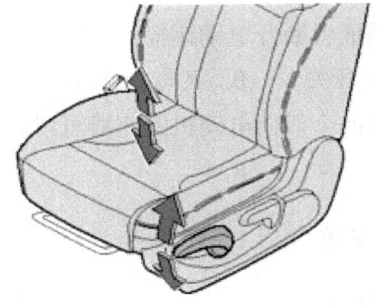

图 5-99　座椅前后调节　　　图 5-100　座椅高度调节

3）检查座椅靠背倾角调节功能，如图 5-101 所示。

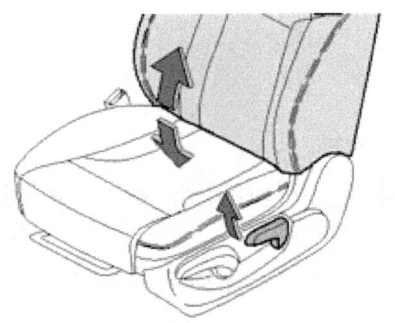

电动座椅调整

图 5-101　座椅倾角调节

2. 电动座椅拆卸

1）拆卸座椅头枕，如图5-102所示。

2）移动座椅至最后端，如图5-103所示。

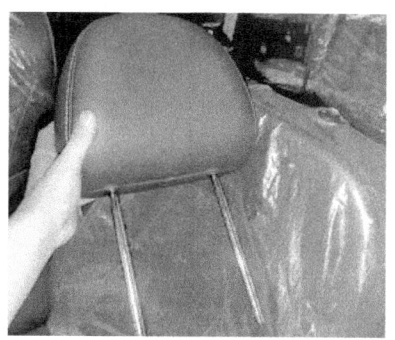 

图5-102 拆卸座椅头枕　　　　图5-103 移动座椅至最后端

3）拆卸座椅前端两个固定螺栓，如图5-104所示。

4）移动座椅至最前端，如图5-105所示。

图5-104 拆卸前端固定螺栓　　　　图5-105 移动座椅至最前端

5）取下座椅后盖板，如图5-106所示。

6）拆卸座椅后端两个固定螺栓，如图5-107所示。

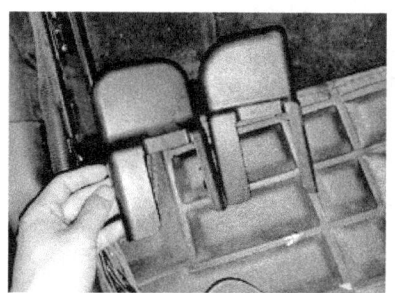 

图5-106 取下后盖板　　　　图5-107 拆卸后端固定螺栓

7）移动座椅至合适位置，将座椅靠背向前折叠，如图5-108所示。

8）断开蓄电池负极，如图5-109所示。

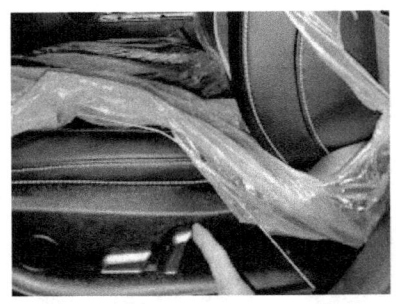
图5-108 折叠靠背

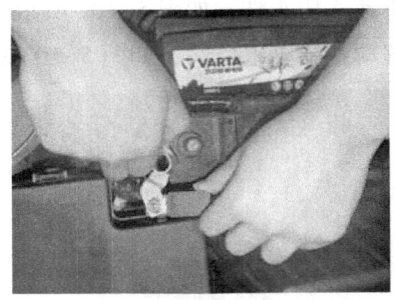
图5-109 断开蓄电池负极

9）断开线束插接件。

10）取出座椅，如图5-110所示。

3. 电动座椅安装

1）安装座椅，连接线束插接件，如图5-111所示。

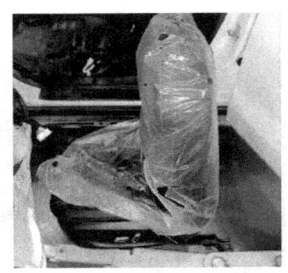

电动座椅的
拆卸（上）

电动座椅的
拆卸（下）

图5-110 取出座椅

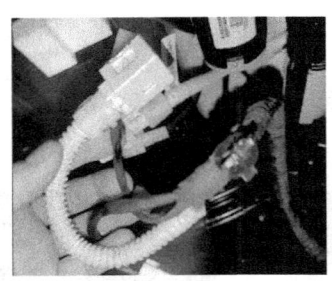

电动座椅的
安装

图5-111 安装座椅

2）对准螺栓孔，手动拧上后端两个固定螺栓。

3）将座椅后移，安装前端两个固定螺栓。

4）分别拧紧座椅后端和前端固定螺栓。

5）安装座椅后盖板。

6）安装蓄电池负极。

7）检查电动座椅功能是否正常。

任务评价

电动座椅的检查与拆装评价标准

学习任务		电动座椅检查与拆装		学时	2	
标准时间			开始时间		完成时间	
序号		操作步骤		操作标准	操作记录	分值	自评/分
1	检修前的基本检查	检查作业现场环境	检查、清洁彻底，记录清晰、准确		2	
		记录整车基本信息			3	
		作业前工具检查			2	
		故障现象的确认			5	
		作业前实施车辆防护			3	
2	电动座椅的检查	检查座椅前后位置调节功能	工具选择、使用正确；按维修工艺要求拆卸		4	
		检查座椅高度调节功能			4	
		检查座椅靠背倾角调节功能			4	
3	电动座椅的拆卸	拆卸座椅头枕	工具选择、使用正确；按维修工艺要求安装		4	
		移动座椅至最后端			4	
		拆卸座椅前端两个固定螺栓			4	
		移动座椅至最前端			4	
		取下座椅后盖板			4	
		拆卸座椅后端两个固定螺栓			4	
		移动座椅，将座椅靠背向前折叠			4	
		断开蓄电池负极			4	
		断开线束插接件			4	
		取出座椅			4	
4	电动座椅的安装	安装座椅，连接线束插接件	工具选择、使用正确；按维修工艺要求安装		4	
		手动拧上后端两个固定螺栓			4	
		安装座椅前端两个固定螺栓			4	
		拧紧座椅后端和前端固定螺栓			4	
		安装座椅后盖板			4	
		连接蓄电池负极电缆			4	
		检查电动座椅功能是否正常			4	
5	场地恢复	正确摆放工具、量具，整理工作台、地面及工具、量具	现场5S管理		5	

任务 5.6　安全气囊的检修

任务导入

客户张先生开着一辆长城哈弗 M6 来到 4S 店，反映安全气囊指示灯常亮。假设你是维修技术人员，请你负责该车辆的接待、维修工作，完成汽车安全气囊的初步检查，并对上述故障进行维修。

任务目标

素质目标：

1. 养成自觉遵守技术标准和规范操作的习惯，培养良好的职业道德。
2. 养成坚韧不拔的意志品质和无私奉献的职业情怀，培养精益求精的工匠精神。

知识目标：

1. 能描述汽车安全气囊的组成。
2. 能描述汽车安全气囊的工作过程。
3. 能根据电路图描述常见车型安全气囊的工作原理。
4. 能描述安全气囊常见故障并能分析其原因。

能力目标：

1. 能够对汽车安全气囊进行检查维护。
2. 能查阅维修资料，对长城哈弗 M6 汽车安全气囊电路进行分析。
3. 规范地对安全气囊进行检修作业。

安全气囊的检修

信息收集

一、安全气囊的作用

图 5-112　正面碰撞防护的双安全气囊系统

安全气囊是汽车被动安全系统（SRS）的一个重要组成部分。被动安全系统主要由安全气囊系统和安全带系统组成。在汽车行驶过程中，一些意外交通情况和机械故障往往会导致交通事故。由于交通事故发生的意外性和突然性，发生时间极短，驾乘人员没有反应时间来主动保护自己，只能采用被动安全保护装置来减少事故对人体的伤害。

安全气囊系统分正面碰撞防护和侧面碰撞防护两种，目前轿车上广泛应用的是正面碰撞防护的双安全气囊系统，如图 5-112 所示。

二、安全气囊的分类

1. 按传感器类型分类

1) 机械式安全气囊。机械式安全气囊不需用电源,没有电子电路和电路配线,全部零件组装在转向盘装饰盖板下面,检测碰撞动作和引爆点火剂都是利用机械动作来完成的。

2) 电子式安全气囊。电子式安全气囊有两种布置方式,早期电子式传感器在汽车的前端部安装,气囊引爆装置安装在转向盘上,前端传感器需要引线连接。现在各制造商都在致力于开发整体式安全气囊,它是把电子式传感器后移,和点火引爆装置作为一个整体安装在转向盘上,可以取消线束,消除了由于线路短路或断路导致气囊失效的故障。

2. 按保护对象分类

1) 驾驶员防撞安全气囊。驾驶员防撞安全气囊装在转向盘上。美式安全气囊体积较大,约60L,是按没有座椅安全带设计的。欧式安全气囊按有驾驶员座椅安全带设计,其体积较小,约40L。

2) 乘员防撞安全气囊。由于乘员在车内位置不固定,为保护其撞车时免受伤害,设计的安全气囊体积也较大,美式的约160L,欧式的约75L。有些车上还配有后排乘员防撞安全气囊,装在前排座椅后面。

3) 侧面防撞安全气囊。装在车门上,当汽车遭受侧面碰撞时,防止乘员受到侧面撞击。

3. 窗帘式安全气囊与多级安全气囊

在发生侧向碰撞时,侧面安全气囊能在瞬间充气膨胀,以保护乘员头部的安全。安装在车门上的侧面安全气囊对乘员的胸及腰部也起到保护作用。侧面安全气囊膨胀时向上方延伸,对头部起到保护作用,但同时把乘员的手臂向上牵动,有可能造成肩膀脱臼,这就要求限制安全气囊的尺寸。因此,有些车系(如宝马车系)设计成管形安全气囊,充气后与侧窗成横斜方向展开,与乘员的身高相匹配。

1) 窗帘式安全气囊。管形安全气囊不能全部覆盖侧窗,玻璃的碎片可能刺伤乘员。以窗帘状展开的气囊称为窗帘式安全气囊。在车辆侧面碰撞时,窗帘式安全气囊与侧面安全气囊同时展开。其位于A柱与车顶纵梁的内衬中。窗帘式安全气囊目前尚未在汽车上大批量使用。

2) 多级安全气囊。多级安全气囊充气膨胀器可以根据汽车的行驶速度和车辆的碰撞程度不同,分三个阶段调节充气膨胀力。车速越高,撞击程度越严重,充气膨胀力越大。

三、安全气囊系统基本组成

电子式安全气囊系统的组成部件分布在汽车的不同位置,各型汽车所采用部件的结构和数量有所不同,但其基本组成和工作原理大致相同。系统的安装位置及基本构成如图 5-113 所示,安全气囊主要由气囊组件(气囊总成)、螺旋电缆、气囊传感器、控制单元等组成。气囊组件装置在转向盘中,气囊组件包括辅助约束系统(SRS)气囊、气体发生器和点火器等;副驾驶座气囊装在杂物箱上侧,用塑料盖板遮住。前碰撞传感器分别安装在驾驶室间隔板左、右侧及中部;中心的安全气囊传感器与安全气囊控制单元(ECU)安装在一起;系统故障指示灯在仪表板上。

(a)安全气囊的安装位置　　　　　　　(b)主要组成

图 5-113　安全气囊系统安装位置及组成

1. 安全气囊组件

安全气囊组件包括充气装置、气囊、外壳等,如图 5-114 所示。充气装置与气囊组合为一体安装在转向盘支架上,由气体发生剂、火药、雷管、过滤器和外壳等组成。碰撞发生后,雷管引燃火药,产生高温,使气体发生剂迅速生成大量气体,经过滤后充入气囊,使气囊瞬间展开。气囊安装在充气装置上部,用塑料盖板护住。气囊采用尼龙制成,内层涂有聚氯丁二烯,用于密封气体。气囊静止时被折叠成包,安放在气体发生剂上部和气囊饰盖之间,气囊饰盖表面模压有浅印,以便气囊充气爆开时撕裂饰盖,减小气囊冲出饰盖的阻力。气囊背面或顶部设置有排气孔,当驾驶员压在气囊上时,气囊受压后便从排气孔排气。

图 5-114　安全气囊组件

2. 气囊传感器

气囊传感器包括前碰撞传感器、中央传感器和安全传感器,用来检测碰撞减速力、碰撞强度,作为安全气囊控制单元计算气囊是否动作的参数。

3. 安全气囊控制单元

安全气囊控制单元是 SRS 的控制中心,又称为气囊计算机,其功能是接受传感器输入的信号,判断是否启动安全气囊系统。安全气囊控制单元由稳压电路、备用电源电路、系统侦测电路、点火控制和驱动电路、触发传感器、记忆电路和故障自诊断电路等组成。气囊爆炸后，在气囊 ECU 中会存储碰撞数据和故障码，这些故障码用普通仪器无法清除。

气囊系统有两个电源，即汽车电源（蓄电池和发电机）和备用电源，备用电源电路由电源控制电路和若干电容器组成。当汽车发生碰撞，导致蓄电池和发电机与气囊系统断开时，备用电源在一定时间内（一般为 6s）可以维持气囊系统供电。

4. 气囊指示灯

气囊指示灯安装在仪表板上，用于指示气囊系统功能是否处于正常状态。正常情况下，打开点火开关后，气囊指示灯应点亮几秒钟后熄灭。如果气囊指示灯不亮、一直亮或在行驶途中突然点亮，表示气囊系统有故障，应及时检修。

5. 气囊系统线束连接器及保险机构

为了便于将气囊系统线束与其他电气系统线束区别开，目前大多数汽车的气囊系统线束采用黄色连接器，如图 5-115 所示，也有的采用深蓝色或橘红色连接器。连接器采用了导电性能和耐久性能良好的镀金端子，并设计有防止气囊误爆机构，以保证气囊系统可靠工作。

为了保证转向盘具有足够的转动角度又不至于损伤气囊组件的连接线束，在转向盘和转向柱之间采用了螺旋线束，即将线束安装在螺旋形弹簧内，如图 5-116 所示。

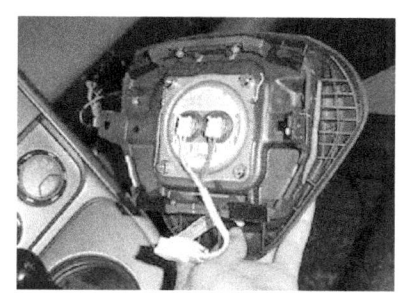
图 5-115　气囊线束

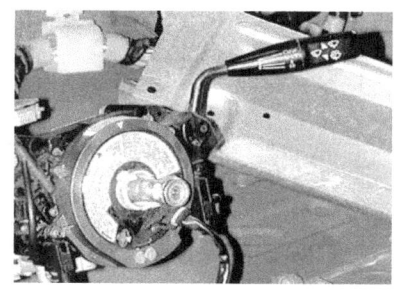
图 5-116　螺旋电缆

四、长城哈弗 M6 汽车被动安全辅助系统原理分析

长城哈弗 M6 汽车的被动安全辅助系统由驾驶员安全气囊总成、副驾驶员安全气囊总成、左右侧安全气帘总成、左右侧气囊、前碰撞传感器、侧碰撞传感器、安全气囊控制器等组成。其电路如图 5-117 所示。在维修过程中如果没有按照正确的程序操作，则可能会造成 SRS 意外展开，从而导致严重的人身伤害。

当汽车行驶中遭受正面碰撞或侧面碰撞时，安全气囊系统的工作原理基本相同。以正面碰撞为例，当汽车受到前方一定角度范围内的高速碰撞时，车体会受到强烈的振动，同时车速急剧下降，安装在汽车前端的碰撞传感器和与 SRS 的 ECU 安装在一起的防护碰撞传感器（安全传感器）就会检测到汽车突然减速和撞击强度的信号，当达到

汽车电气设备构造与检修

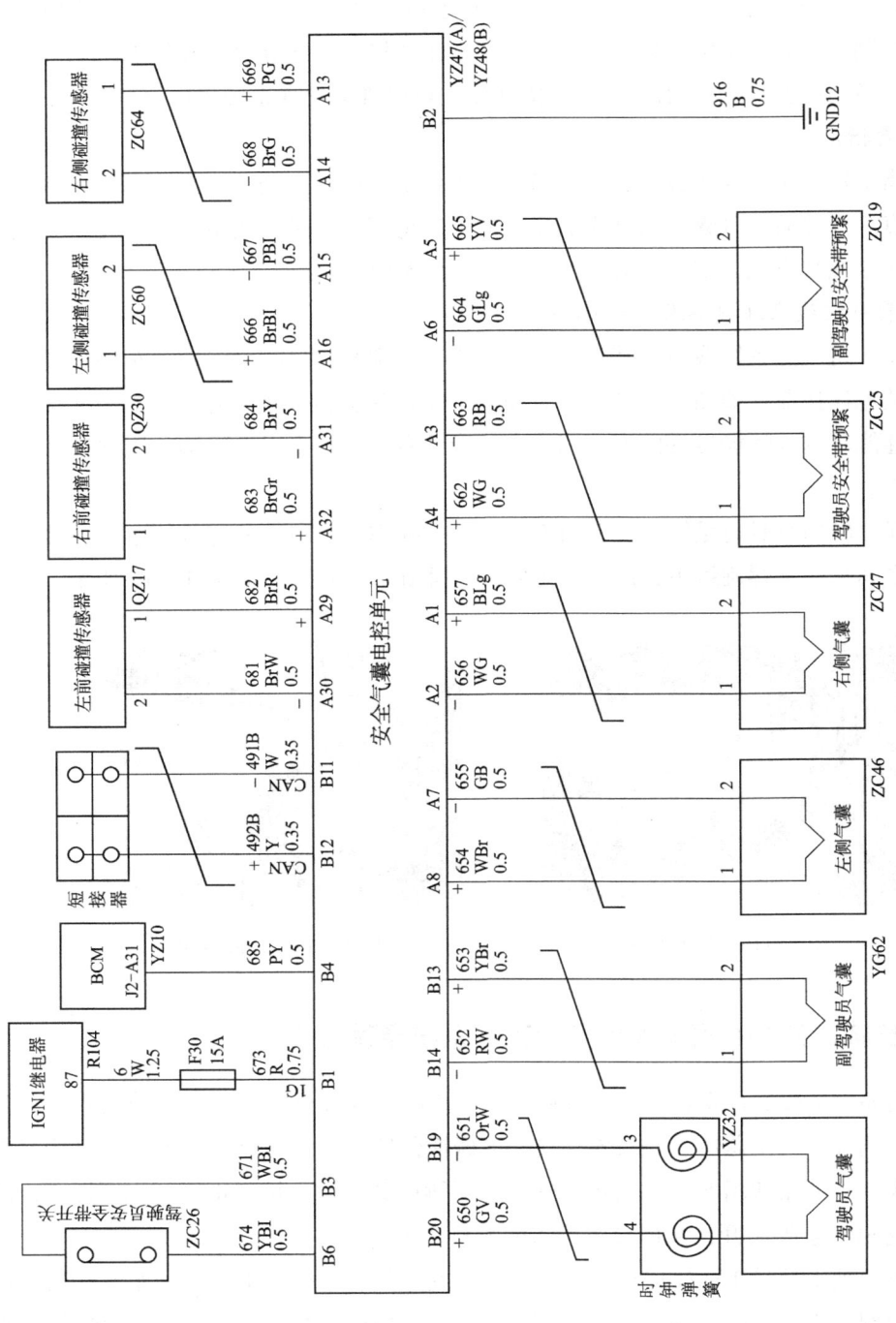

图 5-117 长城哈弗 M6 汽车被动安全辅助系统电路

规定的强度时,传感器即向 SRS 的 ECU 发出信号。SRS 的 ECU 接收到信号后,将与其原存储信号进行比较,若达到气囊的展开条件,则由驱动电路向安全气囊组件中的气体发生器发送启动信号。气体发生器接到启动信号后,引爆电雷管,引燃气体发生剂,产生大量气体,经过滤并冷却后进入安全气囊,使气囊在极短的时间内突破衬垫迅速展开,在驾驶员或乘客的前部形成弹性气垫,并及时泄漏、收缩,将人体与车内构件之间的碰撞变为弹性碰撞,通过气囊产生的变形吸收人体碰撞产生的动能,从而有效地保护人体头部和胸部,使之免于伤害或减轻伤害程度。

五、安全气囊系统的故障诊断

1. 故障检修程序

安全气囊系统在控制装置中都设有故障自诊断系统,当系统出现故障时,以代码形式存储起来,所以在检修时要先调取故障码,然后根据故障码查明故障是否在传感器、执行机构、线路或连接器上,以便排除故障。

当接通点火开关至 ACC 或 ON 位置时,安全气囊警示灯应亮约 6s 后熄灭。如此时灯不亮或常亮,应检查安全气囊警示灯及警示灯电路。读出故障码后,先将气囊组件连接器脱开。负加速度传感器的阻值一般为 0.5~1kΩ,用万用表检查其线路是否断路或短路。检查负加速度传感器安装情况,如发现松动,应加以紧固,并严格按规定力矩拧紧。当所有故障码对应的故障均被修复,必须清除故障码,然后重复进行点火开关操作,检查故障码。若输出正常码,则用模拟法进行证实试验;若仍输出故障码,再按故障码进行故障排除。再次检查警示灯,确保所有的故障已被排除。如果警示灯显示不正常,再重新检查。

2. 故障诊断注意事项

在维修、检测安全气囊系统时,要严格按正确顺序进行操作,否则可能会使安全气囊系统在检修过程中意外展开而造成严重事故,或致使安全气囊系统不能正常运作。因此,在排除故障之前一定要注意以下几点:

1) 由于安全气囊系统的故障征状难以确定,所以故障码就成为故障排除时最重要的信息来源。因此,在进行安全气囊系统故障排除时,脱开蓄电池之前,务必要检查故障码。

2) 检修工作务必在将点火开关转切到 LOCK 位置,并拆下蓄电池搭铁线 30s 或更长一些时间才能开始。

3) 即使只发生轻微碰撞,安全气囊未打开,也要对前气囊传感器和气囊组件进行检查。在检修过程中,如有可能对气囊传感器产生冲击,在修理之前应将气囊传感器拆下。

4) 不要试图拆卸和修理前气囊传感器、气囊中心传感器总成或气囊组件以供重新使用。

5) 对电路进行检查时，要使用高阻抗万用表来诊断电路系统的故障。

6) 在安全气囊系统零部件的外表面上有说明标牌，必须遵照标牌上的注意事项。

知识过关

一、选择题

1. 安全气囊系统的组成部件不包括（　　）。
   A. 安全气囊 ECU　　　　　　　　B. 车速传感器
   C. 碰撞传感器　　　　　　　　　D. 气囊指示灯

2. 目前应用最广泛的安全气囊系统是（　　）安全气囊系统。
   A. 正面碰撞　　　　　　　　　　B. 侧面碰撞
   C. 顶部碰撞　　　　　　　　　　D. 底部碰撞

3. 下列选项中，不属于安全气囊传感器的是（　　）。
   A. 前碰撞传感器　　　　　　　　B. 中央传感器
   C. 安全传感器　　　　　　　　　D. 轮速传感器

4. 在汽车发生碰撞时，由（　　）检测汽车碰撞的强度信号，并将信号输入电子控制单元。
   A. 碰撞传感器　　　　　　　　　B. 电子控制单元
   C. 警示灯　　　　　　　　　　　D. 气体发生器和气囊

5. 下列选项中，不属于安全气囊组件的是（　　）。
   A. 充气装置　　　　　　　　　　B. 气囊
   C. 外壳　　　　　　　　　　　　D. 螺旋电缆

6. 由于驾驶员侧气囊是安装在转向盘上的，而转向盘要能转动，为了实现这种静止端与旋转端的电气连接，采用了（　　）。
   A. 螺旋电缆　　　　　　　　　　B. 连接器
   C. 插接器　　　　　　　　　　　D. 线束

7. 安全气囊的碰撞传感器感应的是（　　）。
   A. 碰撞冲击强度　　　　　　　　B. 碰撞破坏力
   C. 碰撞减速度　　　　　　　　　D. 碰撞角速度

二、填空题

1. 安全气囊系统分_____碰撞防护和_____碰撞防护两种。

2. 安全气囊系统主要由_____、_____、_____、_____和螺旋电缆与专用线束组成。

3. 气囊传感器包括_____传感器和_____传感器。

4. 安全气囊组件由点火器、_____、气囊和 SRS 装饰盖组成。

三、判断题

1. 接通点火开关之后，如果 SRS 灯一直亮，表明 SRS 系统存在故障。（　　）
2. 装有安全气囊可保万无一失，驾车可以不用系安全带。（　　）
3. 安全气囊系统要能正确区分制动减速度和碰撞减速度。（　　）
4. 安全气囊系统有自动诊断功能，可及时发现故障，并以报警灯的形式报告驾驶员。（　　）
5. 气体发生器又称充气泵，其作用是在有效的时间内产生气体，使气囊膨开。（　　）

任务实施

一、任务准备

1. 设备准备
1）带有消防设施的汽车维修工位。
2）长城哈弗 M6 故障汽车 1 辆。
2. 资料准备
长城哈弗汽车维修手册和工作手册。
3. 工具、量具准备
万用表、常规工具、连接导线。

二、安全气囊系统的检查与拆装（岗课融通内容）

1. 驾驶员安全气囊总成的拆卸
拆卸前，确保前车轮定位于直线行驶位置。
1）关闭点火开关。
2）断开蓄电池负极，等待 90s 以上。
3）用合适的工具分别插入转向盘下罩盖拆卸孔。共有三个拆卸孔，如图 5-118 所示。按 2—3—1 的顺序拆卸，适当用力推至驾驶员安全气囊弹起。
4）轻轻拿起驾驶员安全气囊总成，断开驾驶员安全气囊插件与喇叭插件，如图 5-119 所示。
5）拆下驾驶员安全气囊总成。
注意：将拆下来的气囊总成展开面向上放置于洁净干燥的地方保管。
2. 驾驶员安全气囊总成的安装
1）安装以与拆卸相反的顺序进行。

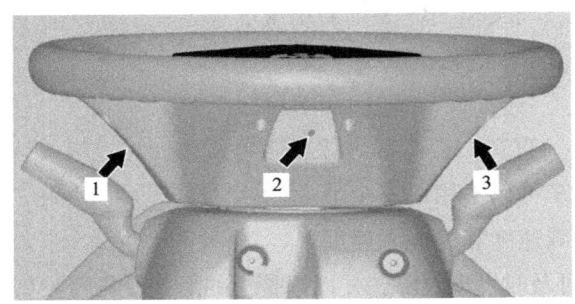 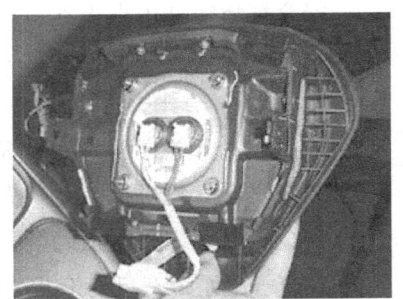

图 5-118 拆卸孔位置　　　　　　图 5-119 断开安全气囊插件

2）正确连接时钟弹簧与驾驶员安全气囊总成及喇叭接插件。

3）正确安装驾驶员安全气囊总成，确保气囊被牢固地卡住（放置时不要大力敲击气囊模块）。

注意：

1）安装转向盘及驾驶员安全气囊组件时，不要卡住时钟弹簧线束。

2）安装完毕之后，打开点火开关至 ON 挡，安全气囊警示灯亮起约 6s，然后熄灭为正常。

3. 螺旋电缆（时钟弹簧）的拆卸

1）拆卸驾驶员安全气囊总成（见安全气囊总成的拆卸）。

2）拆卸方向盘总成。

3）拆卸转向管柱上下护罩，如图 5-120 所示。

4）拆下 3 个螺钉，断开螺旋电缆（时钟弹簧）线束插件，如图 5-121 所示。

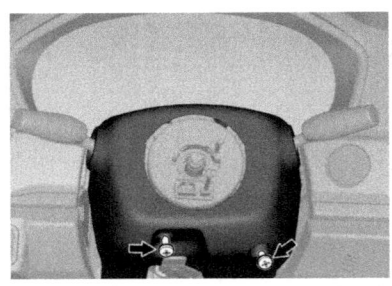 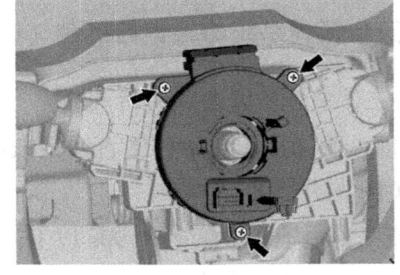

图 5-120 拆卸转向管柱护罩　　　　图 5-121 拆卸螺旋电缆固定螺栓

5）取下螺旋电缆（时钟弹簧）。

注意：

1）螺旋电缆（时钟弹簧）绝对不能分解或修理，如有故障一定要更换新件。

2）螺旋电缆（时钟弹簧）不要掉在地上、浸入水或油中。如有凹陷、裂纹、变形等，应更换新件。

3）拆卸下的时钟弹簧放在洁净干燥处保管。

4. 螺旋电缆（时钟弹簧）的安装

1）将螺旋电缆（时钟弹簧）安装到组合开关底座，连接线束。

2）使螺旋电缆（时钟弹簧）的中心对齐。

3）安装转向管柱上下护罩。

4）安装转向盘及驾驶员安全气囊总成。

5）重新连接蓄电池负极。

注意：

1）确保系统正常运行。轻轻地将转向盘向左、右转动，确认是否有异常或噪声。

2）安装完毕之后，打开点火开关至 ON 挡，安全气囊警示灯亮起约 6s，然后熄灭为正常。

5. 副驾驶员安全气囊总成拆卸

1）关闭点火开关。

2）断开蓄电池负极，等待 90s 以上。

3）拆下上部仪表板。

4）分离副驾驶员安全气囊总成，如图 5-122 所示。取下副驾驶员安全气囊总成。

注意： 将拆下来的气囊总成展开面向上放置于洁净干燥的地方保管。

6. 副驾驶员安全气囊总成安装

安装以与拆卸相反的顺序进行。

注意：

1）如果更换新的安全气囊模块，安装前请先检查安全气囊模块是否有损坏。

2）安装完毕之后，打开点火开关至 ON 挡，安全气囊警示灯亮起约 6s，然后熄灭为正常。

7. 安全气囊控制单元的拆卸

1）关闭点火开关。

2）断开蓄电池负极，等待 90s 以上。

3）拆下副仪表板左右前护板，如图 5-123 所示。

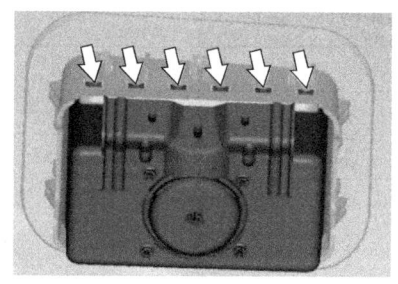
图 5-122 分离副驾驶员安全气囊总成

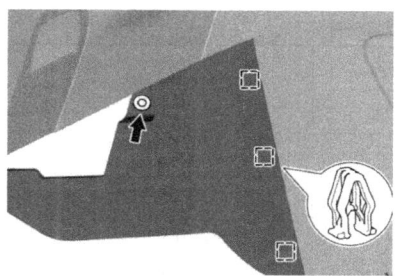
图 5-123 拆卸副仪表板护板

4）断开线束插件，拆下 3 个螺栓，如图 5-124 所示。取下安全气囊电控单元，如

图 5-125 所示。

图 5-124 拆卸安全气囊固定螺栓

图 5-125 取下安全气囊电控单元

注意：

1）对于安全气囊控制单元，绝对不可分解或修理，如有故障必须更换新的安全气囊控制单元。

2）不要使安全气囊控制单元受到冲击、振动。如发现其有凹陷、裂纹、变形等情况，必须更换新的安全气囊控制单元。

3）当安全气囊展开后，必须更换新的安全气囊控制单元。

4）戴上手套以保护双手。

5）不要损坏车内装饰件。

8. 安全气囊控制单元的安装

安装以与拆卸相反的顺序进行。

注意：

1）按照规定力矩值拧紧紧固件。

2）安装完毕之后，需要对安全气囊系统进行检查。

3）安全气囊控制单元更换后需进行回路刷写及横摆角匹配。

任务评价

安全气囊系统的检查与拆装评价标准

学习任务		安全气囊系统的检查与拆装		学时	2	
标准时间		开始时间		完成时间		
序号		操作步骤	操作标准	操作记录	分值	自评/分
1	检修前的基本检查	检查作业现场环境	检查、清洁彻底，记录清晰、准确		2	
		记录整车基本信息			3	
		作业前工具检查			2	
		故障现象的确认			5	
		作业前实施车辆防护			3	

续表

学习任务		安全气囊系统的检查与拆装		学时		2
标准时间			开始时间		完成时间	
序号		操作步骤	操作标准	操作记录	分值	自评/分
2	驾驶员安全气囊总成的拆装	关闭点火开关；断开蓄电池负极	工具选择、使用正确；按维修工艺要求拆卸		4	
		拆卸安全气囊总成			2	
		断开驾驶员安全气囊插件与喇叭插件			2	
		以与拆卸相反的顺序进行安装			4	
3	螺旋电缆（时钟弹簧）的拆装	拆卸驾驶员安全气囊总成	工具选择、使用正确；按维修工艺要求安装		4	
		拆卸转向盘总成			4	
		拆卸转向管柱上下护罩			4	
		断开螺旋电缆线束插件			4	
		拆卸螺旋电缆			4	
		将螺旋电缆安装到组合开关底座，连接线束			4	
		螺旋电缆（时钟弹簧）的中心对齐			4	
		安装转向管柱上下护罩			4	
		安装转向盘及驾驶员安全气囊总成			4	
		重新连接蓄电池负极			4	
4	副驾驶员安全气囊总成拆装	关闭点火开关，断开蓄电池负极，等待90s以上	工具选择、使用正确；按维修工艺要求安装		4	
		拆下上部仪表板			4	
		分离副驾驶员安全气囊总成，取下副驾驶员安全气囊总成			4	
5	安全气囊控制单元的拆装	关闭点火开关；断开蓄电池负极，等待90s以上	工具选择、使用正确；按维修工艺要求安装		4	
		拆下副仪表板左右前护板			4	
		断开线束插件，拆下3个螺栓；取下安全气囊电控单元			4	
		安装以与拆卸相反的顺序进行			4	
6	场地恢复	正确摆放工具、量具，整理工作台、地面及工具、量具	现场5S管理		5	

项目拓展

辅助电气新技术

一、乘员感知系统

很多车辆在前排乘客座椅上配备了乘员感知系统。乘员感知系统的作用是：当前排座椅上坐着儿童或者儿童侧着头打瞌睡时，乘客座椅侧气囊将自动关闭，从而减小侧撞事故发生时安全气囊对儿童的伤害。

乘员感知系统在乘客座椅内安装了7个传感器，在座椅靠背内安装了6个传感器，用于检测乘员的坐姿高度，判断乘员是儿童还是成人，或者座椅上有无饮料瓶等其他东西；靠背侧边的1个传感器则专门用于检查儿童是不是侧着头打瞌睡，判断儿童的头部是不是处于侧气囊展开的范围内。乘员感知系统的传感器是根据乘员的导电体量来作出上述判断的。座椅在出厂之前已经设定了座椅自身的导电体量，座椅安装到车上并坐了人后，乘员感知系统检测出一个总体的导电体量，总导电体量减去座椅的导电体量就是乘员的导电体量。如果乘员导电体量低于系统初始设定的判断临界值，则乘员感知系统认为坐着的是儿童或儿童的头部处于侧气囊引爆的范围内，从而自动关闭安全气囊，同时仪表板上的"SIDE AIRBAG OFF"黄色指示灯亮起，告诉驾驶员侧安全气囊已经关闭。有了乘员感知系统这样一个关怀备至的"看护人"，儿童就可以在旅途中尽情地享受梦乡了。

二、座椅、后视镜调节记忆系统

每个人的身高不同，坐姿也不同，所以每个人都有一个最佳的座椅位置高度与角度及相应的后视镜位置。每次调节座椅的高度、前后位置、靠背的倾角及左、右后视镜的角度很费时。每换一个驾驶员就要重调一遍，既费时又费事。因此，出现了可将调整好的一套位置信息储存起来的记忆系统。不同的驾驶员有不同的代号，更换驾驶员后只要按其代号，即可调到最适合该驾驶员的状态，还可储存到电子门锁的智能卡上。这些装置目前只在较豪华的车上配置。

项目 5 汽车车身电气系统检修

项目小结

1. 知识脉络图

车身电气系统检修
- 电动车窗检修
  - 电动车窗
    - 作用：电动机驱动，车窗自动升降
    - 类型：绳轮式、交叉式、齿条式
  - 电动天窗
    - 作用：电动机驱动，天窗自动开闭
    - 组成：天窗组件、滑动机构、驱动机构等
  - 长城哈弗M6汽车车窗电路分析
    - 组成：电动车窗（车窗、升降器、电动机、继电器开关和ECU）；电动天窗（天窗电动机模块、电动机）
    - 原理：开关向CPU输入信号，经逻辑判断后，控制电动机正反转，实现玻璃的升降（关闭）
- 中控门锁检修
  - 简述
    - 作用：一键自动开启关闭车门、行李厢门
    - 组成：门控锁开关（驾驶员侧，控制开启、关闭车门和行李厢）；门锁总成（传动机构、位置开关、电动机）；钥匙操纵开关；行李厢开启开关和开启器
  - 长城哈弗M6中控锁电路分析
    - 后背门锁：开关信号提供给 PEPS ECU，通过 CAN 传输给 BCM，BCM 输出信号控制继电器，控制后背门锁
    - 门锁：BCM根据开关信号控制相应继电器，从而控制各车门的开闭
- 电动刮水器检修
  - 刮水系统
    - 作用：清除风窗的雨水、尘土等，保证视野
    - 组成：电动机（永磁式，改变串联导体数调速）、传动机构（自动复位装置和传动）
  - 洗涤装置
    - 作用：与刮水器配合清除灰尘污物，保证视野
    - 组成：洗涤液罐、洗涤泵、软管、开关、喷嘴
  - 自动雨滴感知系统：传感器、间歇刮水放大器、电动机
- 电动后视镜检修
  - 简述
    - 作用：自动调整后视镜角度
    - 组成：控制开关、电动后视镜总成（镜面、双向电动机、连接杆、传动机构）
  - 长城哈弗M6汽车后视镜电路分析
    - 组成：BCM、开关总成、后视镜总成
    - 原理：开关总成直接调整电流方向和通断，从而控制后视镜工作
- 电动座椅检修
  - 简述
    - 作用：以电动机为动力调整座椅位置
    - 组成：调节开关、双向电动机、传动和执行机构
  - 长城哈弗M6汽车座椅电路分析
    - 组成：前端和后端调节电动机、前后调节电动机、开关
    - 原理：调节开关直接控制相应调节电动机工作
- 安全气囊检修
  - 简述
    - 类型：按传感器分（机械式、电子式）；按保护对象分（驾驶员、乘员、侧面）
    - 组成：气囊组件（气囊、气体发生器、点火器）、传感器、控制单元
  - 长城哈弗M6汽车被动安全辅助系统分析
    - 组成：气囊总成（驾驶员、副驾驶员），安全气帘总成、前（侧）碰撞传感器、控制单元
    - 原理：传感器接收碰撞信号，ECU判断、比较，输出信号控制气囊总成工作

2. 主题探究

安全意识关涉个人的生命安全和企业的稳定发展。在任何工作中，坚持安全第一，

就是对人的生命负责，对企业负责，对国家负责。"预防为主"是实现安全的重要前提和方法，通过积极探索规律，采取有效预防和控制措施，做到防患于未然，就能将事故发生的概率降到最低。

对于汽车检测与维修人员来说，树立安全意识，首先要严格执行安全操作规程，坚持不打折扣、不变样；其次要养成严谨细致、精益求精的工作作风。和小组成员合作，一起总结汽车检测与维修过程中的安全隐患，并提出预防和消除的办法，制作成表格，张贴在实训或实习场所。

项目 6 空调系统的维护与检修

📝 项目描述

空调系统是现代汽车电气设备的重要组成部分。汽车空调系统能够人为地对驾驶室及车厢内的空气温度、湿度、流动速度和洁净度等全部或部分地进行调节,将其控制在合适范围内。目前汽车上常用的空调分为普通手动空调和自动空调。通过本项目的学习,能够掌握汽车空调系统的基本组成、维护和检修方法。

任务 6.1 空调系统的维护

📝 任务导入

客户李先生开着一辆长城哈弗 M6 汽车来到 4S 店,反映车辆在正常行驶时,打开空调开关,空调指示灯正常点亮,但空调无法制冷。假设请你负责李先生车辆的接待工作,为李先生解释该车故障的可能原因,同时介绍长城哈弗 M6 汽车空调系统的组成和维护。

🎯 任务目标

素质目标:
1. 养成严谨的职业素养和认真负责的工作态度,具有良好的职业道德。
2. 养成浓厚的创新意识和创新能力,树立正确的人生观和价值观。

知识目标:
1. 能向客户描述空调系统的组成和作用。
2. 能向客户描述空调系统的维护内容。
3. 能够准确分析并避免工作中的不安全因素。

能力目标：
1. 能够了解各种空调维修工具和检测仪器的使用方法。
2. 能够正确分析空调系统的电路图。
3. 能够操作和正确使用空调系统。
4. 能够进行空调系统的维护。

信息收集

一、汽车空调系统的组成

空调系统的维护

1. 采暖装置

汽车采暖系统主要由暖风散热器、风机、操纵系统及送风管路等总成组成，如图 6-1 所示，一般分为余热式和独立燃烧式两种。余热式采暖系统以汽车发动机的余热（冷却水或排气）为热源；独立燃烧式采暖系统是以燃油为能源的独立的暖风装置。一般轿车都以发动机冷却水为热源进行采暖。

2. 送风系统

送风系统包括冷气送风、暖气送风（包括除霜送风）、新风与换气（通风系统）三部分。送风系统分为车辆本身的自然通风及强制通风，有的还带有空气净化装置，如图 6-2 所示。冷风送风口在车身上部，暖气送风口在地板上面，以满足"头凉足暖"的生理要求及热空气上升、冷空气下沉的对流原理。新风进风口一般安排在车身正压区，排气孔安排在负压区。

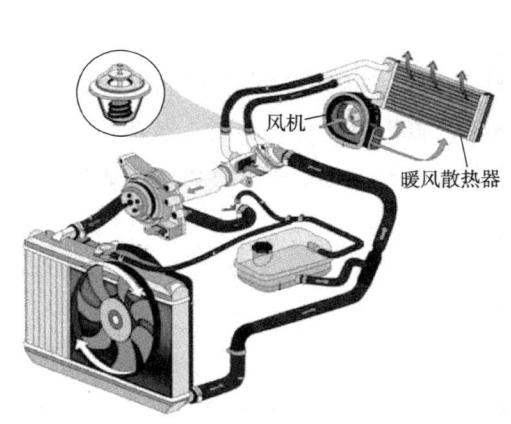

图 6-1 汽车采暖系统的组成

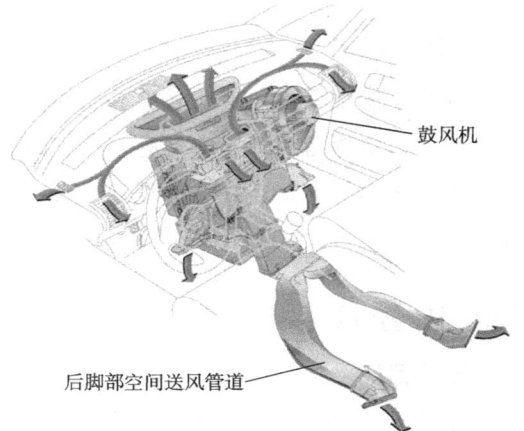

图 6-2 送风系统的组成

3. 制冷装置

俗称的汽车空调主要指制冷装置，它主要由制冷循环系统与电气调节及控制系统两大部分组成。制冷循环系统主要由压缩机、冷凝器、储液干燥器、膨胀阀、蒸发器、输液（气）软管及风机（冷凝器风扇、蒸发器风机）等组成，如图 6-3 所示。电气调节及控制系统主要包括空调控制开关（图 6-4）、电磁离合器、风机转换开关及电阻器、各种温度控制器、高低压力开关、阀门控制及操纵装置等。

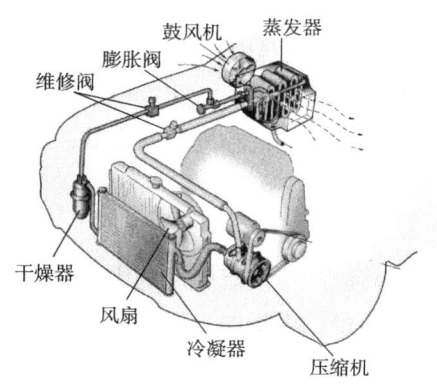

图 6-3 制冷循环系统的组成

图 6-4 空调控制开关

二、汽车空调制冷系统的工作原理

汽车空调制冷系统工作时，制冷剂以不同的状态在密闭系统内循环流动，每一循环包括压缩、冷凝、膨胀、蒸发四个基本过程。

1. 压缩过程

当发动机带动压缩机运转时，压缩机吸入蒸发器出口处低温（0℃）低压（0.147MPa）的制冷剂气体，将其压缩成高温（70~80℃）高压（1.471MPa）的气体排出压缩机。

2. 冷凝放热过程

高温高压的过热制冷剂气体进入冷凝器，压力和温度降低。当气体的温度降至 40~50℃ 时，制冷剂气体变为液体，同时放出大量的热量。

3. 节流膨胀过程

液态制冷剂流到储液干燥器中除去水分和杂质，然后由管道流入膨胀阀。温度和压力较高的制冷剂液体通过膨胀阀装置后体积变大，压力和温度急剧下降，以雾状排出膨胀装置。

4. 蒸发吸热过程

低温低压的雾状制冷剂进入蒸发器后，通过蒸发器的壁面吸收蒸发器表面周围空气中的热量而沸腾汽化，从而降低车内空气温度。在鼓风机的作用下，车内的冷、热空气加速对流，提高了空调制冷效果。

在蒸发器内吸热汽化后的制冷剂蒸气再次被压缩机吸入，然后重复上述过程。由此可知，汽车空调制冷系统实际上是一个传热系统，通过制冷剂把车内的热量传送到车外,使车内温度降低。

三、汽车空调制冷系统部件认知

1. 压缩机

压缩机(图6-5)是制冷系统的核心元件,它吸入蒸发器中低温低压的气态制冷剂,将气态制冷剂压缩成高温高压状态并输入冷凝器。按排量控制方式,压缩机可分为定量式和变量式两类。常用的定量式压缩机又可分为往复活塞式和旋转活塞式。常用的轴向活塞式压缩机有摇板式和斜盘式两种。

2. 冷凝器

冷凝器(图6-6)的功用是将空调压缩机送来的高温高压气态制冷剂中的热量散发到车外,使制冷剂冷凝成高温高压液体再进入储液干燥器。冷凝器主要有管片式、管带式等几种,管片式一般用在大、中型客车上,管带式一般用在小型轿车上。轿车的冷凝器一般安装在发动机冷却系统散热器之前;大、中型客车一般安装在车厢两侧、车厢后侧或车厢的顶部。

图6-5 压缩机　　　　图6-6 冷凝器

3. 蒸发器

蒸发器(图6-7)安装在热力膨胀阀高压通道出口与低压通道入口之间,其功用是产生冷气、降温除湿。蒸发器和冷凝器一样,也是一种热交换器,一般用铝材料制造。

4. 储液干燥器

储液干燥器(图6-8)又称储液器,在冷凝器和膨胀阀之间。储液干燥器有过滤杂质、吸收水分、防止堵塞的作用,还可以储存由冷凝器送来的高压液态制冷剂。

5. 膨胀阀

膨胀阀又称节流阀,安装在蒸发器入口前,为制冷循环高压与低压之间的分界点。其作用是将高压制冷剂液体节流减压,由冷凝压力降至蒸发压力,以便于制冷剂的蒸发;还可以调节制冷剂进入蒸发器的流量,以适应制冷负荷变化的需要,防止制冷剂液体进入压缩机而导致压缩机损坏。

项目6 空调系统的维护与检修

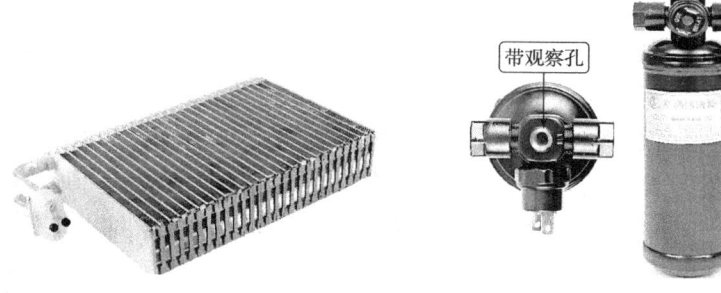

图 6-7 蒸发器　　　　　　图 6-8 储液干燥器

四、哈弗 M6 汽车空调系统分析

哈弗 M6 汽车采用自动空调系统，主要由空调控制器、鼓风机调速模块、室内温度传感器、室外温度传感器、阳光传感器等组成。其电路如图 6-9 所示。自动空调系统的工作原理是：根据各传感器检测的车内温度、蒸发器温度、发动机冷却液温度及其他有关的开关信号等输出的控制信号，控制散热器风扇、冷凝器风扇、压缩机离合器、鼓风机电动机及空气调节电动机的工作状态，实现自动控制车内温度。

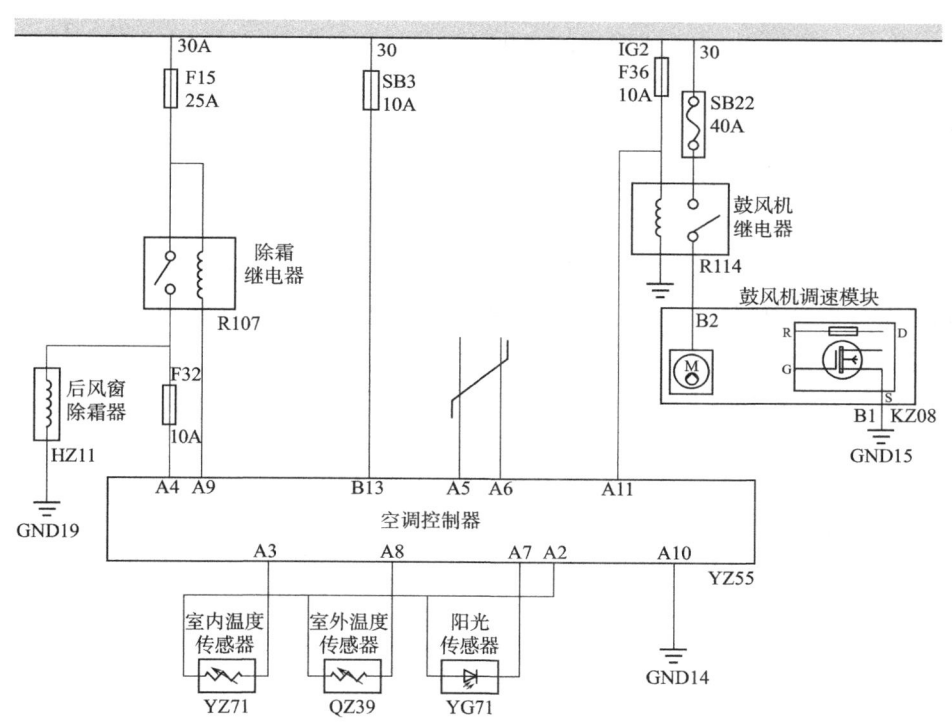

图 6-9 哈弗 M6 汽车空调系统电路

1. 空调制冷原理

压缩机吸入从蒸发器出来的低温低压气态制冷剂，压缩后成为高温高压气态制冷

· 231 ·

剂，通过高压软管送入冷凝器，在冷凝器中制冷剂放热液化，成为高温高压液体，被送入储液干燥器，除掉制冷剂中的水分和杂质后，通过高压硬管流至膨胀阀。在膨胀阀中经节流膨胀，形成低温低压液态制冷剂，进入蒸发器。低温低压液态制冷剂在蒸发器中吸收流经蒸发器外表面空气中的热量，气化成低温低压气体，使流经蒸发器外表面的空气降温，从而产生了制冷的效果。低温低压气态制冷剂进入压缩机开始下一个循环。由于蒸发器表面的温度低于空气露点，空气中的水分冷凝成为露水排出车外，从而降低了车内空气的温度和湿度。

2. 空调供暖原理

发动机冷却液通过发动机水泵进入空调暖风芯体，在空调鼓风机的作用下向车内散热。

3. 各零部件功能

1）室内、室外温度传感器。室内温度传感器利用热敏电阻阻值随温度变化而变化的特性检测乘员舱内部温度，并发送电信号给空调控制器。室外温度传感器利用热敏电阻阻值随温度变化而变化的特性检测车外环境温度，并发送电信号给空调控制器。

2）蒸发器温度传感器。利用热敏电阻阻值随温度变化而变化的特性检测蒸发器芯体温度，并发送电信号给空调控制器。

3）阳光传感器。检测阳光强度的变化量，并将阳光强度信号输出到空调控制器。

4）三态压力开关。实时监测空调制冷管高压侧压力，并将空调制冷管高压侧压力信号发送到发动机控制器。

5）模式、循环和冷暖风门电动机。模式风门电动机通过模式控制盘调整吹面风门、吹足风门、除霜风门的位置，从而切换出风模式。冷暖风门电动机通过调整冷暖风门的位置，改变流过蒸发器芯体和暖风芯体空气的流量，改变空调器总成内冷暖风的混合比，最终改变出风温度。循环风门电动机通过改变内外循环风门的位置，实现内循环和外循环之间的切换。

6）鼓风机风扇组件。线性调速模块调节鼓风机两端电压，进而控制鼓风机风扇转速。

7）空调控制器。根据操作指令、传感器信号、其他系统控制器信号控制空调系统做出相应的动作。

主题探究

我国汽车工业从新中国成立初期开始经历了自力更生的创建阶段、艰苦奋斗的成长阶段、自主创新的高速发展阶段，现在我国生产的主要汽车产品在技术和性能上与国际市场几乎没有区别。长城汽车就是著名的国产汽车品牌之一。我国的汽车市场、生产企业和产品已经开始参与国际竞争。

知识过关

一、填空题

1. 汽车暖风系统的主要作用是_____、_____和_____。
2. 送风系统包括_____、_____、_____三部分。
3. 水暖式暖风装置主要由_____、_____、_____和_____等组成。
4. 水暖式暖风装置利用发动机_____做热源,将其引入车厢内的_____,用_____将车厢内的空气吹过,进行热交换而使车厢升温。
5. 汽车空调制冷系统主要由_____、冷凝器、_____、储液干燥器、孔管或膨胀阀、高低压管路、鼓风机和控制电路等组成。
6. 制冷剂是制冷系统中的_____物质,目前常使用的制冷剂为_____。
7. 汽车空调制冷系统工作时,包括_____、_____、_____和_____四个基本过程。
8. 电磁离合器的作用是接通与切断_____和_____之间的动力传递。
9. 冷凝器的功用是将空调压缩机送来的高温高压_____态制冷剂中的热量散发到车外,使制冷剂冷凝成高温高压_____体再进入储液干燥器。
10. 蒸发器是一种_____器。
11. 储液干燥器又称为储液器,在_____和_____之间。

二、选择题

1. 空调压缩机正常时,进、出口温度应当( )。
   A. 进口高,出口低　　　　　　B. 进口低,出口高
   C. 相等　　　　　　　　　　　D. 无法判断
2. 在汽车空调系统中,用来产生冷气、降温除湿的零部件是( )。
   A. 冷凝器　　B. 蒸发器　　C. 压缩机　　D. 鼓风机
3. 在汽车空调系统中,安装在蒸发器入口前将高压制冷剂液体节流减压的零部件是( )。
   A. 冷凝器　　B. 蒸发器　　C. 压缩机　　D. 膨胀阀
4. 汽车空调系统中使用的制冷剂一般是( )。
   A. 氨气　　B. R-12　　C. R-22　　D. R-134a
5. 当空调感温包附近温度接近0℃时,管道中( )。
   A. 制冷剂流量增大　　　　　　B. 制冷剂流量减小
   C. 制冷剂流量不变　　　　　　D. 切断制冷剂通道

6. 空调系统蒸发器的作用是（　　）。
   A. 控制制冷剂流量　　　　　　　　B. 吸收车厢内的热量
   C. 散热　　　　　　　　　　　　　D. 润滑
7. 空调系统冷凝器的作用是（　　）。
   A. 控制制冷剂流量　　　　　　　　B. 吸收车厢内的热量
   C. 散热　　　　　　　　　　　　　D. 润滑
8. 汽车空调系统中（　　）能够将气体制冷剂变为液态。
   A. 蒸发器　　　B. 膨胀阀　　　　C. 冷凝器　　　D. 压缩机

三、判断题

1. 汽车空调是根据物质状态改变时吸收或释放热量这一基本热原理工作的。（　　）
2. 汽车空调应尽量满足"头凉足暖"的循环送风原则。（　　）
3. 汽车空调的冷凝器一般安装在车厢内。（　　）
4. 空调热敏电阻装在蒸发器的外侧正面，用以检测蒸发器所排出气体的温度。（　　）
5. 电磁离合器是压缩机总成的一部分。（　　）
6. 膨胀阀能控制调节制冷剂流量的大小。（　　）
7. 摇摆斜盘式压缩机的活塞是单作用式的。（　　）
8. 通过观察窗可以看到制冷剂的流动状态，从而判断制冷系统的工作状况。（　　）
9. 空调开关用于控制汽车空调是否投入工作。（　　）
10. 空调不能作为强制通风换气装置使用。（　　）

任务实施

一、任务准备

1. 设备准备

1）长城哈弗 M6 汽车 1 辆。

2）计算机、手机、平板计算机等信息化设备终端。

2. 资料准备

长城哈弗汽车维修手册和工作手册。

3. 工具、量具准备

制冷剂回收加注机（图 6-10）、制冷剂鉴别仪（图 6-11）、检漏仪、常用工具、连接导线等。

项目 6　空调系统的维护与检修

图 6-10　制冷剂回收加注机

图 6-11　制冷剂鉴别仪

二、长城哈弗 M6 空调系统的维护（赛课融通内容）

1. 查找维修手册中相关内容

1）打开维修手册目录。

2）从目录页找到空调系统目录。

3）从空调系统目录下找到相关内容。

4）以同样的方法进入子电路图目录，查找与空调系统有关的电路图。

5）综合所有与空调系统有关的电路图，分析其工作过程。

2. 制冷剂回收作业

（1）回收原则

在汽车维修过程中涉及制冷剂循环系统的作业，在维修前对制冷装置中的制冷剂进行回收。

（2）制冷剂检测

1）类型鉴别。查阅《车辆使用手册》，检查汽车发动机舱内的空调系统标识、标牌或标签，查看压缩机、膨胀阀等部件上的标牌或标识，确认制冷装置规定的制冷剂类型（HFC-134a 或 CFC-12），如图 6-12 所示；采用制冷剂鉴别仪检测制冷装置中制冷剂的类型，如图 6-13 所示，确认是否与规定的制冷剂类型一致。

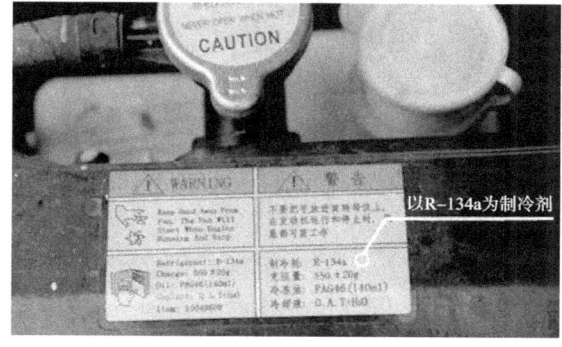

图 6-12　制冷剂标签

图 6-13　制冷剂类型检测

图6-14 制冷剂纯度检测

2）纯度检测。采用制冷剂鉴别仪对制冷装置中的制冷剂纯度进行检测，如图6-14所示。

3）检测结果处理。制冷装置中存在一种制冷剂，且与制冷装置规定的制冷剂类型相符时，应进行回收。纯度低于96%时，应按要求进行净化。制冷装置中存在"未知制冷剂"或两种以上类型的制冷剂时，表明制冷装置中是多种制冷剂的混合物，这种情况下不应使用作业用的回收/净化/加注设备进行操作，应采用另外的制冷剂回收设备进行回收或请专业机构进行回收和处理。

（3）回收操作

1）启动空调制冷系统，运行3~5min。

2）采用回收/净化/加注设备进行制冷剂回收。

将带快速接头的高压侧软管连接到车辆空调系统的高压侧接头上，如图6-15所示，打开高压侧接头阀；将带快速接头的低压侧软管连接到车辆空调系统的低压侧接头上，打开低压侧接头阀，如图6-16所示，检查加注机控制面板上的高压侧和低压侧压力表读数，如图6-17所示，确保空调系统有压力（如果没有压力，则系统中没有可回收的制冷剂）。打开高压侧和低压侧阀门；打开制冷剂罐上的气体和液体阀；排空油液分离器中的制冷剂油；关闭放油阀；将加注机连接到合适的电源插座上；接通主电源开关，开始回收过程。等候5min，然后检查控制面板低压侧压力表读数。如果空调系统保持真空，如图6-18所示，则制冷剂回收完毕；如果低压侧压力表读数从零开始上升，则系统中还有制冷剂。重复以上步骤，回收剩余的制冷剂，直到系统能保持真空5min。

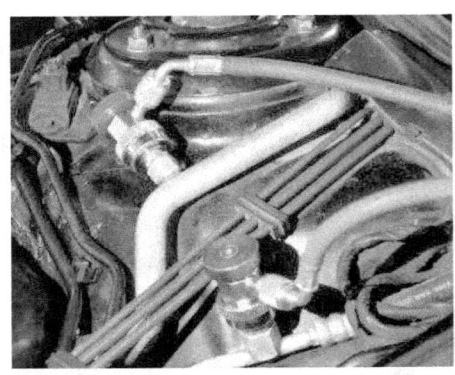

图6-15 连接高低压管路

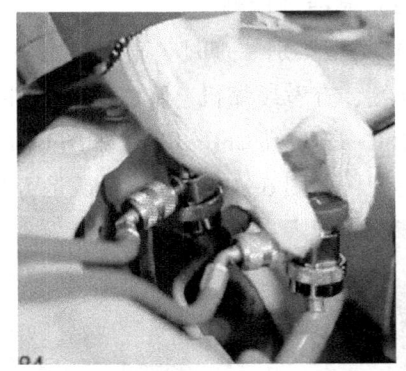

图6-16 打开低压阀

3）按设备的操作提示结束回收操作。

3. 制冷剂加注作业

（1）检漏

1）真空检漏。启动回收/净化/加注设备的真空泵，抽真空至系统真空度低于

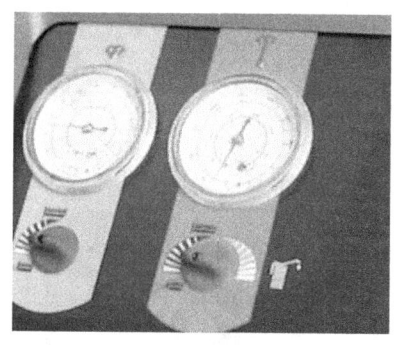

图 6-17 检查系统压力

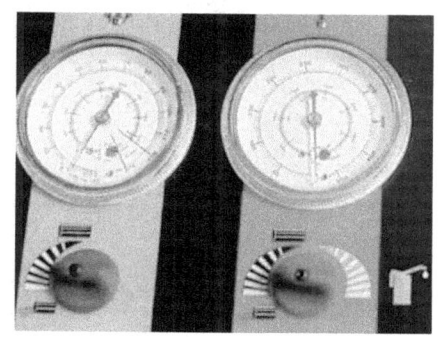

图 6-18 检查真空

-90kPa。关闭歧管表阀门，停止抽真空，并保持真空至少 15min，如图 6-19 所示，检查压力表示值变化。如压力未回升，继续按要求进行微小泄漏量的检查；如压力回升，则继续抽真空；如累计抽真空时间超过 30min，压力仍回升，可以判定制冷装置有泄漏，需检修制冷装置。

2) 电子检漏。制冷装置中充入 0.5~1.5MPa 的氮气或 0.35~0.5MPa 的制冷剂（以检漏设备要求的介质压力为准），采用相应的制冷剂检漏设备（图 6-20）进行检漏。应反复检查 2~3 次。

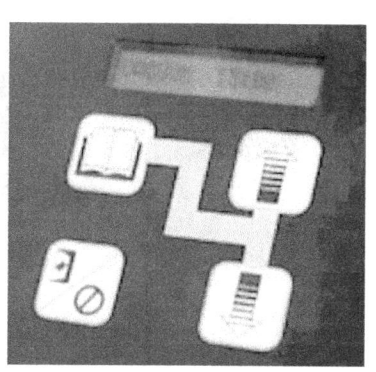

图 6-19 设置抽真空时间

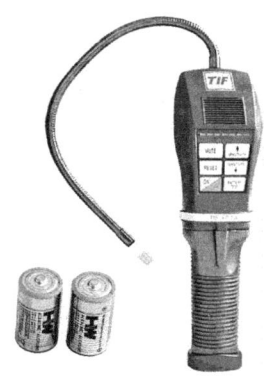

图 6-20 电子检漏仪

3) 加压检漏。用加压设备在制冷装置中充入 1.5MPa 的氮气，保持压力 1h，如压力表示值下降，则制冷装置存在泄漏。在各接头处和可疑位置涂抹肥皂水进一步检查，如图 6-21 所示。

4) 荧光检漏。制冷装置中充入含有荧光剂的制冷剂，如图 6-22 所示。运行 10~15min 后，用紫外线灯照射各接头处和可疑位置，如有黄绿色或蓝色荧光，表明该处存在泄漏。

(2) 抽真空

抽真空前检查压力表示值。制冷装置中的压力应低于 70kPa，如超过该压力，应重

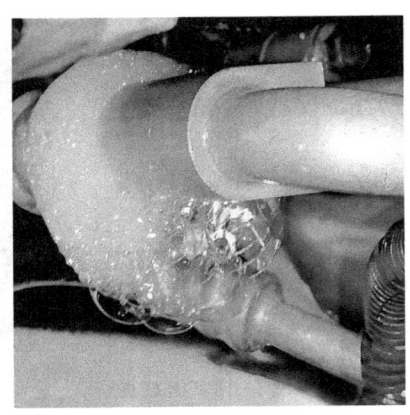
图 6-21 加压检漏

图 6-22 加注荧光剂

新进行回收操作,直到压力达到要求。抽真空至系统真空度低于-90kPa,如图 6-23 所示。在达到要求的真空度时,应继续抽真空操作,持续时间应不少于 15min,以充分排除制冷装置中的水分。

(3) 补充冷冻机油

在加注制冷剂前应补充冷冻机油,如图 6-24 所示。建议的补充量为:制冷剂净化时的排出量+20mL。

图 6-23 检查真空度

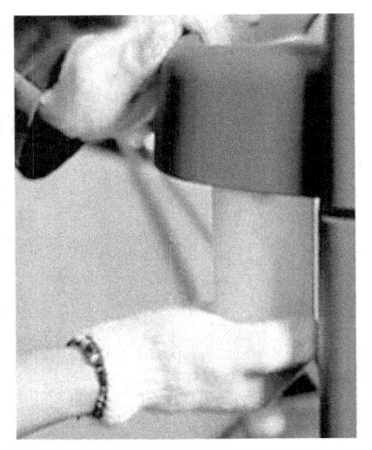
图 6-24 加注冷冻机油

(4) 加注制冷剂

查阅《车辆使用手册》,确认制冷装置的制冷剂类型及加注量;检查制冷剂储罐中的制冷剂质量,不足 3kg 时应予以补充;按设备使用手册进行管路连接及操作,如图 6-25 所示;按设备提示结束加注作业。

4. 检验

完成制冷剂加注作业后应进行检验。在制冷装置工作状态下,检测加注阀处有无泄漏。

可参照以下方法：车辆停放在阴凉处，将温度计放置在空调进风口位置，打开车窗、车门，打开发动机盖，打开所有空调出风口，调节到全开；设置空调控制器为外循环位置、强冷、A/C 开、风机转速最高（HI），如图 6-26 所示；将温度计探头放置在空调出风口内 50mm 处，起动发动机，将发动机转速控制在 1 500~2 000r/min，使压力表指针稳定；待温度计显示数值趋于稳定后，读取压力表和温度计的显示值，将所测得的高低侧压力、相对湿度、空调进风温度、出风温度与汽车制造商提供的空调性能参数进行比较，如压力表、温度计显示的高、低侧压力和空调出风温度不在规定的范围内，应对制冷装置做进一步的诊断和检修。

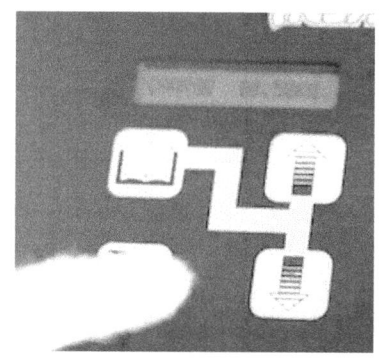

图 6-25　调整加注量

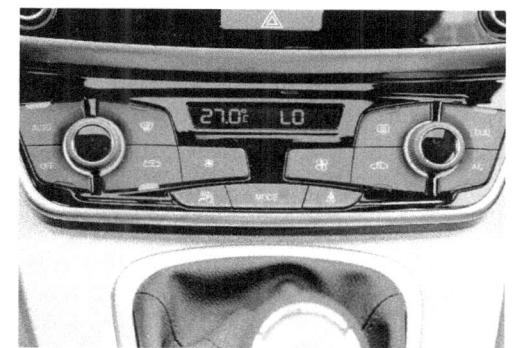

图 6-26　设置空调控制器

主题探究

在加注冷冻机油操作过程中，要时刻观察储液罐中油液面的位置，防止空气混入。在实际生产中，应养成严谨、细致的工作作风。

任务评价

长城哈弗 M6 汽车空调系统维护评价标准

学习任务		长城哈弗 M6 汽车空调系统维护		学时	2
标准时间		开始时间		完成时间	
序号		操作步骤	扣分要求	操作记录	分值	自评/分
1	安全/7S/态度	□1. 能进行工位 7S 操作。 □2. 能进行设备和工具安全检查。 □3. 能进行车辆安全防护操作。 □4. 能进行工具清洁、校准、存放操作。 □5. 能进行"三不落地"操作。	未完成 1 项扣 3 分，扣分不超过 15 分		15	

续表

学习任务		长城哈弗 M6 汽车空调系统维护		学时	2
标准时间		开始时间		完成时间	
序号	操作步骤		扣分要求	操作记录	分值	自评/分

序号		操作步骤	扣分要求	操作记录	分值	自评/分
2	专业技能	作业： □1. 能正确查询空调系统电路图。 □2. 能正确回收制冷剂。 □3. 能正确加注制冷剂。 □4. 能正确检验空调系统。 □5. 能正确进行空调系统维护。	未完成 1 项扣 5 分，扣分不超过 50 分		50	
3	工具及设备的使用能力	□1. 能正确使用办公软件。 □2. 能正确操作计算机。	未完成 1 项扣 5 分，扣分不超过 10 分		10	
4	资料信息查询能力	□1. 能正确使用维修手册查询资料。 □2. 能正确使用用户手册查询资料。 □3. 能在规定时间内查询所需资料。 □4. 能正确记录所查询资料章节页码。 □5. 能正确记录所需维护信息。	未完成 1 项扣 5 分，扣分不超过 10 分		10	
5	数据判断分析能力	□1. 能分析空调系统电路图。 □2. 能分析空调系统电气设备定位图。	未完成 1 项扣 5 分，扣分不超过 10 分		10	
6	表单填写与报告的撰写能力	□1. 字迹清晰。 □2. 语句通顺。 □3. 无错别字。 □4. 无涂改。 □5. 无抄袭。	未完成 1 项扣 1 分，扣分不超过 5 分		5	

任务 6.2　空调系统的检修

任务导入

客户李先生开着一辆长城哈弗 M6 汽车来到 4S 店，反映车辆在正常行驶时，打开空调后，空调系统不制冷。假设请你负责李先生车辆的接待工作，为李先生解释该车故障的可能原因。

任务目标

素质目标：
1. 养成严谨的职业素养和认真负责的工作态度，具有良好的职业道德。
2. 养成绿色低碳的环保意识，树立正确的人生观和价值观。

知识目标：
1. 能向客户描述空调系统的常见故障现象。
2. 能向客户描述空调系统的常见故障原因。
3. 能够准确进行空调系统的常见故障诊断。

能力目标：
1. 能够了解各种常见维修工具和检测仪器的使用方法和技术特点。
2. 能够正确分析空调系统的电路图。
3. 能够拆装空调系统的零部件。
4. 能够对空调系统的常见故障进行诊断。

信息收集

空调系统的检修

一、汽车空调系统的使用

为了节约能源，保证汽车空调系统具有良好的技术状况和工作可靠性，发挥汽车空调的最大效率，延长其使用寿命，在使用空调时应注意以下几点：

1）使用空调前应首先了解空调操作面板上各推杆和按钮的作用。

2）使用空调时应先起动发动机，待发动机稳定运转几分钟后，打开鼓风机至某一挡位，再按下空调开关起动压缩机，调整送风温度和选择送风口，空调即可正常工作。需要注意的是，当温度调节推杆处于最大冷却位置时，应尽量使用鼓风机的高速挡，以免蒸发器因过冷而结冰。

3）在采暖、制冷状态时，必须关闭通风口、车窗和车门，以尽快达到满意的温度，节省能量。

4）在只需换气而不需冷气时，如春、秋两季，只需打开鼓风机开关而不需要起动压缩机。

5）在爬坡或超车时应暂时断开压缩机的运行（关闭空调开关），以免发动机动力不足或发动机超负荷运行而过热。

6）在夜间行驶时，由于整车耗电量较大，不应长时间使用空调，以免引起蓄电池亏电。

7）汽车停驶时不要长时间使用空调制冷装置，以免耗尽蓄电池的电能和防止废气被吸入车内，造成再次起动发动机时产生困难和乘员中毒；以免冷凝器和发动机因散热不良而过热，影响空调的制冷性能和发动机的寿命。

8）汽车低速行驶时（如低于25km/h），应采用低速挡，以使发动机有一定的转速，防止发电量不足和冷气不足。

9）调整冷风口的风向，以使冷风均匀地吹入车内。冷风不能过于偏向一个方向，否则会使乘员感到不舒服。

10）如有烟或其他气味污染了车内空气，可短时间打开通风口或车窗，以便吸入车外的新鲜空气。

11）严格按汽车空调生产厂家的规定进行保养。

12）夏季停车应尽量避免在阳光下曝晒，以免加重空调系统的负担。如果停车点在太阳下，要用车时，因车内温度很高，应先打开所有车窗，行驶几千米，待车内热空气排出后再关上车窗，开启空调。

13）空调使用季节过后，为保持空调良好的工作状态，应每周开动一次，每次开动数分钟。

14）有些空调器空气入口有"新鲜"（FRESH）和"再循环"（RECIRC）两个控制位置，若汽车在尘土飞扬的道路上行驶，应将空气入口设置在再循环位置，以防车外灰尘进入。

二、汽车空调系统常见故障诊断

1. 空调系统不制冷故障的判断与排除

1）故障现象：起动发动机并使转速稳定在1 500r/min，运行2min后，打开空调开关、鼓风机开关及冷风开关，此时冷风口无冷风吹出。

2）判断步骤与方法。

① 检查鼓风机的工作情况。将鼓风机开关由低挡调至高挡，检查鼓风机是否旋转。若在各挡位鼓风机均不转，检查鼓风机熔断器状况。若熔断器烧坏，应更换。检查鼓风机开关的连接情况。检查继电器的状况。若继电器损坏，应更换。检查变阻器的状况。若变阻器损坏，应更换。检查电动机的工作状况。用电源短路法检查电动机是否转动。若电动机不转，应解体检查，根据情况更换相应的零件。若在某一挡位鼓风机转动，说明鼓风机开关或变阻器有故障，应检修或更换。

② 检查压缩机皮带的状况。检查皮带是否断裂，若有断裂，应更换。检查皮带的松紧度，若皮带过松，应调整。

③ 检查电磁离合器的工作情况。若不能接合，用一根导线，一端接电源正极，另一端接电磁离合器线圈引出线，检查电磁离合器能否接合。若能接合，说明电控部分有故障，应检查修复；若不能接合，说明电磁线圈断路，应修复或更换。

④ 检查压缩机的工作情况。起动发动机，以1 500r/min的转速运转，打开空调开关，观察压力表的读数。制冷系统正常工作时，低压表的读数为0.12~0.20MPa，高压表的读数为1.20~1.50MPa。

项目 6　空调系统的维护与检修

2. 空调系统制冷不足故障的判断与排除

1）故障现象：起动发动机，使其以 2 000r/min 的转速运转，门窗关闭，指向人的风口打开，其余风口关闭，鼓风机开最高挡，冷暖拨杆在最冷位置，打开空调开关，风口温度降至 10℃ 时的时间超出正常范围。

2）判断步骤与方法。

① 检查出风口吹出的风量。鼓风机开至最高挡，冷暖拨杆处在最冷位置，指向人的风口打开，检查风量是否正常。若风量正常，说明空调制冷系统有故障；若风量不足，说明送风系统有故障。

② 检查鼓风机运转状况。将鼓风机开关由低挡调至高挡，检查鼓风机的运转状况。若某挡运转缓慢，说明鼓风机开关有故障，应修复；若各挡运转均缓慢，说明电源、继电器或电动机有故障，应分别查找修复。

③ 检查送风道密封状态。鼓风机开最高挡，冷暖拨杆处在最冷位置，分别检查各风道连接处是否漏风，控制风门是否在正确位置。若有异常，应修复。

④ 检查制冷剂量。压缩机高低压管口的温差不大，且储液干燥器观察孔内有气泡出现，说明制冷剂不足；压缩机高低压管口的温差明显，而且高压侧有烫手感，低压侧有冰霜，说明制冷剂过多；空调系统正常运转时，如果能从观察孔中看到较为混浊的气泡，则说明加压的冷冻机油量过多。

⑤ 检查冷凝器的冷却状况。用手触摸冷凝器进、出口管，如果温差很小，说明冷凝器冷却不足；向冷凝器表面喷水冷却后，读数恢复正常，说明冷凝器冷却不足，应检查进出冷凝器的空气通路是否堵塞，冷却风扇皮带是否过松等。

⑥ 检查储液干燥器的工作状况。储液干燥器有水露或结霜现象，且前端口烫手，说明储液干燥器堵塞，应更换。

知识过关

一、填空题

1. 汽车空调按压缩机驱动方式可以分为＿＿＿＿空调和＿＿＿＿空调两类。
2. 汽车空调配气系统由＿＿＿＿、＿＿＿＿和＿＿＿＿三部分组成。
3. 高压保护开关为触点＿＿＿＿型开关，安装在＿＿＿＿与＿＿＿＿之间的高压管路上。
4. 在上长坡行驶时，发动机因大负荷工作引起水温过高，需＿＿＿＿使用空调，直至水温＿＿＿＿再重新开启。
5. 对空调系统进行检漏时，常用的方法有＿＿＿＿、＿＿＿＿和＿＿＿＿。
6. 鼓风机不转的故障原因主要有熔丝熔断、导线断路、＿＿＿＿、＿＿＿＿、＿＿＿＿等。

二、选择题

1. 下列关于自动空调的各个传感器的安装位置的叙述，正确的是（　　）。

A. 环境温度传感器安装在空调装置的蒸发器旁
B. 空调冷却液温度传感器安装在发动机缸体出水口附近
C. 车内温度传感器安装在仪表台附近
D. 蒸发器传感器安装在冷凝器前方附近

2. 将液态制冷剂注入完全排空的空调系统时，下列程序正确的是（　　）。

A. 确认低压手动阀打开
B. 确保整个过程中低压手动阀打开，并倒置制冷剂罐
C. 在给系统注入液态制冷剂时，不要运转发动机
D. 注入完成后，完全关闭低压手动阀

3. 以下说法中正确的是（　　）。

A. 延长抽真空的时间可以有效地排除空调系统中存在的水分
B. 进入空调系统的水分是可以被干燥罐吸收的，所以不用担心水分的进入
C. 冰堵多在干燥罐处产生
D. 一滴水进入空调系统不足以对空调系统造成不良的影响

三、判断题

1. 温度传感器通过检测蒸发器表面的温度控制电磁离合器的工作。（　　）
2. R-134a 空调制冷系统压力比 R12 系统低。（　　）
3. 若在高速超车时继续使用空调，会使车辆加速性能降低。（　　）
4. 冷冻机油与制冷剂互溶性要好。（　　）
5. 普通全自动空调没有提供故障码存储器。（　　）
6. 冷凝器冷凝效果的好坏仅与冷凝器本身的散热能力有关。（　　）
7. R-134a 与 R12 制冷系统可以采用同种类型的冷冻机油。（　　）
8. 空调系统维修时，为防止空气进入干燥器，储液干燥器最后接入系统中。
（　　）

任务实施

一、任务准备

1. 设备准备

1）长城哈弗 M6 汽车 1 辆。
2）计算机、手机、平板计算机等信息化设备终端。

2. 资料准备

长城哈弗汽车维修手册和工作手册。

3. 工具、量具准备

示波器、常规工具、连接导线。

二、长城哈弗 M6 汽车空调系统故障诊断（岗课融通内容）

1. 查找维修手册中相关内容

1）打开维修手册电子（或纸质）目录。

2）从目录页找到空调系统目录。

3）从空调系统目录下找到零部件的拆卸与安装。

4）以同样的方法进入子电路图，查找与空调有关的电路图。

5）综合所有与空调系统有关的电路图，综合分析其工作过程。

2. 主要零部件的拆装

（1）空调器总成的拆装

断开蓄电池负极，如图 6-27 所示；排放冷却液；回收制冷剂和冷冻机油；拆卸副仪表板；拆卸主仪表板；断开变速器操纵拉线和线束接插件，分离线束固定点；取下仪表板加强梁；断开暖风进水管和暖风出水管；拆下 1 个螺母，断开与膨胀阀连接的空调制冷管路（图 6-28）；使用专用工具密封与膨胀阀连接的空调制冷管路；拆下空调器总成上部 2 个螺母（图 6-29）；拆下两侧 2 个螺栓（图 6-30）；拆下右下部 1 个螺母（图 6-31）；掀开部分地毯，拆下下部 1 个螺母（图 6-32）；拆下发动机舱 1 个螺母；断开与后吹面风道的连接；断开与滴水管的连接；取下空调器总成。安装以与拆卸相反的顺序进行；按照规定力矩值拧紧紧固件。

图 6-27　蓄电池负极拆卸

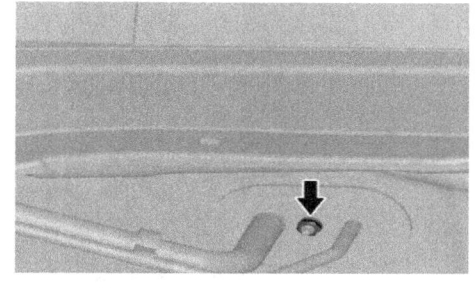

图 6-28　膨胀阀连接螺栓

（2）模式执行器组件的拆装

断开蓄电池负极；拆卸仪表板总成；断开线束接插件，拆下 3 个螺钉，取下模式执行器组件（图 6-33）。安装以与拆卸相反的顺序进行。

（3）蒸发器的拆装

断开蓄电池负极；排放发动机冷却液；回收制冷剂和冷冻机油；拆卸副仪表板；拆卸主仪表板；拆卸空调器总成；断开线束接插件和线束固定点；拆下蒸发器 1 个固定螺栓（图 6-34）；拆下 2 个螺栓，取下膨胀阀组件；拆下 1 个固定螺钉（图 6-35）；拆下

图 6-29　固定螺母

图 6-30　固定螺栓

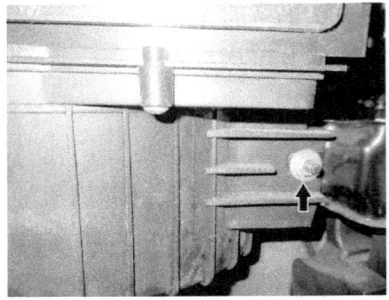
图 6-31　右下部固定螺母

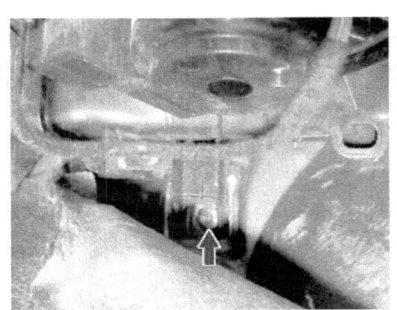
图 6-32　下部固定螺母

7个固定螺钉，取下蒸发器总成（图 6-36）。安装以与拆卸相反的顺序进行。

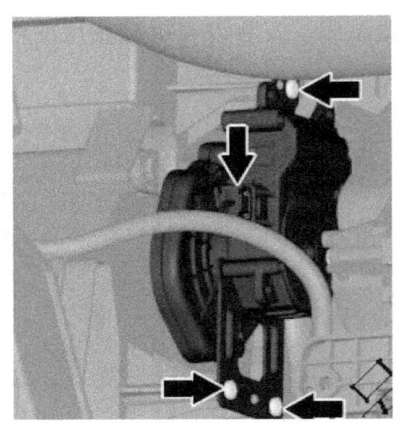
图 6-33　模式执行器

图 6-34　蒸发器固定螺栓

(4) 压缩机的拆装

断开蓄电池负极；回收制冷剂和冷冻机油；拆卸车身下防护板；拆卸发电机皮带；断开线束接插件；拆下2个螺栓（图 6-37），断开与空调管路的连接；拆下4个螺栓（图 6-38）；拆下压缩机。安装以与拆卸相反的顺序进行；按照规定力矩值拧紧紧固件。

项目6 空调系统的维护与检修

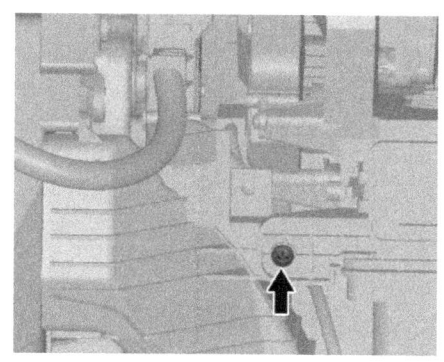

图6-35 膨胀阀固定螺栓

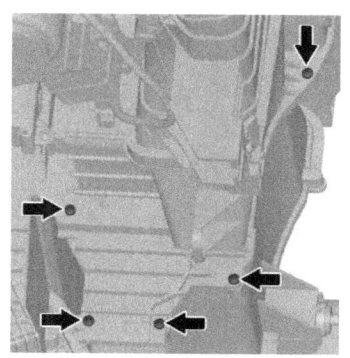

图6-36 总成固定螺栓

图6-37 管路连接螺栓

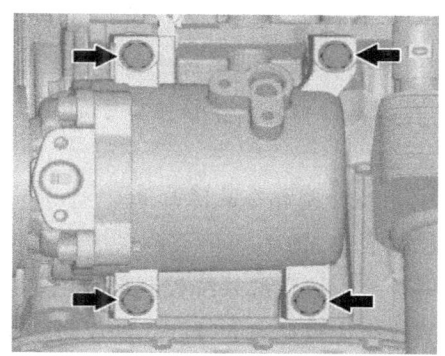

图6-38 压缩机固定螺栓

（5）冷凝器的拆装

断开蓄电池负极；回收制冷剂和冷冻机油；拆卸前保险杠；分离6个卡扣，如图6-39所示，取下散热器左导流板总成；分离6个卡扣，如图6-40所示，取下散热器右导流板总成；拆下1个螺栓，取下散热器下导流板总成；拆下2个螺栓，断开与冷凝器连接的管路；拆下左右2个固定螺栓，如图6-41、图6-42所示；向下取出冷凝器。安装以与拆卸相反的顺序进行；按照规定力矩值拧紧紧固件。

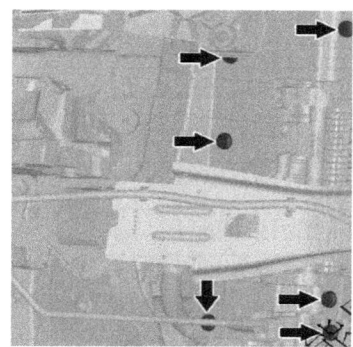

图6-39 左导流板卡扣

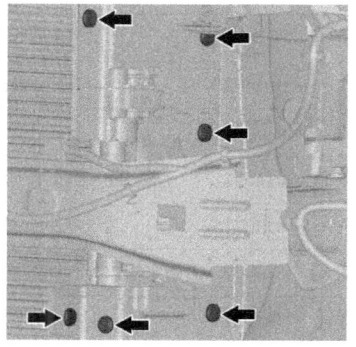

图6-40 右导流板卡扣

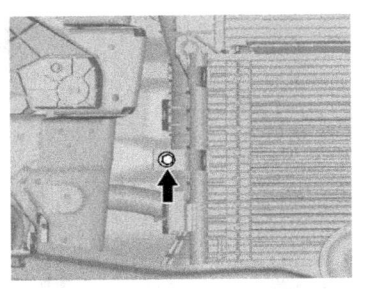 

图 6-41　左侧固定螺栓　　　　　图 6-42　右侧固定螺栓

主题探究

细节决定成败。空调系统拆装中注意保持清洁干燥。储液干燥器暴露在空气中，很快就会失作用；在空调系统维护中，轻微的泄漏都会造成环境的污染。任务实施过程中一定要认真仔细，严格按维修手册要求进行操作。

3. 空调系统控制部分故障诊断

由于长城哈弗 M6 汽车的空调系统通过控制模块来控制压缩机、循环模式、送风方式、怠速提升等，故空调系统控制部分出现故障时，控制模块将以故障码的形式进行储存，常见的故障代码见表 6-1。此处仅对常见空调系统控制部分的故障进行分析。

表 6-1　空调系统故障代码

序号	故障代码	故障描述
1	U110017	通信电压过高
2	U110116	通信电压过低
3	U007388	CAN 总线关闭
4	U014087	与 BCM 失去通信
5	U012287	与 ESP（ABS）失去通信
6	U010087	与 ECM 失去通信
7	U100287	与 PEPS 失去通信
8	U014687	与 GW 失去通信
9	B140515	阳光传感器对电源短路或开路
10	B140511	阳光传感器对地短路
11	B140715	室外温度传感器对电源短路或开路
12	B140711	室外温度传感器对地短路
13	B140815	蒸发器温度传感器对电源短路或开路
14	B140811	蒸发器温度传感器对地短路

续表

序号	故障代码	故障描述
15	B140915	室内温度传感器对电源短路或开路
16	B140911	室内温度传感器对地短路
17	B141511	外部5V供电传感器对地短路
18	B142016	鼓风机电压异常
19	B142814	后除霜继电器对地短路或开路
20	B142812	后除霜继电器对电源短路
21	B143111	内外循环风门电动机对地短路
22	B143112	内外循环风门电动机对电源短路
23	B143511	左冷暖风门电动机对地短路
24	B143512	左冷暖风门电动机对电源短路
25	B143A01	左冷暖风门电动机堵转
26	B143905	左冷暖风门电动机自学习错误
27	B143611	左冷暖风门电动机反馈端对地短路
28	B143615	左冷暖风门电动机反馈端对电源短路或开路
29	B143311	模式风门电动机对地短路
30	B143312	模式风门电动机对电源短路
31	B144201	模式风门电动机堵转
32	B144105	模式风门电动机自学习错误
33	B143411	模式风门电动机反馈端对地短路
34	B143415	模式风门电动机反馈端对电源短路或开路

（1）U110017/U110116

U110017/U110116 故障代码的含义是通信电压过高/低。该故障代码报码的条件是打开点火开关，供电电压超过 16V/低于 9V 持续 20s 以上。

故障可能原因：供电电压不正常。

故障的诊断步骤见表 6-2。

表 6-2 U110017/U110116 故障诊断步骤

步骤	操作	是	否
1	点火开关置于 ON 位置	转第 2 步	—
2	用诊断仪读取空调控制器是否有故障代码	转第 3 步	排查其他故障代码
3	检查供电电压是否超过 16V/低于 9V	排除故障，转第 5 步	转第 4 步

续表

步骤	操作	是	否
4	更换空调控制器	转第 5 步	—
5	清除故障代码,重起车辆并做检测,查看故障是否消除	故障排除,系统正常	当前故障是否已排除,若已排除则排查其他可能引起故障的原因

（2）U014087/U012287/U010087/U100287/U014687

故障代码 U014087/U012287/U010087/U100287/U014687 的含义是与 BCM/ESP/ECM/PEPS/GW 失去通信。故障代码报码的条件是连续 10 个周期未接收到 BCM/ESP/ECM/PEPS/GW 节点报文。

故障可能原因：线束连接异常；BCM/ESP/ECM/PEPS/GW 节点异常。

模块通信故障的诊断步骤见表 6-3。

表 6-3 模块通信故障诊断步骤

步骤	操作	是	否
1	点火开关置于 ON 位置	转第 2 步	—
2	用诊断仪读取空调控制器是否有故障代码	转第 3 步	排查其他故障代码
3	检查系统是否丢失 BCM/ESP/ECM/PEPS/GW 报文	排除故障,转第 6 步	转第 4 步
4	更换 BCM/ESP/ECM/PEPS/GW	转第 6 步	转第 5 步
5	更换空调控制器	转第 6 步	—
6	清除故障码,重起车辆并做检查,查看故障是否消除	故障消除,系统正常	当前故障是否已排除,若已排除则排查其他可能引起故障的原因

（3）B140515/B140715/B140815/B140915/B140511/B140711/B140811/B140911

故障代码 B140515/B140715/B140815/B140915/B140511/B140711/B140811/B140911 的含义是阳光传感器对电源短路或开路/室外温度传感器对电源短路或开路/蒸发器温度传感器对电源短路或开路/室内温度传感器对电源短路或开路/阳光传感器对地短路/室外温度传感器对地短路/蒸发器温度传感器对地短路/室内温度传感器对地短路。故障代码报码的条件是打开点火开关,传感器两侧电压大于 4.9V/小于 0.1V。

故障可能原因：传感器故障；线束故障；空调控制器故障。

传感器失效类故障的诊断步骤见表 6-4。

项目 6 空调系统的维护与检修

表 6-4 传感器失效类故障诊断步骤

步骤	操作	是	否
1	点火开关置于 ON 位置	转第 2 步	—
2	用诊断仪读取空调控制器是否有故障代码	转第 3 步	排查其他故障代码
3	检测传感器是否正常	转第 4 步	更换传感器
4	检测传感器与空调控制器连接线束是否短路或开路	排除线束故障	转第 5 步
5	更换空调控制器	转第 6 步	—
6	清除故障码,重起车辆并做检查,查看故障是否消除	故障消除,系统正常	当前故障是否已排除,若已排除则排查其他可能引起故障的原因

(4) B142016

故障代码 B142016 的含义是鼓风机电压异常。故障代码报码的条件是打开点火开关,鼓风机电压与目标电压相差超过 1V。

故障可能原因:调速模块异常;线束故障;鼓风机故障;空调控制器故障。

鼓风机电压异常故障的诊断步骤见表 6-5。

表 6-5 鼓风机电压异常故障诊断步骤

步骤	操作	是	否
1	点火开关置于 ON 位置	转第 2 步	—
2	用诊断仪读取空调控制器是否有此故障代码	转第 3 步	排查其他故障代码
3	检查鼓风机两端电压是否超出正常范围	转第 4 步	转第 5 步
4	更换鼓风机	转第 7 步	—
5	更换调速模块	转第 7 步	—
6	更换空调控制器	转第 7 步	—
7	清除故障码,重起车辆并做检查,查看故障是否消除	故障消除,系统正常	当前故障是否已排除,若已排除则排查其他可能引起故障的原因

(5) B143111/B143511/B143311/B143112/B143512/B143312

故障代码 B143111/B143511/B143311/B143112/B143512/B143312 的含义是内外循环风门电动机对地短路/左冷暖风门电动机对地短路/模式风门电动机对地短路/内外循环风门电动机对电源短路/左冷暖风门电动机对电源短路/模式风门电动机对电源短路。

· 251 ·

故障代码报码的条件是打开点火开关，检测不到电压/检测到高电压。

故障可能原因：电动机异常；线束故障；空调控制器故障。

伺服电动机类故障的诊断步骤见表6-6。

表6-6 伺服电动机类故障诊断步骤

步骤	操作	是	否
1	点火开关置于ON位置	转第2步	—
2	用诊断仪读取空调控制器是否有故障代码	转第3步	排查其他故障代码
3	检查系统引脚是否对地/电源短路	转第4步	转第5步
4	更换电动机	转第6步	—
5	更换空调控制器	转第6步	—
6	清除故障码，重起车辆并做检查，查看故障是否消除	故障消除，系统正常	当前故障是否已排除，若已排除则排查其他可能引起故障的原因

主题探究

空调系统的故障较多，并且故障原因较为复杂，有时发动机故障和CAN系统故障均会引起空调系统故障。在学习和工作中，应开放思维，理性分析，抽丝剥茧，积极探索。

任务评价

长城哈弗M6汽车空调系统故障诊断评价表

学习任务	长城哈弗M6汽车空调系统故障诊断		学时		2	
标准时间		开始时间		完成时间		
序号	操作步骤		扣分要求	操作记录	分值	自评/分
1	安全/7S/态度	□1. 能进行工位7S操作。 □2. 能进行设备和工具安全检查。 □3. 能进行车辆安全防护操作。 □4. 能进行工具清洁、校准、存放操作。 □5. 能进行"三不落地"操作。	未完成1项扣3分，扣分不超过15分		15	

项目6 空调系统的维护与检修

续表

学习任务		长城哈弗 M6 汽车空调系统故障诊断		学时		2
标准时间			开始时间		完成时间	
序号	操作步骤		扣分要求	操作记录	分值	自评/分
2	专业技能	作业： □1. 能正确查询空调系统电路图。 □2. 能正确拆装空调系统主要部件。 □3. 能正确读取空调系统故障代码。 □4. 能正确进行空调系统相关的故障诊断。	未完成 1 项扣 5 分，扣分不超过 50 分		50	
3	工具及设备的使用能力	□1. 能正确使用办公软件。 □2. 能正确操作计算机。	未完成 1 项扣 5 分，扣分不超过 10 分		10	
4	资料信息查询能力	□1. 能正确使用维修手册查询资料。 □2. 能正确使用用户手册查询资料。 □3. 能在规定时间内查询所需资料。 □4. 能正确记录所查询资料章节页码。 □5. 能正确记录所需维修信息。	未完成 1 项扣 5 分，扣分不超过 10 分		10	
5	数据判断分析能力	□1. 能分析空调系统电路图。 □2. 能分析空调系统电气设备定位图。 □3. 能够分析空调系统相关故障。	未完成 1 项扣 5 分，扣分不超过 10 分		10	
6	表单填写与报告的撰写能力	□1. 字迹清晰。 □2. 语句通顺。 □3. 无错别字。 □4. 无涂改。 □5. 无抄袭。	未完成 1 项扣 1 分，扣分不超过 5 分		5	

项目拓展

汽车空调新型制冷技术

一、余热制冷空调技术

一般汽车发动机排放的废热，约 25% 被冷却水带走，约 35% 被汽车尾气带走。回收利用余热以驱动汽车空调系统，可同时满足节能和环保的要求。

吸收式制冷技术是汽车空调余热回收技术中比较成熟的一项技术。吸收式制冷是利用液体在汽化时吸收汽化潜热这一物理特性来制冷的，即利用溶液的浓度随其温度和压力变化而变化这一物理性质，通过制冷剂的蒸发而制冷，又通过溶液实现对制冷剂的吸收。

目前，我国利用余热制热的汽车空调已广泛用于军事、工程等车辆，但利用余热制冷还处于研究阶段。

二、风力制冷空调技术

风力汽车空调一般在车顶或车前部迎风处设置进风口，汽车行驶时产生的气流通过进风口推动叶轮带动发电机旋转发电，并给蓄电池组充电，再通过逆变器将直流电逆变为交流电供汽车空调系统压缩机工作。加入蓄电池后，空调系统的工作将不再受汽车起停的限制。在以上基础上进行改进，选用直流变频压缩机，压缩机运行更高效、更平稳，且省去逆变器后节省了转换过程中的能量损失。

有的技术方案设计的风力汽车空调采用的是进风带动风力机旋转，风力机再通过变速机构直接带动压缩机运转实现制冷循环。改进的制冷方式省去了机械能转换为电能，再将电能转换为机械能的环节，降低了转换过程中的能量损失。但由于能量不能储存，汽车高速行驶时可利用自然风为压缩机提供动力，在低速行驶时仍需要汽车发动机为空调压缩机提供动力。

由于汽车现有的空调系统普遍采用蒸汽压缩式制冷循环，所以相对于热能驱动的吸收式制冷循环而言，上述技术仅需对汽车原空调系统加以改造，成本低且可行性较高，可广泛运用于现有车辆的空调节能改造。由于风力制冷空调工作效率完全依赖于使用时的风况，风量的大小与车速密切相关，所以风力汽车空调在车速较低时将出现制冷功率不足的问题，且停车时不能工作。

项目 6 空调系统的维护与检修

项目小结

1. 知识脉络图

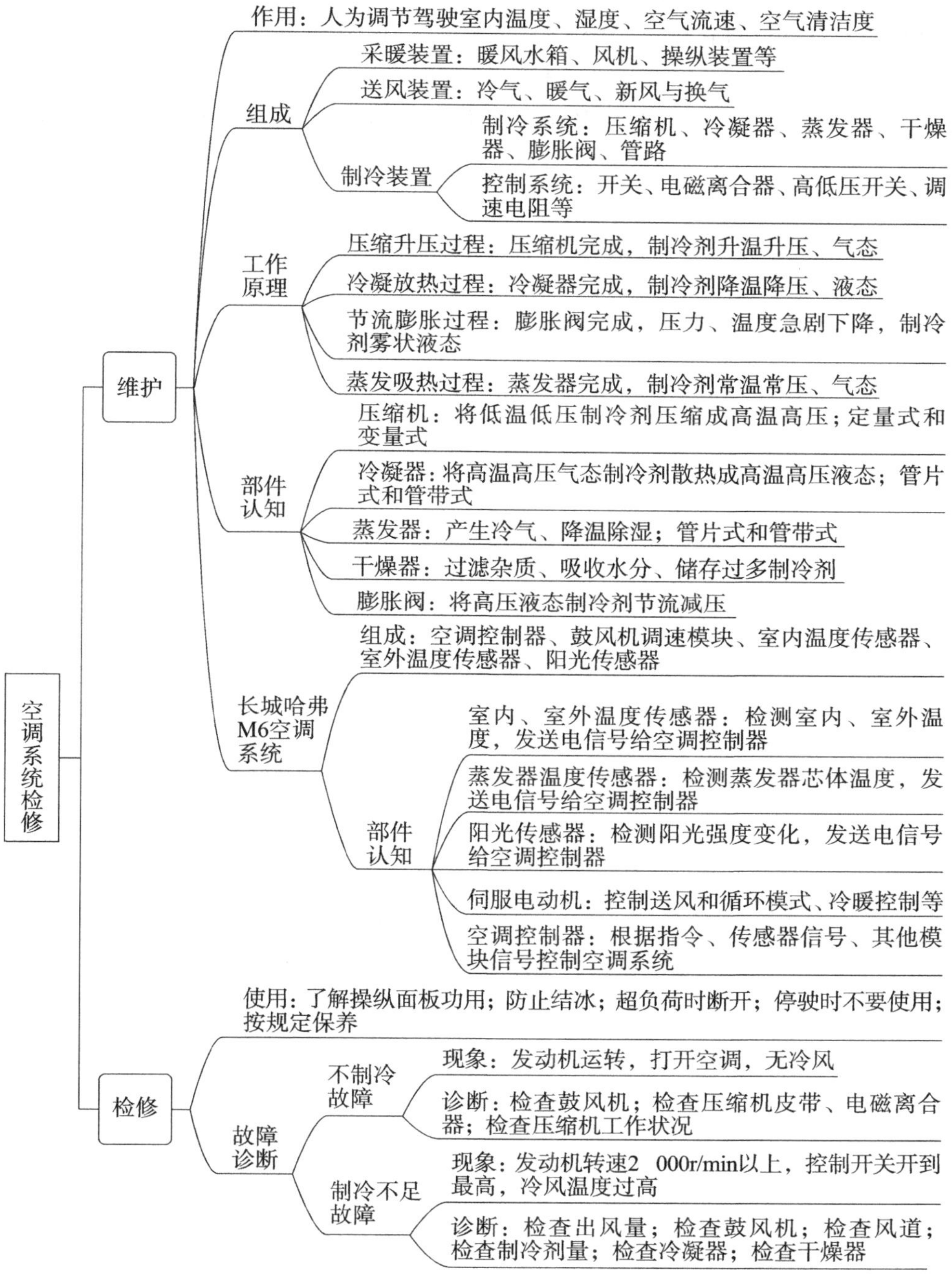

空调系统检修
- 维护
  - 组成
    - 作用：人为调节驾驶室内温度、湿度、空气流速、空气清洁度
    - 采暖装置：暖风水箱、风机、操纵装置等
    - 送风装置：冷气、暖气、新风与换气
    - 制冷装置
      - 制冷系统：压缩机、冷凝器、蒸发器、干燥器、膨胀阀、管路
      - 控制系统：开关、电磁离合器、高低压开关、调速电阻等
  - 工作原理
    - 压缩升压过程：压缩机完成，制冷剂升温升压、气态
    - 冷凝放热过程：冷凝器完成，制冷剂降温降压、液态
    - 节流膨胀过程：膨胀阀完成，压力、温度急剧下降，制冷剂雾状液态
    - 蒸发吸热过程：蒸发器完成，制冷剂常温常压、气态
  - 部件认知
    - 压缩机：将低温低压制冷剂压缩成高温高压；定量式和变量式
    - 冷凝器：将高温高压气态制冷剂散热成高温高压液态；管片式和管带式
    - 蒸发器：产生冷气、降温除湿；管片式和管带式
    - 干燥器：过滤杂质、吸收水分、储存过多制冷剂
    - 膨胀阀：将高压液态制冷剂节流减压
  - 长城哈弗M6空调系统
    - 组成：空调控制器、鼓风机调速模块、室内温度传感器、室外温度传感器、阳光传感器
    - 部件认知
      - 室内、室外温度传感器：检测室内、室外温度，发送电信号给空调控制器
      - 蒸发器温度传感器：检测蒸发器芯体温度，发送电信号给空调控制器
      - 阳光传感器：检测阳光强度变化，发送电信号给空调控制器
      - 伺服电动机：控制送风和循环模式、冷暖控制等
      - 空调控制器：根据指令、传感器信号、其他模块信号控制空调系统
- 检修
  - 使用：了解操纵面板功用；防止结冰；超负荷时断开；停驶时不要使用；按规定保养
  - 故障诊断
    - 不制冷故障
      - 现象：发动机运转，打开空调，无冷风
      - 诊断：检查鼓风机；检查压缩机皮带、电磁离合器；检查压缩机工作状况
    - 制冷不足故障
      - 现象：发动机转速2 000r/min以上，控制开关开到最高，冷风温度过高
      - 诊断：检查出风量；检查鼓风机；检查风道；检查制冷剂量；检查冷凝器；检查干燥器

2. 主题探究

生态文明建设是关系中华民族永续发展的根本大计。党的二十大报告指出，必须牢

· 255 ·

固树立和践行"绿水青山就是金山银山"的理念,坚持精准治污、科学治污、依法治污,持续深入打好蓝天、碧水、净土保卫战。

环保意识应该始终贯穿整个汽车空调系统维修过程中,如制冷剂、冷冻机油等都会对环境造成不可逆转的危害,在维修作业过程中,应严格按照处理规程对其进行回收处理。在汽车维修过程中,还有哪些环境污染的因素?如何把这种污染降低或者消除?与同学一起讨论、交流,并在实习实训过程中加以注意,为保护碧水蓝天做出我们的贡献。

参 考 文 献

[1] 陈家瑞.汽车构造(下册)[M].北京:机械工业出版社,2005.
[2] 王升平,胡胜,姚建平.汽车电气设备构造与维修[M].北京:机械工业出版社,2020.
[3] 楚庆华,周胜奇,豆建芳.汽车电气设备构造与维修[M].镇江:江苏大学出版社,2017.
[4] 周建平,悦中原.汽车电气设备构造与维修[M].北京:人民交通出版社,2021.
[5] 刘冬生,黄国平,黄华文.汽车电气设备构造与维修[M].北京:机械工业出版社,2022.
[6] 刘淑军,路进乐.汽车电气设备构造与维修[M].北京:机械工业出版社,2021.
[7] 白鹏飞.汽车电气设备构造与维修[M].北京:机械工业出版社,2019.
[8] 徐淼,姚东伟.汽车电气设备构造与维修[M].北京:化学工业出版社,2021.
[9] 朱学军.汽车电气设备构造与维修[M].北京:中国劳动社会保障出版社,2021.
[10] 欧明文,戴璐,熊少华.汽车电气设备检修[M].北京:中国轻工业出版社,2022.
[11] 于万海.汽车电气设备原理与检修[M].北京:电子工业出版社,2019.
[12] 盛国超,徐腾达.汽车电气设备构造与检修[M].北京:机械工业出版社,2021.
[13] 占百春,徐兴振.汽车车身电气设备检修[M].北京:人民交通出版社,2021.